Die Zukunft der Bahn

6

3. Greifswalder Forum Umwelt und Verkehr 2007

Die Zukunft der Bahn

Privatisierung, Wettbewerb, öffentliche Verkehrs- und Umweltinteressen

Schriftenreihe Umwelt-Recht-Gesellschaft
Michael Rodi (Hrsg.)

Der juristische Verlag
lexxion
Berlin

Bibliografische Informationen der Deutschen Bibliothek

Die Deutsche Bibliothek verzeichnet diese Publikation in der Deutschen Nationalbibliografie; detaillierte bibliografische Daten sind im Internet über <http://dnb.ddb.de> abrufbar.

ISBN 978-3-93 98 04-37-6

www.lexxion.de

Satz: typossatz GmbH, Berlin
Umschlag: Christiane Tozman

Inhaltsübersicht

Die Zukunft der Bahn – Privatisierung, Wettbewerb, öffentliche Verkehrs- und Umweltinteressen

*Prof. Dr. Michael Rodi, M. A.**

Die (gute) Zukunft der Bahn ist ein wichtiges Gemeinwohlanliegen. Deshalb ist es zu begrüßen, dass über die dafür richtigen Weichenstellungen gegenwärtig im politischen Raum vehement diskutiert und gerungen wird. Die Bedeutung dieser Auseinandersetzung ist evident. Die Eisenbahn ist zentraler Bestandteil eines nachhaltigen Verkehrskonzeptes und Bahnverkehrsleistungen sind – traditionell formuliert – unverzichtbarer Bestandteil staatlicher Daseinsvorsorge. Die Aufgabe ist mehr als anspruchsvoll. Wie in anderen ehemalig monopolistisch organisierten Wirtschaftsbereichen, z. B. der Stromwirtschaft, der Post oder der Telekommunikation, geht es um die Frage, wie Privatisierung und Wettbewerb zur Beseitigung von Ineffizienzen einerseits sowie wirksame Regulierung zur Sicherung wichtiger Gemeinwohlanliegen wie der öffentlichen Verkehrs- und Umweltinteressen andererseits erreicht werden können.

Außer Streit steht in diesem Zusammenhang das Ziel der Privatisierung. Dieser zentrale Bestandteil der Bahnreform wurde von der Europäischen Kommission durch das Weißbuch aus dem Jahre 1996 („Strategy for Revitalising the Community's Railways") sowie den mittlerweile drei sog. Eisenbahnpaketen angestoßen.[1] Mit Art. 87 e GG wurde hierfür eine verfassungsrechtliche Basis geschaffen. Danach werden Eisenbahnen des Bundes als Wirtschaftsunternehmen in privat-rechtlicher Form geführt (Absatz 3 Satz 1). Diese stehen im Eigentum des Bundes, soweit deren Tätigkeit den Bau, die Unterhaltung und das Betreiben von Schienenwegen umfasst (Satz 2). Der Bund gewährleistet, dass dem Wohl der Allgemeinheit, insbesondere den Verkehrsbedürfnissen, beim Ausbau und

* Der Verfasser ist Inhaber des Lehrstuhls für Öffentliches Recht, Finanz- und Steuerrecht an der Ernst-Moritz-Arndt-Universität Greifswald.

1 Vgl. dazu Richtlinie 91/440 EWG „Zur Entwicklung der Eisenbahnunternehmen der Gemeinschaft" vom 29. Juli 1991 als ersten Schritt in Richtung einer Liberalisierung des Schienenverkehrs in Europa. Es folgten zwei weitere Richtlinien 1995 sowie die drei „Eisenbahnpakete" 2001, 2004 und 2007; vgl. Booz·Allen·Hamilton/BSL Management Consultants/Fachgebiet Wirtschafts- und Infrastrukturpolitik (WIP) der TU Berlin/Morgan Stanley/ProgTrans AG/Waldeck Rechtsanwälte/Eisenkopf, Privatisierungsvarianten der Deutschen Bahn AG „mit und ohne Netz" („PRIMON-Gutachten"), Gutachten im Auftrag des Bundesministeriums der Finanzen (BMF) und des Bundesministeriums für Verkehr, Bau und Stadtentwicklung (BMVBS), 2006, S. 57 ff., sowie Sondergutachten der Monopolkommission, Wettbewerbs- und Regulierungsversuche im Eisenbahnverkehr, 2007, S. 18 ff.

Erhalt des Schienennetzes der Eisenbahnen des Bundes sowie bei deren Verkehrsangeboten auf diesem Schienennetz [...] Rechnung getragen wird (Absatz 4 Satz 1). Das Nähere ist jeweils durch Bundesgesetz zu regeln. Auf dieser Grundlage erfolgten am 1. Januar 1994 die Zusammenführung von Reichs- und Bundesbahn sowie die Gründung der Deutschen Bahn AG.[2] In einem zweiten Schritt wurde zum 1. Januar 1999 die Aufspaltung der Deutschen Bahn AG in Einzelaktiengesellschaften unter dem Dach einer gemeinsamen Holding vollzogen. Damit war die formelle Privatisierung abgeschlossen. Natürlich wird weiterhin darüber gerungen, wie die in § 1 des Allgemeinen Eisenbahngesetzes (AEG) formulierten Zielsetzungen erreicht werden können. Das sind neben dem sicheren Betrieb der Eisenbahnen, die Gewährleistung eines attraktiven Verkehrsangebots sowie die Sicherstellung eines wirksamen und unverfälschten Wettbewerbs auf der Schiene. Dabei rückt das AEG die Regulierung des Netzzugangs und der Netzentgelte in den Mittelpunkt.

Der sowohl unter Wettbewerbsaspekten als auch öffentlichen Regulierungsaspekten spannendste Teil der Bahnreform steht noch aus und ist Gegenstand der gegenwärtigen Diskussion: Inhalt und Grenzen einer materiellen Privatisierung oder Kapitalprivatisierung der Deutschen Bahn AG, der sog. „Börsengang" der Bahn. Einigkeit besteht lediglich hinsichtlich der Zielsetzungen der fortgesetzten Bahnreform. Über die richtigen Wege dorthin wird jedoch erbittert gestritten. Die entscheidende und umstrittenste Frage ist dabei das Schicksal der Eisenbahninfrastruktur, insbesondere des Schienennetzes. In mittlerweile sehr verhärteten Fronten stehen sich die Vertreter unterschiedlicher Modelle gegenüber:[3] die Vertreter des sog. integrierten Modells, das eine Privatisierung der Bahn mit Netz befürwortet, die der verschiedenen Eigentums- und Finanzholdingmodelle sowie schließlich diejenigen des getrennten Modells, nachdem das Schienennetz im Eigentum des Bundes bleiben soll.[4]

Diese Fragestellung stand im Mittelpunkt der Beratungen des 3. Greifswalder Forums „Umwelt und Verkehr" 2007.[5] Juristen, Ökonomen und Verkehrswissenschaftler diskutierten über „Die Zukunft der Bahn – Privatisierung, Wettbewerb, öffentliche Verkehrs- und Umweltinteressen". Der von der Bundesregierung am

2 Vgl. dazu das fünf Artikelgesetze umfassende Eisenbahnneuordnungsgesetz (ENeuOG) vom 27. Dez. 1993 (BGBl. I, S. 2378 (berichtigt durch BGBl. 1994 I, S. 2439)).

3 Vgl. grdl. PRIMON-Gutachten (Fn. 1).

4 Vgl. dazu PRIMON-Gutachten (Fn. 1), S. 257 ff.

5 Zur Grundkonzeption des Forums „Umwelt und Verkehr" vgl. *Rodi*, Umwelt und Verkehr: Nachhaltige Verkehrspolitik als interdisziplinäre Herausforderung und rechtspolitische Aufgabe, in: Rodi (Hrsg.), Recht auf Mobilität – Grenzen der Mobilität, Berlin 2006, S. 1 ff.

24. Juli 2007 beschlossene Entwurf eines Gesetzes zur Privatisierung der Deutschen Bahn AG war bereits bekannt.

Michael Ronellenfitsch (Universität Tübingen) beschäftigt sich mit der „Planung und Erhaltung des Eisenbahnnetzes als staatliche Aufgabe". Ausgangspunkt ist eine staatliche Gewährleistungspflicht und Daseinsvorsorgeaufgabe, die ihren Niederschlag in Art. 87 e GG gefunden hat, sich aber bereits verfassungsfest aus Art. 20 GG ergebe. Vor diesem Hintergrund untersucht Ronellenfitsch umfassend das planungsrechtliche Instrumentarium des Staates und weist nach, dass sich bereits aus diesem umfangreiche Steuerungsmöglichkeiten des Staates zur Erfüllung seiner Gewährleistungspflicht ergeben.

Hieran setzt *Georg Hermes* (Universität Frankfurt/Main) an und fragt in Bezug auf das Eisenbahnschienennetz nach der staatlichen Verantwortung und dem Status des Betreibers. Die besondere Bedeutung der Schienennetze wird aus staatstheoretischer („staatliche Infrastrukturverantwortung") und ökonomischer Sicht („natürliche Monopole") entfaltet. Im Mittelpunkt steht die verfassungsrechtliche Gewährleistungsverantwortung und der Schienenwegevorbehalt des Art. 87 e Abs. 3 S. 3 GG. Vor diesem Hintergrund erneuert Hermes seine Kritik an dem von der Bundesregierung zunächst favorisierten Eigentumssicherungsmodell und begrüßt die Kehrtwende zum nunmehr diskutierten „Holdingmodell", nach dem die Infrastrukturunternehmen vollständig im Eigentum des Bundes verbleiben sollen als „einen (nicht zu) späten Sieg der Vernunft".

Anne Steinmann (Bundesnetzagentur, Leiterin des Referats „Entgelte für Schienenwege, Serviceeinrichtungen und Dienstleistungen" in der Abteilung Eisenbahnregulierung) zeigt „Entwicklungslinien des Bahnregulierungsrechts" auf. Sie berichtet über die ersten fünf Jahre Praxis der Eisenbahnregulierung durch die Bundesnetzagentur. Neben einer Darstellung der Rechtsgrundlagen und bisheriger Tätigkeitsschwerpunkte geht Frau Steinmann insbesondere auf künftige Herausforderungen und Entwicklungslinien ein. Sie zeigt auf, wie die Anwendung des bestehenden Rechtsrahmens mit seinen teilweise erheblichen Spielräumen von der Verwaltung noch stärker wettbewerbsfördernd eingesetzt werden kann. Zugleich wird auf die Notwendigkeit der Rechtsfortentwicklung hingewiesen, insbesondere im Bereich der Anreiz- und Kostenregulierung.

Kay Mitusch und *Thorsten Becker* (TU Berlin) beschäftigen sich mit der „Steuerung der Eisenbahninfrastruktur durch Leistungs- und Finanzierungsvereinbarung (LuFV) und Anreizregulierung". Das Instrument der LuFV ist ein Kernelement des Entwurfes eines Privatisierungsgesetzes von 2007. Damit sollen künftig auch im Bereich der Netzerhaltung Anreize durch eine langfristige Vereinbarung von Zuschusszahlungen gesetzt werden, für die als sanktionierbare

Gegenleistung eine überprüfbare Qualität des Netzzustandes vereinbart werden soll. Zudem plädieren die Verfasser für die Einführung einer Anreizregulierung im Bereich des Infrastrukturbetriebs (Trassenplanung, Zugbetriebsleitung usw.), wie sie in anderen Netzwirtschaften üblich ist. Danach sollen für die einzelnen Regulierungsperioden feste Obergrenzen für die Zugangspreise (Trassen- und Stationsentgelte) festgesetzt werden und so Anreize für die Eisenbahninfrastrukturunternehmen zu Produktivitätssteigerungen geschaffen werden. Die Verfasser zeigen, dass die übergeordnete Zielsetzung der (Kosten)Effizienz besonders gut durch ein „integriertes Modell" erreicht werden könne, das die bisher übliche getrennte Betrachtung von Netzerhalt und -betrieb aufhebe und ein einheitliches Instrument in der Hand des Regulierers schaffe. Die Vorzüge dieses Modells seien unabhängig vom sog. Eigentumssicherungsmodell und wären auch im Rahmen des gegenwärtigen Holdingmodells der Privatisierung denkbar.

Einen weiteren rechtspolitischen Gedankengang verfolgt *Thomas Ehrmann* (Universität Münster) in seinem Beitrag „Betriebswirtschaftliche Probleme der Kostenregulierung in den Bereichen Eisenbahn und Telekommunikation". Er geht dabei insbesondere der Frage nach, ob und inwieweit der im Telekommunikationsrecht entwickelte und praktizierte Kostenmaßstab einer „effizienten Leistungserbringung" das Vollkostenprinzip im Eisenbahnregulierungsrecht ersetzen könnte bzw. sollte. Ehrmann betrachtet weniger die kaum strittigen Vorteile dieses in vielen Ländern, wie etwa Großbritannien oder den USA, bewährten Modells einer Anreizregulierung. Eingehend beschäftigt er sich jedoch mit den rechtlichen und praktischen Problemen, die bei einer Einführung im Eisenbahnregulierungsrecht gelöst werden müssten. Neben der Zuordnung von Gemeinkosten geht es dabei um die Frage, wie die Kosten einer effizienten Leistungserbringung in einem historisch gewachsenen und deshalb an vielen Stellen ineffizienten (insbesondere zu großen) Schienennetz ermittelt werden können.

Als Auftakt des vergleichenden internationalen Abschnitts gibt *Christian Böttger* (Fachhochschule für Technik und Wirtschaft Berlin) einen breit angelegten Überblick über „Internationale Erfahrungen mit Bahnprivatisierungs- und Bahnregulierungsmodellen". Ausgewertet werden die Erfahrungen der Reformen in Großbritannien, Schweden, Estland, Japan, Neuseeland und Australien. Eingedenk dieser Reichweite betont Böttger die Schwierigkeiten eines Vergleichs angesichts unterschiedlicher geo- und topographischer, verkehrlicher und wirtschaftlicher Voraussetzungen der Länder. Gleichwohl kommt die Analyse zu interessanten klaren Aussagen und Empfehlungen für den deutschen Reformprozess. Deutlich wird etwa die herausragende Bedeutung von präzisen

Festlegungen für den Zustand der Eisenbahninfrastruktur. Zudem folgt aus der Analyse eine deutliche Empfehlung für eine Trennung von Verkehrs- und Infrastrukturunternehmen; Modelle einer vertikal integrierten Privatisierung hätten sich international nicht bewährt.

Das am meisten diskutierte Privatisierungsmodell ist sicherlich dasjenige von Großbritannien. Dieses wird daher von *Andreas Brenck* (IGES Institut Berlin) und *Benedikt Peter* (TU Berlin) vertieft behandelt, unter dem Titel „Eisenbahnprivatisierung in Großbritannien: Regulierung des britischen Schienennetzbetreibers". Im Gegensatz zu der sonst in diesem Zusammenhang vorherrschenden Schwarzweißmalerei kommen die Autoren zu einem ebenso fundierten wie differenzierten Ergebnis. Sie zeigen, dass das britische Privatisierungsmodell sehr anspruchsvoll war und eine Fülle von Anreizelementen enthielt. Vielfach seien jedoch bei der Umsetzung rechts- und verwaltungstechnische Fehler unterlaufen. In Anschluss an einen bekannten britischen Verkehrswissenschaftler[6] bezeichnen sie daher die neue Marktstruktur als „realisierbar, aber schlecht implementiert".

Ein zweiter vertiefender Vergleich wird von *Renée Elzinga* mit der „Bahnprivatisierung in den Niederlanden" ermöglicht. In bewusster Absetzung vom britischen Modell wurde statt eines „Wettbewerbs auf der Schiene" ein „Wettbewerb um die Schiene" initiiert. Durch Ausschreibung sog. „Vertragssektortrassen" habe auf dieser Grundlage eine dynamische und abwechslungsreiche Eisenbahnlandschaft entstehen können. Frau Elzinga zeichnet die rechtliche Grundstruktur dieses Regulierungsansatzes nach und weist in großer Offenheit auf rechtliche und rechtspolitische Probleme und Konflikte hin. Es überrascht nicht, dass diese insbesondere in den zwischen Netzbetreiber und Beförderern auszuhandelnden Zugangsverträgen liegen (mit der Festlegung von „kostenorientierten" Benutzungsvergütungen und Leistungsvereinbarungen).

Insgesamt wird von den Referenten der Gesetzentwurf der Bundesregierung zu einer integrierten Privatisierung der Deutschen Bahn AG aus der Perspektive verschiedener Wissenschaftsdisziplinen und der Praxis sehr kritisch bewertet. Der Diskussionsbericht zeigt eine sehr grundsätzlich und kontrovers geführte Debatte zu den Thesen auf. Im Schwerpunkt zielen die Beiträge auf eine Selbstvergewisserung über die Zielsetzungen der Bahnreform sowie auf den mit den Privatisierungsmodellen verbundenen Regulierungsbedarf und die Perspektiven einer stärker anreizorientierten Regulierung. Vor dem Hintergrund um-

6 *Chris Nash*, Professor for Transport Economics, University of Leeds (UK), ist Referent des 4. Greifswalder Forums „Umwelt und Verkehr" 2008.

fangreicher Berichte von Bahnreformen im Ausland wurde schließlich intensiv erörtert, welche Lehren hieraus für die deutsche Privatisierungsdiskussion zu ziehen sind.

Alle in diesem Band vereinten Beiträge haben eine gemeinsame Zielsetzung: einen Beitrag zu einer guten Zukunft der Bahn zu leisten. Ein intensiv geführter interdisziplinärer Diskurs zeigt deutliche Konturen für gangbare Wege dorthin auf. Es bleibt zu hoffen, dass die Politik nun die richtigen Weichenstellungen vornimmt.

Das Eisenbahnschienennetz – Staatliche Verantwortung und Status des Betreibers

*Prof. Dr. Georg Hermes**

I. Aktuelle Fragen und grundsätzliche Problematik

Ein flächendeckend ausgelegtes, funktionsfähiges und den sich wandelnden Anforderungen angepasstes Schienenwegenetz gehört zu den elementaren Funktionsbedingungen moderner Gemeinwesen. Individuelle Mobilität ist ebenso wie modernes Wirtschaften auf Beförderungs- und Transportleistungen auf der

* Der Verfasser ist Inhaber des Lehrstuhls für Öffentliches Recht an der Johann-Wolfgang-Goethe-Universität in Frankfurt am Main.

Schiene angewiesen[1]. Es gehört deshalb zu den politisch wie rechtlich unbestrittenen Prämissen, dass ein besonderes öffentliches Interesse an einem funktionsfähigen Eisenbahnschienennetz besteht. Allerdings dürfte ebenso unbestritten sein, dass der aktuelle Zustand der Eisenbahninfrastruktur in Deutschland den Anforderungen nicht gerecht wird, die aus einem wachsenden Mobilitäts- und Transportbedarf und der unbestrittenen Notwendigkeit folgt, Verkehr von der Straße auf die Schiene zu verlagern. Vor diesem Hintergrund erklärt sich die Bedeutung der nach wie vor ungeklärten Grundsatzfrage nach den rechtlichen und finanziellen Rahmenbedingungen, unter denen in Deutschland Schienenwege geplant, finanziert, gebaut, betrieben und vor allem den nachfragenden Eisenbahnverkehrsunternehmen zur Verfügung gestellt werden.

1. Der Zustand des Netzes

Die Eisenbahninfrastruktur in Deutschland entspricht derzeit nicht den Anforderungen, die von der Verkehrspolitik und von den Nachfragern an sie gerichtet werden. Unabhängig von den Kennzahlen, die die Deutsche Bahn AG[2] ihrem Netzzustandsbericht 2006 zugrunde legte (z. B. 2,4 % mängelbedingter Fahrzeitverlust), wertete der Bundesrechnungshof die vom Eisenbahn-Bundesamt dokumentierten zahlreichen Mängel an den Bundesschienenwegen „als Beleg für eine jahrelange Vernachlässigung der erforderlichen Instandhaltungsmaßnahmen bei der DB Netz AG"[3]. Der im Jahr 2001 ermittelte Bedarf für Instandhaltungsmaßnahmen wurde nach Feststellungen des Bundesrechnungshofs in den Jahren 2001 bis 2005 um mindestens 1,5 Mrd. € unterschritten.[4] Darüber hinaus wird bemängelt, dass die Bundesregierung aufgrund mangelhafter Information durch die DB Netz AG nicht über ausreichende Informationen über den tatsächlichen Netzzustand verfüge.[5] Diese Wertungen decken sich mit Vorwür-

1 Allgemein dazu *Hermes*, Staatliche Infrastrukturverantwortung, 1998, S. 323 ff.; zu den Rahmenbedingungen und tatsächlichen Hintergründen, die zu den Bahnreformen führten, siehe nur *Wilkens*, Wettbewerbsprinzip und Gemeinwohlorientierung bei der Erbringung von Eisenbahndienstleistungen, 2006, S. 17 ff.

2 Deutsche Bahn AG, Infrastrukturzustands- und -entwicklungsbericht 2006, Juni 2007, S. 1 f. (Zusammenfassung).

3 So die Wiedergabe des Berichtsentwurfs vom Januar 2007 im (endgültigen) Bericht des Bundesrechnungshofs an den Haushaltsausschuss des Deutschen Bundestages nach § 88 Abs. 2 BHO zur Instandhaltung der Bundesschienenwege (III 3 – 2005 – 0279) vom 9. Mai 2007, Haushaltsausschuss Drs. 2886 (16. Wahlperiode), S. 3. Die endgültige Wertung lautete dann, dass „Instandhaltungsmaßnahmen über einen längeren Zeitraum nicht in dem erforderlichen Umgang durchgeführt wurden" (ebda.).

4 Bundesrechnungshof (Fn. 3), S. 3.

5 Bundesrechnungshof (Fn. 3), S. 4 ff.

fen von Seiten privater Eisenbahngüterverkehrsunternehmen, die für Bayern und Baden-Württemberg eine Steigerung der Teilstücke mit Geschwindigkeitsabsenkungen zwischen 2004 und 2005 um 32 % rügen.[6] Eine genaue Analyse des Durchschnittsalters der einzelnen Anlagen zeigt, dass die Eisenbahninfrastruktur „von der Substanz lebt“[7]. Insgesamt dürfte trotz offensichtlicher Differenzen im Hinblick auf Kriterien und Kennzahlen kaum Streit darüber herrschen, dass das Eisenbahnnetz in Deutschland durch erhebliche Rückstände bei der laufenden Instandhaltung, durch einen signifikanten Anstieg des Durchschnittsalters der Anlagen sowie durch einen Anstieg der Zahl betrieblicher Störungen gekennzeichnet ist.[8] Aus der Perspektive eines wirtschaftlich handelnden Unternehmens – als solches wird gem. Art. 87 e Abs. 3 S. 1 GG auch die DB Netz AG geführt – erscheint eine Reduzierung des Instandhaltungsaufwandes zumindest kurzfristig auch mit Blick auf den geplanten Börsengang durchaus rational. Die Frage nach der Verteilung der (Finanzierungs)Verantwortung zwischen dem das Allgemeinwohl repräsentierenden Bund und dem – als Wirtschaftsunternehmen agierenden – Betreiber der Eisenbahninfrastruktur liegt dann auf der Hand.

2. Stilllegung von Strecken – das Beispiel der Hunsrückquerbahn

Gleiches gilt für den Umgang mit tatsächlich oder jedenfalls aus der aktuellen Sicht des Netzbetreibers unrentablen Nebenstrecken, deren Stilllegung gem. § 11 AEG denn auch in großem Umfang seit Jahren betrieben wird.[9] Das eigentliche Problem in diesem Zusammenhang sind aber offensichtlich nicht in erster Linie die „offiziell“ gem. § 11 AEG stillgelegten Strecken, sondern die bereits seit langem kritisierte Praxis, „marode Nebenbahnen“ so lange auf „Verschleiß“ zu fahren,[10] bis ihr Betrieb aus technischen (Sicherheits)Gründen eingestellt werden muss.

Ein aktuelles Beispiel für ein solches Vorgehen liefert die sog. Hunsrückquerbahn (Langenlonsheim – Stromberg – Simmern – Büchenbeuren – Morbach

6 Spiegel Online vom 29. Okt. 2005; weitere Materialien dazu auf der Homepage des Netzwerks Privatbahnen (www.privatbahnen.com).

7 *Böttger*, Netzzustandsbericht der DB AG 2006: Grundlage für die Beurteilung der Infrastrukturqualität?, Bahn-Report 5/07, 6, 7.

8 So die Zusammenfassung von *Böttger* (Fn. 7), S. 7.

9 Das Netzwerk Privatbahnen schätzt den Umfang der seit 1994 stillgelegten Eisenbahnstrecken auf über 7.000 km.

10 So *Kühl*, Übernahme von Schieneninfrastruktur der DB AG durch Dritte, 1999, S. 34.

– Hermeskeil).[11] Im April 2003 sperrte die DB Netz AG eine Teilstrecke wegen diverser Mängel in der Betriebssicherheit mit der Folge, dass Eisenbahnverkehr auf dieser Strecke nicht mehr stattfinden konnte. Der erforderliche Instandsetzungsaufwand sei durch die zu erwartenden Netznutzungsentgelte nicht zu decken und somit unwirtschaftlich. Außerdem bestehe auch kein aktuelles Verkehrsbedürfnis. Vor dem Hintergrund von Verhandlungen mit dem Land Rheinland-Pfalz und dem Bund über eine Ertüchtigung der Strecke wurde ein Stilllegungsverfahren nicht durchgeführt bzw. nicht zum Abschluss gebracht. Mit Bescheiden vom Oktober 2003 gab das Eisenbahn-Bundesamt der DB Netz AG daraufhin auf, die festgestellten Mängel in der Betriebssicherheit der Strecke zu beseitigen und den Betrieb der Strecke wieder aufzunehmen. In dem gegen diese Bescheide gerichteten verwaltungsgerichtlichen Verfahren, das wegen der grundsätzlichen Bedeutung der Frage nach der Zulässigkeit einer solchen „betrieblichen Sperrung" von der DB Netz AG bis zum Bundesverwaltungsgericht weiterverfolgt wurde, stellte sich dann die Grundsatzfrage nach den Pflichten eines Eisenbahninfrastrukturbetreibers, nach der Bedeutung des Stilllegungsverfahrens gem. § 11 AEG in diesem Zusammenhang und allgemein nach dem Status der Eisenbahninfrastrukturunternehmen.[12]

3. Der Börsengang der DB und das Schicksal des Netzes

Vor diesem hier nur angedeuteten Hintergrund konnte es nicht überraschen, dass das Schicksal des Schienennetzes den entscheidenden Streitpunkt bei den Auseinandersetzungen um den Börsengang der Deutschen Bahn AG als dritter Stufe der Bahnreform[13] bildete. Bereits im Rahmen der Verfassungsänderung als Teil der ersten Stufe führte der Konflikt um das Netz bekanntlich zu dem Kompromiss des Art. 87 e Abs. 3 S. 2 und 3 GG, wonach der Bund Mehrheitseigentümer des Schienenwegeunternehmens bleiben muss.[14] Nach der Ausgliederung der einzelnen Sparten auf eigene Gesellschaften unter der Holding Deutsche Bahn AG im Rahmen der zweiten Stufe musste dann spätestens bei der Vorbereitung des Börsengangs die Frage wieder auftauchen, ob und ggf. wie die

11 Siehe dazu BVerwG, Urt. v. 25. Okt. 2007 – 3 C 51.06; weitere Einzelheiten dazu bei *Kramer*, Die Betriebspflicht im Eisenbahnrecht und ihre Grenzen, in: Gornig/Kramer/Volkmann (Hrsg.), Staat – Wirtschaft – Gemeinde. Festschrift für Werner Frotscher zum 70. Geburtstag, Berlin 2007, S. 529, 532 ff.

12 Zur Entscheidung des BVerwG siehe unten S. 21 f.

13 Siehe die Übersicht zu den Stufen der Bahnreform bei *Suckale*, in: Hermes/Sellner (Hrsg.), AEG-Kommentar, München 2006, Einführung C, Rn. 4 ff.

14 BT-Drs. 12/5015, S. 11.

DB Netz AG zum Gegenstand einer Kapitalprivatisierung gemacht werden sollte. Ein vorbereitendes Gutachten stellte denn auch das Kriterium „mit und ohne Netz“ in den Mittelpunkt der verschiedenen Modelle[15]. Als sich im November 2006 die Vertreter der Großen Koalition im Deutschen Bundestag und die Bundesregierung auf Grundlinien verständigten und der Bundestag daraufhin die „Eckpunkte für die Kapitalprivatisierung der Deutschen Bahn AG“[16] beschloss, wurde bereits erkennbar, dass offensichtlich die Quadratur des Kreises erreicht werden sollte. Denn einerseits sollten private Investoren nicht an den Infrastrukturunternehmen beteiligt werden und die Infrastrukturunternehmen zu diesem Zweck vor der Kapitalprivatisierung in das Eigentum des Bundes überführt werden (Ziff. 3), andererseits sollte aber die Deutsche Bahn AG die Möglichkeit erhalten, Schienenverkehr und Infrastruktur in einer „wirtschaftlichen Einheit“ zu betreiben und zu bilanzieren (Ziff. 5). Damit war der – auch verfassungsrechtlich auf der Grundlage des Art. 87 e Abs. 3 GG geführte[17] – Streit über die von der Bundesregierung am 11. Januar 2007 und nach einer Überarbeitung am 8. März 2007 vorgelegten Entwürfe vorprogrammiert. Begleitet von massiven verfassungsrechtlichen Bedenken, die sich insbesondere auf den zu geringen gesellschaftsrechtlichen Einfluss des Bundes auf das Infrastrukturunternehmen bezogen, scheiterte der Entwurf letztlich an dem politischen Widerstand, der sich auf dem Bundesparteitag der SPD am 27. Oktober 2007 artikulierte.[18] Ohne, dass es hier auf die Einzelheiten ankäme, mit deren Hilfe einerseits der verfassungsrechtlich gebotene Einfluss des Bundes auf das Infrastrukturunternehmen gesichert und andererseits das bilanzierungsfähige „wirtschaftliche Eigentum“ an den Schienenwegen privaten Kapitalgebern zugänglich gemacht werden sollte, ist der Grundkonflikt offensichtlich. Erneut und diesmal ohne die Möglichkeit, das Problem durch Kompromissformeln zu umgehen oder seine Lösung zu verschieben, stellte sich die grundlegende Frage nach der Verantwortungsverteilung zwischen Staat und Infrastrukturbetreiber als „Wirtschaftsunternehmen“ bei der Planung, der Finanzierung, dem Betrieb und der Unterhaltung eines leistungsfähigen Schienennetzes in Deutschland.

15 Booz·Allen·Hamilton, Privatisierungsvarianten der Deutschen Bahn AG „mit und ohne Netz“, Januar 2006, Geschwärzte Fassung für MdB – erstellt am 1. März 2006.

16 Beschl. v. 21. Nov. 2006, BT-Drs. 16/3493.

17 Siehe dazu die Rechtsgutachten von *Masing*, *Möllers/Schäfer*, *Ehlers* sowie *Scholz* sowie das Protokoll Nr. 16/40 des Bundestagsausschusses für Verkehr, Bau und Stadtentwicklung über die öffentliche Anhörung am 23. Mai 2007zum Antrag „Verfassungskonformität der Bahnreform sicherstellen“ (BT-Drs. 16/4413).

18 Über die politischen Hintergründe informiert *Neuhoff*, Bahnpolitische Lage grundlegend verändert, Bahn-Report 1/08, 6 f.

II. Grundsätzliches zur staatlichen Netzverantwortung

Diese Frage lässt sich ohne einen theoretischen Bezugsrahmen, der das Schienennetz als Teil einer allgemeinen Perspektive auf die netzgebundenen Infrastrukturen in den Blick nimmt, kaum beantworten. Deshalb leiten die aktuellen Probleme der Eisenbahninfrastruktur über zu der Notwendigkeit, sich der staatlichen Verantwortung für solche Infrastrukturen (Verkehr, Telekommunikation, Energie) zu vergewissern.

1. Staatstheorie: Infrastrukturen als Voraussetzung sozialer, politischer und ökonomischer Einheit

Der erste Grund für eine besondere Verantwortung des Staates in diesen Sektoren liegt in der Erkenntnis, dass ohne infrastrukturelle Grundausstattung die soziale, wirtschaftliche, kulturelle und politische Gemeinschaft nicht entstehen und fortexistieren kann.[19] Sie ist deshalb zwar nicht hinreichende, aber notwendige Existenzbedingung moderner Staatlichkeit. Ein staatlich organisiertes Gemeinwesen, das auf die Integration aller Bewohner eines Territoriums zielt, kann nicht darauf verzichten, grundsätzlich jeder Person zumindest die Möglichkeit des Zugangs zu den Verkehrswegen zu eröffnen, die ein Gemeinschaftsleben erst ermöglichen. Deshalb finden sich in allen Infrastrukturbereichen neben der Notwendigkeit einer flächendeckenden Erschließung regelmäßig die allgemein akzeptierten Forderungen nach einer Zugangsmöglichkeit für alle zu angemessenen Bedingungen, nach der Sicherstellung einer „Grundversorgung“ oder eines „Universaldienstes“. Diese existenzielle Funktion von Infrastrukturen für die verschiedenen Aspekte der Integration wird insbesondere dort deutlich, wo Gemeinwesen erst im Entstehungsprozess begriffen sind. So erklärt sich das besondere europäische Interesse an der Zusammenführung der bisher einzelstaatlich konzipierten Netzinfrastrukturen und an der Verwirklichung transeuropäischer Verkehrs-, Telekommunikations- und Energienetze. Was auf nationaler Ebene zur Selbstverständlichkeit geworden ist, bedarf im europäischen Rahmen erst noch des Aufbaus und der Herstellung von „Interoperabilität“.[20]

19 Zu den Grundlagen staatlicher Infrastrukturverantwortung vgl. *Hermes*, Infrastrukturverantwortung (Fn. 1), S. 323 ff.

20 Vgl. Art. 154 Abs. 2 EG.

2. Ökonomie: Infrastrukturnetze als natürliche Monopole

Mit dieser Erinnerung an die infrastrukturellen Voraussetzungen moderner Staatlichkeit ist allerdings noch nicht die Frage beantwortet, ob die notwendigen Infrastrukturen von staatlichen Organisationseinheiten errichtet und betrieben werden sollen oder ob sie nicht besser in den Händen privater Initiative nach den Gesetzlichkeiten des Marktes funktionieren. Wesentliche Hilfestellung bei einer Antwort auf diese entscheidende zweite Frage können die Wirtschaftswissenschaften leisten, soweit sie die Frage nach den Bereichen und den Ursachen von Marktversagen stellen.[21] Der wichtigste ökonomische Ansatz in diesem Zusammenhang ist das Konzept der natürlichen Monopole.[22] Der Begriff des natürlichen Monopols bezeichnet eine Situation, in der ein einziges Unternehmen in der Lage ist, den relevanten Markt zu niedrigeren kostendeckenden Preisen zu versorgen als dies zwei oder mehreren Unternehmen möglich wäre. Im Falle eines natürlichen Monopols wäre es also kontraproduktiv, den Wettbewerb im Markt erzwingen zu wollen, weil angesichts der Kostenstrukturen mit Sicherheit vorhergesagt werden könnte, dass sich am Ende des Tages ein einziges Unternehmen durchgesetzt und alle anderen vom Markt verdrängt haben wird.

Obwohl derartige natürliche Monopole nur sehr schwer empirisch zu belegen und nicht konstant sind, gibt es in der Theorie allgemein als maßgeblich akzeptierte Kriterien. Dazu gehören die Subadditivität der Kostenfunktion, die in erster Linie mit Größen-[23] und Verbundvorteilen[24] zusammenhängt, und hohe versunkene Kosten, also in der Vergangenheit getätigte, unwiederbringliche Ausgaben. Auf dieser Grundlage ist anerkannt, dass vor allem erdverbundene Netze wie Gas-, Wasser-, Abwasser-, Fernwärme-, Strom- und lokale Telefonnetze, Kabelfernsehnetze, Schienenwege und U-Bahnnetze zu den natürlichen Monopolen gehören.

Weil also Infrastrukturnetze typischerweise natürliche Monopole darstellen, können die kontrollierenden Kräfte des Wettbewerbs nicht wirksam werden.

---

21 Zu den ökonomischen Besonderheiten netzgebundener Infrastrukturen vgl. nur die Nachweise bei *Hermes*, Infrastrukturverantwortung (Fn. 1), S. 304 ff.; *König/Theobald*, Liberalisierung und Regulierung netzgebundener Güter und Dienste, in: Grupp/Ronellenfitsch (Hrsg.), Festschrift für Willi Blümel zum 70. Geburtstag, 1999, S. 277, 280 – 282.

22 Vgl. nur *Schleth*, Die Theorie des natürlichen Monopols, 1987; *Windisch*, in: ders. (Hrsg.), Privatisierung natürlicher Monopole im Bereich von Bahn, Post und Telekommunikation, 1987, S. 1 ff.; *Klimisch/Lange*, Zugang zu Netzen und anderen wesentlichen Einrichtungen als Bestandteil der kartellrechtlichen Mißbrauchsaufsicht, WuW 1998, 15, 16 ff. m. w. N.

23 Sog. „economies of scale".

24 Sog. „economies of scope".

Deshalb ist hier staatliches Engagement zwingend gefordert, wenn man die Erfüllung der notwendigen Aufgaben nicht in die Hände eines privaten Monopolisten legen will. Der staatliche Einfluss kann sich auch nicht auf die Bereitstellung eines allgemeinen rechtlichen Rahmens (Privatrecht, öffentlich-rechtliche Sicherheits- und Umweltstandards) beschränken. Insbesondere das allgemeine Wettbewerbsrecht ist nicht in der Lage, den Bedarf nach marktexterner Kompensation von Marktversagen zu befriedigen. Denn nach seinem systematischen Ansatz kann das Wettbewerbsrecht insbesondere mit seinem Instrumentarium der Missbrauchsaufsicht nur auf punktuelle Defizite eines prinzipiell funktionsfähigen Marktes reagieren. Wo dagegen natürliche Monopole existieren, fehlt es an dieser entscheidenden Voraussetzung und es bedarf daher kontinuierlicher und präventiver (Regulierungs)Instrumente, mit deren Hilfe eine Marktordnung erst konstituiert und fortlaufend abgesichert wird.

Wenn also im Bereich der Infrastrukturen ein staatlicher Einfluss gefordert ist, der über die Bereitstellung und Durchsetzung der allgemeinen Rechts- und insbesondere der allgemeinen Wettbewerbsordnung hinausgeht, so schließt sich die Frage an, auf welche Art und Weise der Staat funktionsfähige Infrastrukturen gewährleisten soll, wenn natürliche Monopole in der Hand privater Unternehmen zu Ineffizienz, überhöhten Preisen und anderen mit einer Monopolsituation regelmäßig verbundenen Nachteilen führen. Soweit ersichtlich, kommen nur drei Grundmodelle für die Wahrnehmung staatlicher Infrastrukturverantwortung in Betracht: Der Staat kann erstens die Infrastrukturen als staatliche Einrichtungen selbst betreiben. Der Staat kann sich aber auch zweitens privater Akteure bedienen, denen er durch Ausschreibungsverfahren für eine begrenzte Zeit die Wahrnehmung der Infrastrukturaufgabe überträgt (Wettbewerb „um die Infrastruktur“ als Modus funktionaler Privatisierung). In diesem zweiten Modell kann Wettbewerb begrenzt wirksam werden, wenn verschiedene Anbieter um den zeitlich befristeten Auftrag konkurrieren. Schließlich können drittens die Kontrollmechanismen des Wettbewerbs verstärkt dadurch genutzt werden, dass der Staat durch entsprechende Regulierung den Betrieb der Netze von dem Angebot der Dienste trennt, die „in“ oder „auf“ diesen Netzen erbracht werden (Wettbewerb „in der Infrastruktur“). Dieses dritte Modell geht von der Erkenntnis aus, dass die natürliche Monopolsituation nur die Infrastrukturnetze, nicht hingegen die mit Hilfe dieser Netze erbrachten Dienstleistungen erfasst. Deswegen ist eine staatliche Regie oder eine strikte Kontrolle privater Akteure nur erforderlich, soweit es um die Errichtung und den Betrieb der Netze geht. Ist auf diese Weise sichergestellt, dass das jeweilige Netz von jedermann nutzbar ist, kann zwischen den verschiedenen Diensteanbietern Wettbewerb wirksam werden.[25]

Die ökonomische Erkenntnis, dass es sich bei wesentlichen Teilen der netzgebundenen Infrastrukturen um natürliche Monopole handelt, schließt also Wettbewerb in Gestalt der periodischen Konkurrenz um die Stellung des Netzbetreibers und in Form von Konkurrenz um die auf dem Netz angebotenen Dienste nicht aus. Beide Wettbewerbsformen verlangen aber einen erheblichen Regulierungsaufwand.[26] Dieser Regulierungsaufwand markiert aus ökonomischer Perspektive den Kernbereich staatlicher Infrastrukturverantwortung.

3. Verfassungsrecht: Staatliche Gewährleistungsverantwortung

Die Offenheit der staatlichen Infrastrukturverantwortung für unterschiedliche Instrumente, mit deren Hilfe diese Verantwortung wahrgenommen werden kann, wird mit dem Begriff der Gewährleistungsverantwortung am besten zum Ausdruck gebracht.[27] Dieser Begriff ist dem traditionellen Konzept der Daseinsvorsorge insofern überlegen, als letzteres noch selbstverständlich davon ausging, dass die existenzielle Angewiesenheit des Einzelnen auf bestimmte Leistungen zwangsläufig den fürsorgenden Sozialstaat als Leistungserbringer auf den Plan ruft. Der Begriff der Daseinsvorsorge war deshalb nicht in der Lage, das Phänomen zu erfassen, dass daseinsnotwendige Leistungen auch von privaten Unternehmen nach den Regeln des Wettbewerbs dargeboten werden können. Im Gegensatz dazu kann Gewährleistungsverantwortung des Staates sowohl Leistung als auch Lenkung bedeuten. Die hoheitliche Verantwortung bleibt auch dann bestehen, wenn eine Leistung von einem Unternehmen erbracht wird, das sich vollständig in privater Hand befindet. Sie kann auf die Gewährleistung funk-

25 Schließlich sind über diese drei Modelle hinaus Situationen zu erwähnen, in denen die natürliche Monopolsituation in Auflösung begriffen ist, wie man dies im Bereich der Telekommunikation beobachten kann. Wo der Transport- oder Übermittlungsbedarf stark steigt und gleichzeitig die Errichtung neuer Netze zur Befriedigung dieses Bedarfs durch technischen Fortschritt erleichtert wird, werden konkurrierende Parallelnetze realisierbar und die natürliche Monopolsituation entfällt. Hier verändert sich dann die staatliche Regulierungsaufgabe. Insbesondere die staatliche Kontrolle der Netznutzungsentgelte ist nicht mehr erforderlich. Es geht dann nur noch um Fragen wie Zusammenschaltung und Sicherung des Universaldienstes.

26 Soweit sich die Kritik gegen die Regulierungsnotwendigkeit in einzelnen Infrastruktursektoren wendet, trifft dies regelmäßig nur die Dienste und nicht die Netze: vgl. z. B. *Basedow*, Wettbewerb auf den Verkehrsmärkten, 1989, S. 48 ff., für den Verkehrssektor; zu Regulierungstheorien vgl. *Prosser*, Theorising Utility Regulation, 62 MLR 1999, 196 ff.

27 So auch *Osterloh*, Privatisierung von Verwaltungsaufgaben, VVDStRL 1995, 204, 205 mit dem Hinweis auf das Komplementärverhältnis zwischen Privatisierung und steigendem Bedürfnis nach staatlicher Regelung, soweit es um die infrastrukturelle Grundversorgung geht.

tionierenden Wettbewerbs beschränkt sein, wenn dieser sich als ausreichend erweist, flächendeckende Infrastrukturausstattung und -dienste hervorzubringen. Erst wenn die gesellschaftliche Selbststeuerung nicht funktioniert, ist ein besonderes staatliches Engagement gefordert. Insgesamt kommt dem Konzept der Daseinsvorsorge im Kern eine deskriptive Funktion zu, wohingegen die Gewährleistungsverantwortung mit dem normativen Anspruch verbunden ist, Grenzen für einen Rückzug des Staates aus seiner Verantwortung zu beschreiben. Während die Idee der Daseinsvorsorge eine staatliche Tätigkeit schlicht voraussetzte, fragt das Konzept der Gewährleistungsverantwortung vor allem nach dem notwendigen Minimum staatlichen Einflusses.

Allerdings bleiben allgemeine Aussagen über Gegenstände staatlicher Verantwortung ohne normativen Gehalt, solange sie nicht verfassungsrechtliche Qualität besitzen. Im modernen Verfassungsstaat können normative Aussagen über Staatsaufgaben nur der Verfassung entnommen werden, weil diese die alleinige konstituierende Grundlage des politisch organisierten Gemeinwesens darstellt. Es stellt sich daher die Frage, ob die staatliche Infrastrukturverantwortung verfassungsrechtliche Qualität besitzt. Ausdrücklich normiert wurde die Infrastrukturverantwortung nur für das Post- und Eisenbahnwesen sowie für die Telekommunikation, weil dort im Rahmen der Privatisierung zu befürchten war, dass private Netzbetreiber und Anbieter von Diensten die erforderliche flächendeckende Versorgung nicht ausreichend sicherstellen würden. So „gewährleistet" der Bund nach Art. 87 e Abs. 4 GG, „dass dem Wohl der Allgemeinheit, insbesondere den Verkehrsbedürfnissen, beim Ausbau und Erhalt des Schienennetzes der Eisenbahnen des Bundes sowie bei deren Verkehrsangeboten auf diesem Schienennetz, soweit diese nicht den Schienenpersonennahverkehr betreffen, Rechnung getragen wird". Daraus kann sich insbesondere eine verfassungsrechtliche Pflicht zur Finanzierung der Schienenwege aus Steuermitteln ergeben, wenn private Unternehmen sich dazu nach Rentabilitätsgesichtspunkten nicht bereit oder in der Lage zeigen.[28] In anderen Sektoren erfüllt der Staat seine verfassungsrechtliche Pflicht aber bereits dadurch, dass er einen funktionsfähigen Regulierungsrahmen zur Verfügung stellt. Dieser rechtliche Rahmen muss dazu führen, dass durch wirtschaftliches Engagement Privater flächendeckende und für jedermann zu angemessenen Preisen zugängliche Infrastrukturen bereitgestellt werden. Diese knappen und sehr allgemeinen Vorgaben, die das Grundgesetz insbesondere für das Eisenbahnwesen, die Post und

28 Einzelheiten zum Inhalt des Art. 87 e Abs. 4 GG bei *Hermes*, in: Hermes/Sellner (Hrsg.), AEG-Kommentar, München 2006, Einführung D, Rn. 21 ff.

die Telekommunikation normiert, gelten entsprechend – auch ohne ausdrückliche Erwähnung im Text des Grundgesetzes – für den Straßenverkehr und die Energieversorgung.

III. Netzverantwortung unter Privatisierungsbedingungen

Fragt man vor diesem Hintergrund, wie der Gesetzgeber bei der Ausgestaltung des geltenden Eisenbahnrechts seiner verfassungsrechtlichen Infrastrukturverantwortung gerecht geworden ist, so zeigt sich bei näherem Hinsehen eine Regelungsstruktur, die durch einen erheblichen staatlichen Einfluss insbesondere auf den Betreiber der Schienenwege geprägt ist und die deshalb mit den gängigen Privatisierungstypen kaum angemessen erfasst werden kann.

1. Planung und Finanzierung des Netzes

Das beginnt bei der Planung und Finanzierung des Schienenwegenetzes. Hier ist zunächst zu differenzieren zwischen (1) der Finanzierung und der damit untrennbar zusammenhängenden Bedarfsplanung im Hinblick auf den Neubau, den Ausbau und die Ersatzinvestitionen. Mit dieser Bedarfsplanungs- und Finanzierungsebene eng verknüpft ist (2) die fachplanungsrechtliche Ebene, die in erster Linie der räumlichen Verortung einzelner Projekte sowie der Lösung dabei auftretender konkreter Raumnutzungskonflikte dient. Schließlich sind aus der Finanzierungsperspektive (3) die Kosten der laufenden Unterhaltung und Instandsetzung zu berücksichtigen.

Im Zuge der Eisenbahnneuordnung wurde auch das System der höherstufigen Verkehrswegeplanung und -finanzierung im Eisenbahnbereich reformiert. Herzstück der Neuregelung ist das Schienenwegeausbaugesetz (SchwAbG), das die Bedarfsfestlegung und Finanzierung der Schienenwege erstmals auf eine gesetzliche Grundlage stellt. Während der Ausbau des Schienenwegenetzes im Rahmen der höherstufigen Bedarfsplanung früher nur im Bundesverkehrswegeplan berücksichtigt wurde,[29] ist der fachplanungsrechtlichen Ebene der Planfeststellung jetzt – analog dem Verfahren bei der Planung von Fernstraßen – ein für das Schienenwegenetz der Eisenbahnen des Bundes geltender Bedarfsplan vorgeschaltet, der gem. § 1 Abs. 1 SchwAbG im Rang eines Gesetzes verabschie-

29 Zum Bundesverkehrswegeplan vgl. *Steinberg/Berg/Wickel*, Fachplanung, 2000, § 7, Rn. 50 ff.; *Bogs*, Planung transeuropäischer Verkehrsnetze, 2002, S. 203 ff.

det und dem Gesetz als Anlage beigefügt wird. Der Bedarfsplan unterscheidet für einzelne Vorhaben nach vordringlichem und weiterem Bedarf, wobei innerhalb des vordringlichen Bedarfs zwischen Überhang und neuen Vorhaben und länderübergreifenden, d. h. internationalen Projekten differenziert wird. Er ist gem. § 1 Abs. 2 SchwAbG für die Planfeststellung nach § 18 AEG verbindlich. Er ist gem. § 3 Abs. 2 SchwAbG im Rahmen der verkehrspolitischen Bundesverkehrswegeplanung der Bundesregierung mit den entsprechenden Plänen für andere Verkehrsträger unter Berücksichtigung der Ausbaupläne für den europäischen Eisenbahnverkehr und kombinierten Verkehr abzustimmen. Gem. § 2 Abs. 1 SchwAbG sind für den Ausbau die Bedarfsstufen und die zur Verfügung stehenden Haushaltsmittel verbindlich. Einzelne Baumaßnahmen, die nicht in den Bedarfsplan aufgenommen worden sind, bleiben gem. § 2 Abs. 2 SchwAbG unberührt, sind allerdings mit den aufgrund des Bedarfsplans erfolgenden Baumaßnahmen abzustimmen. Nach Ablauf von jeweils fünf Jahren soll der Bundesminister für Verkehr überprüfen, ob der Bedarfsplan der zwischenzeitlich eingetretenen Wirtschafts- und Verkehrsentwicklung anzupassen ist (§ 4 Abs. 1 SchwAbG). Zur Verwirklichung des Ausbaus des Bedarfsplans stellt er Fünfjahrespläne auf, die als Grundlage für die Aufstellung von Ausbauplänen für die Schienenwege dienen (§ 5 SchwAbG), die im Einzelfall auch Maßnahmen enthalten können, die nicht dem Bedarfsplan entsprechen, sondern einem unvorhergesehenen Verkehrsbedarf Rechnung tragen (§ 6 SchwAbG). Der Bundesminister für Verkehr hat dem Bundestag jährlich über den Fortgang des Ausbaus des Schienenwegenetzes zu berichten (§ 7 SchwAbG).

Hintergrund für diese staatliche Bedarfsplanung, die mit der Aufgabenträgerschaft in der Hand eines „Wirtschaftsunternehmens" (Art. 87 e Abs. 3 S. 1 GG) prima facie nicht in Einklang steht, ist die Finanzierungsverantwortung des Bundes für den Neu- und Ausbau von Schienenwegen. Im SchwAbG wird zwar der Versuch gemacht, die Anteile der staatlichen Verantwortung für die Infrastrukturbereitstellung und des unternehmerischen Interesses an einem Bauvorhaben durch eine Teilung der Finanzierungslasten abzubilden.[30] Nach § 8 Abs. 1 SchwAbG finanziert der Bund im Rahmen der zur Verfügung stehenden Haushaltsmittel Investitionen in die Schienenwege der Eisenbahnen des Bundes, die Bau, Ausbau und Ersatzinvestitionen (vgl. zu diesen § 11 SchwAbG) umfassen. Die Eisenbahnen des Bundes, auf deren Investitionen sich das SchwAbG ausschließlich bezieht, sollen dann je nach unternehmerischem Interesse an der

30 Siehe dazu bereits *Benz*, Privatisierung und Deregulierung – Abbau von Staatsaufgaben?, Die Verwaltung 28 (1995), 337, 350 f.

Finanzierung der Investition beteiligt werden (§ 10 SchwAbG), so dass der Bund nur insoweit für die Finanzierung verantwortlich ist, als eine Maßnahme nicht eigenwirtschaftlich durchführbar ist. Wenn der Bund den Bau oder Ausbau von Schienenwegen einer Eisenbahn des Bundes auf Antrag und im Interesse dieser Eisenbahn in den Bedarfsplan aufgenommen hat, soll sie Zahlungen an den Bund mindestens in Höhe der jährlichen Abschreibungen leisten. Liegt die Baumaßnahme nicht oder nur zum Teil im unternehmerischen Interesse, kann auch festgelegt werden, dass sich die Zahlungen an den Bund in Höhe der Abschreibungen nur auf einen Teilbetrag der Investitionssumme beziehen oder der Bund einen Baukostenzuschuss in entsprechender Höhe gewährt. Bei Maßnahmen im Interesse der DB AG werden die Bundesmittel in Form von Darlehen zur Verfügung gestellt, ansonsten gewährt der Bund Baukostenzuschüsse, wobei beide Möglichkeiten – der üblicherweise gemischten Interessenlage entsprechend – i. d. R. kombiniert werden.[31] Allerdings zeigt die Praxis der zur Durchführung der Finanzierung nach § 9 SchwAbG erforderlichen Leistungs- und Finanzierungsvereinbarungen, dass die Trennung zwischen Investitionen im öffentlichen und solchen im unternehmerischen Interesse nicht beachtet wird.[32]

Die Regelungen des SchwAbG über die Finanzierung der Fahrweginvestitionen werden einerseits als wesentliche Ausprägung der Gewährleistungspflicht des Bundes aus Art. 87 e Abs. 4 GG für das Schienennetz angesehen.[33] Andererseits wird das SchwAbG als Systemdurchbrechung eines rein privatwirtschaftlich ausgerichteten Modells beschrieben, in dem es Sache des Infrastrukturunternehmens wäre, die für Investitionen erforderlichen Finanzmittel zu erwirtschaften und diese für Rentabilität versprechende Maßnahmen einzusetzen oder jedenfalls pauschal gewährte, staatliche Darlehen oder Zuschüsse aufgrund eigenständiger unternehmerischer Entscheidung zu verwenden.[34]

Die Ebene der fachplanungsrechtlichen Vorbereitung einzelner Projekte ist geprägt durch das typische Institut der Planfeststellung (§ 18 AEG)[35], das in die Zuständigkeit des Eisenbahn-Bundesamtes fällt. Dieses Planungsinstrument

---

31 Vgl. zum Ganzen auch *Pommer*, Bahnreform und Enteignung, 2002, S. 236 f.

32 Bundesrechnungshof, Bericht nach § 99 BHO zur Finanzierung der Bundesschienenwege vom 8. März 2006.

33 *Hermes*, Staatliche Infrastrukturverantwortung (Fn. 1), S. 194.

34 *Holst*, Der Prozess der Privatisierung und Probleme der Regulierung aus der Sicht des Bundesministeriums des Verkehrs als oberster Regulierungsbehörde, in: König/Benz (Hrsg.), Privatisierung und staatliche Regulierung, 1997, S. 89.

35 Umfassend dazu *Vallendar*, in: Hermes/Sellner (Hrsg.), AEG-Kommentar, München 2006, Kommentierung zu § 18.

räumt der Planfeststellungsbehörde zumindest Spielräume einer „nachvollziehenden Abwägung“ ein,[36] so dass das Infrastrukturunternehmen nicht allein nach unternehmerischen Erwägungen über die konkrete Gestalt und Lage von Neu- und Ausbauvorhaben entscheiden kann. Hinzu kommen verschiedene Bindungen an vorgelagerte Planungsstufen der Landesplanung. Prägende Bedeutung für den Status des Netzbetreibers kommt in diesem Zusammenhang auch dem Umstand zu, dass zu seinen Gunsten gem. § 22 AEG enteignet werden kann mit der Folge, dass die Allgemeinwohldienlichkeit der Infrastruktur dauerhaft durch gesetzliche Vorkehrungen gesichert sein muss.[37]

Schließlich sind im Rahmen der Frage nach der Planung und Finanzierung die Kosten für die Unterhaltung und Instandsetzung der Infrastruktur zu erwähnen. Sie trägt das Eisenbahninfrastrukturunternehmen gem. § 8 Abs. 4 SchwAbG selbst, wobei es sich aus den Netznutzungsentgelten zu refinanzieren hat. Was unter Unterhaltung und Instandsetzung zu verstehen sein soll, kann dem Gesetz nur im Wege einer Negativabgrenzung entnommen werden, da es sich um Maßnahmen handeln muss, die von Bau, Ausbau und Ersatzinvestitionen verschieden sind. Notwendige Unterhaltungs- und Instandsetzungsmaßnahmen können in einem Spannungsverhältnis zur Orientierung auch des Netzbereichs am Ziel der Wirtschaftlichkeit und der Gewinnmaximierung stehen. Die Regelung des § 8 Abs. 4 SchwAbG ist deshalb nur dann als unbedenklich einzustufen, wenn sie durch eine effektive Aufsicht im technischen und im Sicherheitsbereich ergänzt wird.

2. Pflicht des Betreibers, durch Netzzugang Wettbewerb zu ermöglichen

Im Mittelpunkt der rechtlichen Regeln, die den Status des Netzbetreibers ausgestalten, steht die Netzanschlusspflicht nach § 13 AEG und vor allem die in §§ 14 ff. AEG näher konkretisierte Pflicht aller Eisenbahninfrastrukturunternehmen, ihre Infrastruktur den Verkehrsunternehmen diskriminierungsfrei zur Verfügung zu stellen. Dieses Herzstück[38] der gesamten Neuregelung des Eisenbahnwesens,

36 Zur Frage, wem die planerische Gestaltungsfreiheit zusteht (Vorhabenträger oder Planfeststellungsbehörde) vgl. die Nachweise bei *Vallendar* (Fn. 35), § 18, Rn. 118 ff.

37 Ausführlich dazu *Hermes*, Infrastrukturverantwortung (Fn. 1), S. 370 ff.; s. auch *Schütz*, in: Hermes/Sellner (Hrsg.), AEG-Kommentar, München 2006, § 22, Rn. 12 ff.

38 So mit einem Überblick im Zusammenhang mit der AEG-Novelle 2005 *Frenzel*, NZV 2006, 57, 61; Einzelheiten bei *Gerstner*, in: Hermes/Sellner (Hrsg.), AEG-Kommentar, München 2006, Kommentierung der §§ 14 ff.

durch das eine wettbewerbliche Ordnung des gesamten Eisenbahnwesens erst ermöglicht werden soll, wird durch eine Rechtsverordnung (Eisenbahninfrastruktur-Benutzungsverordnung, EIBV) genauer ausgeformt und beruht in seiner Grundstruktur auf Art. 5 Abs. 1 der Richtlinie 2001/14/EG in Verbindung mit deren Anhang II. Die Regelungen schließen Vorgaben zur Entgeltbemessung ein (§ 14 Abs. 4 bis 6 AEG), wobei dem Netzzugang insgesamt das Modell eines verhandelten Netzzugangs mit Kontrahierungszwang zugrunde liegt. An Rahmenverträge über eine Fahrplanperiode hinaus können nach § 14 a AEG besondere Anforderungen gestellt werden. Bei Laufzeiten von mehr als fünf Jahren sind sie gem. § 14 a Abs. 2 AEG sogar genehmigungspflichtig. Während die Aufsicht über die Bedingungen und Entgelte für den Netzanschluss beim Eisenbahn-Bundesamt und bei den jeweiligen Landesbehörden (§ 13 Abs. 2 AEG) liegt, obliegt die Überwachung der Einhaltung der Vorschriften für einen diskriminierungsfreien Zugang seit dem 1. Januar 2006 der Bundesnetzagentur als selbständiger Regulierungsbehörde. Sie kann nach § 14 c AEG nicht nur Anweisungen erteilen sowie Betretungs- und Einsichtnahmerechte in Anspruch nehmen, die Unternehmen sind der Behörde und deren Beauftragten gegenüber nach §§ 14 c und 14 d AEG auch in besonderem Umfang auskunfts- und mitteilungspflichtig. Bezüglich der Gegenstände der besonderen Mitteilungspflichten, die alle wesentlichen Netzzugangsentscheidungen umfassen, ist die Regulierungsbehörde nach Maßgabe des § 14 e AEG vor der Umsetzung der geplanten Maßnahme zum Widerspruch berechtigt. § 14 f AEG sieht darüber hinaus ein nachträgliches Prüfungsrecht vor. Insgesamt lässt sich das Netzzugangsregime als eine Ordnung des verhandelten Netzzugangs beschreiben, das durch Kontrahierungszwang und in seiner Folge durch eine intensive behördliche Kontrolle der Vertragsbedingungen zu den Modalitäten und den Entgelten für die Netznutzung gekennzeichnet ist. Von einer „privatautonomen" Gestaltung der Netznutzungsbedingungen durch den Betreiber der Schieneninfrastruktur kann vor diesem Hintergrund kaum die Rede sein. Dies zeigt sich insbesondere daran, dass im Konfliktfall die Bundesnetzagentur die Vertragsbedingungen festlegen, über die Geltung des Vertrages entscheiden und solche Verträge für unwirksam erklären kann, die das Recht auf Zugang zur Eisenbahninfrastruktur beeinträchtigen (§ 14 f Abs. 3 AEG).

3. Unterhaltungs- und Instandsetzungspflicht des Netzbetreibers

Schließlich ist der Schienenwegebetreiber auch nicht frei, über den Unterhaltungszustand seiner Strecken und über eine eventuelle Stilllegung vermeintlich unrentabler Strecken zu entscheiden. Wie das Bundesverwaltungsgericht jüngst entschieden hat, sind die Eisenbahninfrastrukturunternehmen auf der Grundlage einer „Zusammenschau von § 2 Abs. 3 AEG, § 4 Abs. 1 Satz 1 AEG und § 11 Abs. 2 Satz 3 AEG"[39] nach dem Allgemeinen Eisenbahngesetz vielmehr verpflichtet, ihre Strecken in einem betriebssicheren Zustand für den Eisenbahnverkehr vorzuhalten und nicht betriebssichere Strecken wieder in einen betriebssicheren Zustand zu versetzen. Durch eine „betriebliche Sperrung [können sie sich von dieser Pflicht nicht] befreien"[40]. Gegenüber dieser Pflicht kann sich der Netzbetreiber auch nicht auf die fehlende Wirtschaftlichkeit von Unterhaltungsmaßnahmen wegen unzureichender Trassenerlöse berufen, weil der Gesetzgeber mit dem in § 11 AEG geregelten formalisierten Stilllegungsverfahren den Weg vorgegeben hat, wie sich die Eisenbahninfrastrukturunternehmen in einer solchen Situation von ihrer Unterhaltungspflicht befreien können. Über das Erfordernis einer behördlichen Genehmigung nach § 11 AEG und die hieran geknüpften Voraussetzungen für die dauernde Einstellung des Betriebs soll nämlich sichergestellt werden, dass die Infrastruktur für den Eisenbahnverkehr im Interesse der Allgemeinheit möglichst erhalten bleibt und nur dann verloren geht, wenn dem Unternehmen der Betrieb wirtschaftlich nicht mehr zuzumuten ist und auch kein Dritter gefunden werden kann, der die Strecke zu übernehmen bereit ist. Die Unterhaltungs- und Instandsetzungspflicht besteht auch dann, wenn aktuell auf einer Strecke kein Verkehr stattfindet oder nachgefragt wird, weil den Infrastrukturunternehmen nicht die Entscheidung darüber zusteht, auf welchen Strecken zukünftig Verkehr stattfinden soll oder kann. Den „dritten Weg" einer „betrieblichen Streckensperrung" zwischen der Unterhaltung und Instandsetzung einerseits und der formalisierten Stilllegungsverfahren andererseits eröffnet das Allgemeine Eisenbahngesetz nicht.[41] Auf diese Weise wird deutlich, dass der Betrieb der Infrastruktur mit der Bahnreform 1994 nur „in formal private Hand gegeben" wurde[42] und dass es sich bei dem Betrieb einer Eisenbahnstrecke „nicht um eine in das Belieben des Eisenbahninfrastrukturunternehmens gestellte Entscheidung, sondern um die Erfüllung gesetzlicher Verpflichtungen" handelt[43].

39 Urt. v. 25. Okt. 2007 (Fn. 11), Rn. 13; zur umstrittenen Bedeutung des § 4 Abs. 1 S. 1 AEG in diesem Zusammenhang vgl. die Nachweise in dem Urteil unter Rn. 18.

40 Urt. v. 25. Okt. 2007 (Fn. 11), Leitsatz 1.

41 Urt. v. 25. Okt. 2007 (Fn. 11), Rn. 23.

42 Urt. v. 25. Okt. 2007 (Fn. 11), Rn. 24.

43 Urt. v. 25. Okt. 2007 (Fn. 11), Rn. 43.

4. Pflicht des Bundes, die Mehrheit an der Netzgesellschaft zu halten

Schließlich gehört zu den rechtlichen Rahmenbedingungen, die den Status des Infrastrukturbetreibers näher ausgestalten, auch der in Art. 87 e Abs. 3 S. 3 GG normierte Schienenwegevorbehalt. Vor dem Hintergrund der Bedenken gegen eine „echte" Privatisierung des Schienennetzes im Rahmen der ersten Stufe der Bahnreform stellt er sicher, dass der Bund dauerhaft Mehrheitseigner der Eisenbahninfrastrukturunternehmen bleibt. Ob der auf diese Weise verfassungsrechtlich gesicherte Einfluss des Bundes auf diese Unternehmen auch oder sogar in erster Linie dazu dienen soll, Allgemeinwohlinteressen „von innen" – im Gegensatz zur Durchsetzung im Wege der behördlichen Regulierungsinstrumente „von außen" – durchzusetzen, ist umstritten. Während die eine Ansicht den Schienenwegevorbehalt als Instrument zur Wahrnehmung der Infrastrukturverantwortung aus Art. 87 e Abs. 4 GG versteht[44], sehen andere die Verpflichtung aller Eisenbahnunternehmen auf das Prinzip privatwirtschaftlicher Leistungserbringung als vorrangigen Gehalt des Art. 87 e Abs. 3 GG an[45] mit der Folge, dass gemeinwohlorientierte Einwirkungen des Bundes auf „seine" Infrastrukturunternehmen mit den Mitteln des Gesellschaftsrechts unzulässig sein sollen. Diese Auseinandersetzung, die den entstehungsgeschichtlichen Kompromisscharakter des Art. 87 e Abs. 3 GG widerspiegelt, vermag allerdings nichts an dem unbestrittenen Befund zu ändern, dass die Verfassung offensichtlich einen maßgeblichen Einfluss des Bundes auf die Infrastrukturunternehmen als Folge seiner Eigentümerposition sichergestellt wissen will.[46] Damit steht fest, dass sich der Einfluss des Bundes auf seine Infrastrukturunternehmen nicht allein auf die „von außen" wirkenden Finanzierungs- und Regulierungsinstrumente beschränken darf, sondern auch gesellschaftsrechtliche Einfluss- und Kontrollrechte umfassen muss. Dieser verfassungsrechtlich gebotene Einfluss des Bundes wird auch dann nicht obsolet, wenn man denjenigen folgt, die Einflussnahmen im Interesse des Gemeinwohls für unzulässig halten. Denn dies würde einen prinzipiellen Gegensatz zwischen Wirtschaftlichkeit und Gemein-

44 *Hermes*, Staatliche Infrastrukturverantwortung (Fn. 1), S. 179 f., 193; *Wieland*, in: Dreier (Hrsg.), Grundgesetz – Kommentar, Band III, 2000, Art. 87 e, Rn. 14; *Windthorst*, in: Sachs (Hrsg.), Grundgesetz – Kommentar, 3. Aufl., München 2003, Art. 87 e, Rn. 47, 54.

45 *Schmidt-Aßmann/Röhl*, Grundpositionen des neuen Eisenbahnverfassungsrechts, DÖV 1994, 577, 579 ff.; *Hommelhoff/Schmidt-Aßmann*, Die Deutsche Bahn AG als Wirtschaftsunternehmen, ZHR 160 (1996), 521, 524 ff.; *Gersdorf*, in: von Mangoldt/Klein/Starck (Hrsg.), Grundgesetz – Kommentar, 5. Aufl., München 2005, Art. 87 e, Rn. 45 ff.

46 So z. B. auch *Hommelhoff/Schmidt-Aßmann*, ZHR 160 (1996), 521, 545.

wohlinteressen voraussetzen, der weder theoretisch begründet noch praktisch nachweisbar ist. Außerdem sieht das Aktienrecht für wirtschaftlich nachteilige Maßgaben in § 311 Abs. 1 AktG einen Nachteilsausgleich vor.

IV. Der Status der DB Netz AG

Wie lässt sich vor diesem Hintergrund der Status einer Aktiengesellschaft kennzeichnen, die

- als „Wirtschaftsunternehmen in privat-rechtlicher Form" vom Bund als Mehrheitseigentümer beherrscht werden muss,
- die ihre finanziellen Mittel für den Aus- und Neubau von Schienenwegen aus Steuermitteln erhält,
- die folglich entsprechend den finanz- und verkehrspolitischen Vorgaben der Politik mit diesen Mitteln umzugehen hat und einer intensiven Kontrolle der Verwendung dieser Mittel unterworfen sein muss,
- die darüber hinaus bei der Projektierung einzelner Aus- und Neubauvorhaben der planerisch-exekutiven Entscheidung der Planfeststellungsbehörde unterworfen ist und zu deren Gunsten mit der Folge enteignet werden darf, dass ihre dauerhafte Allgemeinwohlbindung gesichert sein muss,
- die das von ihr bewirtschaftete Gut Dritten zu gesetzlich normierten Bedingungen zur Verfügung stellen muss, über die im Streitfall eine staatliche Behörde zu entscheiden hat,
- die den Kräften des Wettbewerbs durch konkurrierende Mobilitäts- und Transportangebote auf der Straße, auf dem Wasser und in der Luft allenfalls mittelbar ausgesetzt ist, und
- die verpflichtet ist, das von ihr bewirtschaftete Gut stets in einem betriebssicheren Zustand zu halten, solange ihr nicht in einem behördlichen Verfahren durch Genehmigung bescheinigt worden ist, dass der weitere Betrieb unrentabel und deshalb nicht zumutbar ist.

Schnell dürfte Einigkeit darüber zu erzielen sein, dass ein solches Unternehmen jedenfalls nicht dem Typus eines wirtschaftlichen Akteurs entspricht, der unter Inanspruchnahme privatautonomer Gestaltungsfreiheit in den Grenzen des allgemeinen Wettbewerbsrechts am Markt operiert. Auf der anderen Seite handelt es sich offensichtlich auch nicht um Verwaltung in Privatrechtsform nach traditionellem Verständnis.

Geht man von der ursprünglichen Wahrnehmung der Unternehmensaufgabe durch den Staat aus (Art. 87 Abs. 1 S. 1 GG a. F.) und versucht, die bereits vollzogenen und die noch anstehenden Elemente der Bahnreform im Hinblick auf die Infrastrukturunternehmen mit Hilfe der gängigen Privatisierungstypen[47] zu beschreiben, stößt man ebenfalls auf unüberwindliche Hindernisse. Allein als formelle Privatisierung lassen sich die Vorgänge im Zuge der zweiten Stufe der Bahnreform deshalb nicht verstehen, weil der verfassungsändernde Gesetzgeber den Modus der Aufgabenwahrnehmung mit dem Terminus des „Wirtschaftsunternehmens" in Art. 87 e Abs. 3 Satz 1 GG offenbar abweichend von einer lediglich in privatrechtlicher Organisationsform zu erfüllenden Verwaltungstätigkeit definieren wollte. Elemente funktionaler Privatisierung finden sich zwar insbesondere bei dem vom Bund finanzierten Neu- und Ausbau von Schienenwegen. Allerdings lässt sich der weitere Betrieb und die Unterhaltung der so entstandenen Infrastruktur nicht zutreffend als eine Tätigkeit „im Auftrag" und „nach Weisung" des Bundes beschreiben. Einer vollständigen materiellen Privatisierung schließlich sind durch den Schienenwegevorbehalt des Art. 87 e Abs. 3 S. 3 GG unüberwindliche Grenzen gezogen.

Vor diesem Hintergrund nimmt es nicht Wunder, dass auch hinsichtlich der Grundrechtsträgerschaft der Infrastrukturunternehmen des Bundes bislang keine Einigkeit erzielt werden konnte.[48] Die Begründung, die das Bundesverfassungsgericht für die Grundrechtsberechtigung der Deutschen Telekom AG ins Feld geführt hat,[49] ist auf die Eisenbahninfrastrukturunternehmen nicht übertragbar, weil das Betreiben der Schienenwege der Eisenbahnen des Bundes aufgrund des Art. 87 e Abs. 3 GG keine „Erwerbszwecken dienende Tätigkeit" darstellt, die „in gleicher Weise einer juristischen wie einer natürlichen Person offen steht". Vielmehr führt die Frage nach der Grundrechtsberechtigung zurück auf das Problem der nur „formalen" oder „materiellen" Privatheit des Status der Infrastrukturunternehmen.

Offensichtlich hält die traditionelle Rechtsdogmatik keine Begriffe und Kategorien bereit, die den Status der Infrastrukturunternehmen, wie er in Art. 87 e GG und auf seiner Grundlage im einfachen Recht ausgestaltet wurde, angemessen erfassen können. Der weiter zurückliegende Versuch, den Status von Infrastrukturnetzbetreibern als Träger einer öffentlichen Transport- oder Übermitt-

47 Siehe dazu nur *Schoch*, Privatisierung von Verwaltungsaufgaben, DVBl 1994, 962 ff.

48 Dafür etwa *Pommer*, Bahnreform (Fn. 31), S. 158 ff.; *Fehling*, VerwArch 86 (1995), 600, 606 f.; dagegen *Wilkens*, Wettbewerbsprinzip (Fn. 1), S. 180 ff.; *Hermes*, Infrastrukturverantwortung (Fn. 1), S. 380 f.

49 BVerfGE 115, 205, 229.

lungseinrichtung zu umschreiben,[50] decken sich weitgehend mit der jüngsten Rechtsprechung des Bundesverwaltungsgerichts. Hervorhebung verdient insoweit dessen Feststellung, dass der Betrieb der Infrastruktureinrichtungen nur in „formal private Hand" gelegt wurde und dass es sich beim Betrieb einer Strecke nicht um eine „in das Belieben des Eisenbahninfrastrukturunternehmens gestellte Entscheidung, sondern um die Erfüllung gesetzlicher Verpflichtungen" handelt.[51] Grundrechtlich geschützte Freiheit kommt der DB Netz AG danach nicht zu.

V. Ausblick

Das im Jahr 2007 von der Bundesregierung favorisierte Eigentumssicherungsmodell hätte diesen Status der Eisenbahninfrastrukturunternehmen des Bundes grundlegend verändert. Die Ursachen seines Scheiterns liegen letztlich in der Unmöglichkeit, die Renditeerwartungen privater Kapitalgeber mit dem umschriebenen Pflichtenstatus der Netzbetreiber in Einklang zu bringen. Der anlässlich der Grundgesetzänderung im Jahr 1993 unentschieden gebliebene Konflikt um das Schicksal des Eisenbahnnetzes zwischen „Staat" und „Wirtschaft", zwischen politischer Steuerung und unternehmerischer Initiative scheint nun zumindest vorläufig zugunsten der Politik entschieden zu sein. Das gilt sowohl für den Vorschlag, den Börsengang mittels stimmrechtsloser Volksaktien voranzutreiben, als auch für das inzwischen diskutierte „Holdingmodell", wonach unter dem Dach einer zweiten Holding unterhalb der DB AG nur die Verkehrsunternehmen (teil)privatisiert werden sollen, während die Infrastrukturunternehmen vollständig in der Hand des Bundes verbleiben.[52] Der zuletzt genannte Vorschlag würde einen (nicht zu) späten Sieg der Vernunft bedeuten, weil er letztlich auf das von nahezu allen Experten empfohlene[53] Modell einer Trennung von Schieneninfrastruktur und Eisenbahnverkehrsunternehmen hinausläuft, welches allein geeignet ist, den Wettbewerb auf der Schiene zu gewährleisten und dadurch auch den zu erwartenden verschärften gemeinschaftsrechtlichen Anforderungen zu genügen.

---

50 *Hermes*, Infrastrukturverantwortung (Fn. 1), S. 380.

51 Urt. v. 25. Okt. 2007 (Fn. 11), Rn. 24, 43.

52 Dazu die Übersicht bei *Neuhoff*, Bahn-Report 1/08, 6, 7.

53 Vgl. nur die Stellungnahmen anlässlich der Anhörung des Ausschusses für Verkehr, Bau und Stadtentwicklung am 10. Mai 2006 zur „Kapitalprivatisierung der Deutsche Bahn AG", Protokoll Nr. 16/14.

Planung und Erhaltung des Eisenbahnnetzes als staatliche Aufgabe

*Prof. Dr. Michael Ronellenfitsch**

* Der Verfasser ist Inhaber des Lehrstuhls für Öffentliches Recht und Verwaltungsrecht an der Eberhard-Karls-Universität Tübingen sowie Datenschutzbeauftragter des Landes Hessen.

I. Staatsaufgabe

1. Ausgangslage

Juristen neigen dazu, ihnen vorgegebene Themen als heuristische Aufgabe zu verstehen, d. h., sie beginnen ihre Beiträge damit, dass sie am Thema herum- interpretieren. Dadurch laufen sie Gefahr, die Erwartungshaltung der Leser zu enttäuschen oder gar das Konzept des Tagungsveranstalters durcheinander zu bringen. Umso schlimmer ist es, wenn ein Mitveranstalter dieser Gefahr erliegt. Ich will daher versuchen, unter Vermeidung rechtspolitischer Bewertungen, meinen Beitrag in die Gesamtthematik einzufügen, die sich der Privatisierung und Regulierung des Eisenbahnwesens widmet. Folglich gehe ich davon aus, dass es bei der Teilprivatisierung des Schienennetzes bleibt,[1] obwohl seit jeher die Forderung nach Entflechtung im Eisenbahnwesen mit der Forderung auf Rückführung des Schienennetzes in die staatliche Hand verbunden wird.[2] Ich habe mich immer wieder gegen diese Forderung gewandt, dies aber nicht aus dem Blickwinkel des Wettbewerbs, sondern aus einem etatistischen Vorverständnis heraus. Deshalb bleiben mir ideologische Verrenkungen erspart. Trotz einiger Überschneidungen mit dem Beitrag von Kollegen Hermes möchte ich mit der Ausgangsthese beginnen, dass Planung (sprich: Ausbau) und Erhaltung des Eisenbahnnetzes nach wie vor staatliche Aufgaben darstellen. Der Einfachheit halber konzentriere ich mich auf Planung und Erhaltung des Eisenbahnnetzes des Bundes, wobei die Erhaltung des Eisenbahnnetzes als Unterfall und Folgewirkung der Planungsaufgabe behandelt wird. Eine umfassende Darstellung des öffentlichen Sachenrechts der Eisenbahnen würde die Thematik sprengen.

1 Am 24. Juli 2007 hat die Bundesregierung den Gesetzentwurf zur Teilprivatisierung der Deutschen Bahn beschlossen.

2 Vgl. demgegenüber die Überreaktion vom Vorstandsvorsitzenden der Deutschen Bahn AG *Hartmut Mehdorn*, Populismus statt Realitäten, FAZ 171/26. Juli 2007, S. 10.

2. Der Ausbau des Schienenwegenetzes der Eisenbahnen des Bundes als Aufgabe der Daseinsvorsorge

a. Fortbestand der Daseinsvorsorgeaufgabe

In mehreren Publikationen zur „Vereinbarkeit der DB-Holdingstruktur mit EU-Recht und nationalem Recht" habe ich meine Position zum Verhältnis von Daseinsvorsorgeauftrag und Wettbewerb im deutschen und europäischen Eisenbahnwesen vorgetragen.[3] An dieser Position halte ich fest, will aber auch nicht leugnen, dass selbst ein modernisierter Daseinsvorsorgeansatz gerade im Eisenbahnwesen nach wie vor auf Ressentiments stößt.[4] Viele erinnert die Terminologie an die Epoche der Staatsbahn,[5] an die Zeit, als der Staat selbst Eisenbahnunternehmer war.[6] Mit dem Schleifen des Bollwerks der Staatsbahn in Art. 87 Abs. 1 S. 1 GG, der Einfügung von Art. 87 e in das Grundgesetz[7] und der Umsetzung des Eisenbahnneuordnungsgesetzes[8] wurde nicht nur die Beendigung des Staatsbahnzeitalters gefeiert. In der ersten Euphorie über die Bahnreform glaubte man vielmehr, nun sei die neue Zeit des freien ungezügelten Wettbewerbs im Eisenbahnwesen angebrochen, es gelte nur noch, die Bahn an die Börse zu bringen. Das ist falsch. Durch eine schlichte Änderung von Kompetenzvorschriften

---

3 *Ronellenfitsch*, Die Umsetzung des Eisenbahninfrastrukturpaketes, DVBl 2002, 657 ff.; ferner *ders.*, Privatisierung und Regulierung (des Eisenbahnwesens) aus der Sicht der Rechtswissenschaft, in: König/Benz (Hrsg.), Privatisierung und Regulierung 1997, S. 118 ff.

4 Im politischen Raum wird die Daseinsvorsorgethematik gegenwärtig für die Sozialisierungskontroverse vereinnahmt, vgl. *Kurt Beck*, FAZ 132/11. Juni 2007, S.10; *Christean Wagner*, FAZ 142/22. Juni 2007, S. 9; *Oskar Lafontaine*, FAZ 156/9. Juli 2007, 7.

5 Zur Entwicklung des Eisenbahnwesens *van der Borgh*, Das Verkehrswesen, 1884, S. 279 ff.; *Riegels*, Die Verkehrsgeschichte der deutschen Eisenbahnen mit Einschluss der heutigen Verkehrslage zum fünfzigjährigen Jubiläum der ersten preußischen Eisenbahnen, 1889; *Sarter*, Die Reichseisenbahnen, 1920; *Sax*, Die Verkehrsmittel in Volks- und Staatswirtschaft, 3. Bd.: Die Eisenbahnen, 2. Aufl. 1922; *Witte*, Eisenbahn und Staat, 1932; Reichsministerium (Hrsg.), Die deutschen Eisenbahnen 1910-1920, 1923; Reichsverkehrsministerium (Hrsg.), Hundert Jahre deutsche Eisenbahnen, Jubiläumsschrift, 2. Aufl. 1938, S. 18 ff.; *Klee*, Preußische Eisenbahngeschichte, 1982.

6 Vgl. *Alberty*, Der Übergang zum Staatsbahnsystem in Preußen, 1911; *Badura*, Das Verwaltungsmonopol, 1963, S. 209 f.

7 Gesetz zur Änderung des Grundgesetzes vom 20. Dez. 1993 (BGBl. I, S. 2089).

8 Gesetz zur Neuordnung des Eisenbahnwesens (ENeuOG) vom 27. Dez. 1992 (BGBl. I, S. 2378); vgl. hierzu *Thimm*, Bahngesetzentwürfe zur Beratung im Bundesrat, DB 1993, 189 ff.; *Heinze*, Das Gesetz zur Änderung des Verfassungsrechts der Eisenbahnen vom 20.12.1993, BayVBl 1994, 266 ff.; zur Bahnstrukturreform *Fromm*, Die Reorganisation der Deutschen Bahnen, DVBl 1994, 187 ff.; *Schulz*, Das Eisenbahnwesen des Bundes und die Stellung der deutschen Bahnen auf dem europäischen Binnenmarkt, 1995, S. 136 ff.; *Delbanco*, Die Bahnstrukturreform Europäische Vorgaben und deren Umsetzung in nationales Recht, in: Foos, Eisenbahnrecht und Bahnreform, 2. Aufl. 2002, S. 21 ff.

im VIII. Abschnitt des Grundgesetzes hätte sich der Staat nicht aus seiner Verantwortung für das Eisenbahnwesen stehlen können. Er hat es auch nicht getan. Geblieben ist die politische Verantwortung des Bundes für den bedarfsgerechten Erhalt und Ausbau der Infrastruktur sowie des Verkehrsangebots im Schienenfernverkehr. Hermes sieht in diesem Verfassungsauftrag eine Ausprägung der Gewährleistungsverantwortung.[9] Einigen Hardlinern namentlich aus Kreisen der Energiewirtschaft, die sich schon immer mit der Daseinsvorsorge schwer taten, ging selbst diese Position zu weit.[10] Die Eisenbahnrechtler zeichneten sich demgegenüber traditionell durch eine ausgeprägte Staatsnähe aus. Wettbewerb mit der Schiene ist nämlich eine Utopie. Die Eisenbahnen des Bundes sind nach wie vor Einrichtungen der Daseinsvorsorge, was nicht ausschließt, dass das „Ziel bester Verkehrsbedienung" auch von Wirtschaftsunternehmen gewinnorientiert verfolgt wird.

b. Rollenverteilung bei der Aufgabenwahrnehmung

Die Verkehrsbedienung ist eine Daseinsvorsorgeaufgabe in unterschiedlichen Abstufungen. Die Daseinsvorsorgeaufgabe betrifft aber nicht allein den Erhalt und den Ausbau der Infrastruktur, während der Zugang zur Infrastruktur und die Eisenbahnverkehrsleistungen dem freien Spiel der Kräfte überlassen bleiben können. Daseinsfürsorge und Daseinsvorsorge sind Elemente des sozialen Rechtsstaats.[11] Die Daseinsvorsorge als faktisches Substrat für die Verwirklichung von Freiheitsrechten mit mobilem und kommunikativem Gehalt ist Staatszweck und öffentliche Aufgabe. Das hat man auch auf Gemeinschaftsebene erkannt. Wie der Staat dafür sorgt, dass – gemeinschaftsrechtlich gesprochen – „Dienstleistungen bzw. Dienste von allgemeinem wirtschaftlichen Interesse" erbracht werden, ist nicht vorgegeben. Auch eine unternehmerische Betätigung kommt zur Zielverwirklichung der besten Verkehrsbedienung in Betracht. Der Wettbewerb dient dann aber dieser Zielverwirklichung, nicht der Gewinnmaximierung. Beim Eisenbahnbetrieb dürfte der Daseinsvorsorgeauftrag in der Regel durch den Wettbewerb auf der Schiene sichergestellt sein, mag auch die segensreiche Konkurrenz der Billigflieger generell auf die Bahnpreise durchschlagen. Bei der Eisenbahninfrastruktur liegen die Verhältnisse anders. Eine schroffe Trennung

9 Staatliche Infrastrukturverantwortung, 1998, S. 337 ff.

10 Vgl. *Büdenbender*, Buchbesprechung, DVBl 2000, 1368 f.

11 Hierzu näher *Ronellenfitsch*, Daseinsvorsorge als Rechtsbegriff – Aktuelle Entwicklungen im nationalen und europäischen Recht, in: Blümel (Hrsg.), Ernst Forsthoff, 2003, S. 53 ff.

von Eisenbahnnetz und -betrieb ist jedoch auch unter Berücksichtigung der gemeinschaftsrechtlichen Vorgaben gekünstelt. Die als Wirtschaftsunternehmen geführten Eisenbahnen des Bundes dienen einem gemeinsamen Daseinsvorsorgeziel, das funktionelle Trennungen um der Trennung willen nicht zulässt.

c. Staatliche Gewährleistungspflicht

Die fortbestehende staatliche Daseinsvorsorgeaufgabe hat in Art. 87 e Abs. 4 S. 1 GG ihren Niederschlag gefunden. Danach gewährleistet der Bund, dass dem Wohl der Allgemeinheit, insbesondere den Verkehrsbedürfnissen, beim Ausbau und Erhalt des Schienennetzes der Eisenbahnen des Bundes sowie bei deren Verkehrsangeboten auf diesem Schienennetz, soweit diese nicht den SPNV betreffen, Rechnung getragen wird. Der Wortlaut der Vorschrift ergibt eindeutig, dass die Gewährleistungsfunktion nicht nur die Infrastruktur erfasst.[12] Im Hinblick auf die Infrastruktur wird der Staatseinfluss jedoch durch Privatisierungsschranken und, nicht zu vergessen, durch planerische Einflussmöglichkeiten der Eisenbahnverkehrsverwaltungen verstärkt. Da der Daseinsvorsorgeauftrag auf dem verfassungsstaatlichen Gesamtkontext beruht (Art. 20 Abs. 1; Art. 79 Abs. 3 GG), ist ein eventuell entgegenstehender Wille des verfassungsändernden Gesetzgebers irrelevant.[13]

3. Folgerung

Die staatliche Gewährleistungspflicht drückt sich in Planungskompetenzen einschließlich der Finanzierungskompetenzen des Staates aus. Das Eisenbahnnetz gründet sich auf raumrelevante Vorhaben, die eine Vielzahl öffentlicher und privater Belange berühren und an die Umgebung angepasst werden müssen. Dadurch entsteht Planungsbedarf. Dieser kann durch Planungen für einen Gesamtraum oder im Rahmen der fachbezogenen Vorhabenplanung gedeckt werden. Planungs- und Finanzierungskompetenzen bestehen hinsichtlich der Bedarfsplanung, der Gesamtplanung und der Fachplanung. Für diese Planungsarten be-

12 Ob der Daseinsvorsorgeauftrag durch Art. 87 e Abs. 3 Sätze 2 und 3 GG für die Unterhaltung und das Betreiben von Schienenwegen obendrein dadurch verstärkt wird, dass diese im Eigentum des Bundes stehen und im Veräußerungsfall im Mehrheitseigentum des Bundes verbleiben müssen, erscheint fraglich und dürfte die Systematik der Vorschrift sprengen. Aber auch ohne Eigentümerbefugnisse des Bundes ist dem Daseinsvorsorgebelang hinreichend Rechnung getragen.

13 Hierzu demnächst *Ronellenfitsch*, Verfassungsrechtliche Vorgaben einer Teilprivatisierung der Deutschen Bahn AG.

steht ein ständig im Wandel begriffenes, kompliziertes Geflecht von Ordnungs-, Planungs- und Haushaltsrecht, bei dem Planungsebenen, Planungsräume, Planungsstufen, Planungsabschnitte sowie die zugehörigen Aufgaben-, Wahrnehmungs- und Finanzierungsverantwortlichkeiten unterschieden werden müssen. Die folgenden Ausführungen können nur eine Groborientierung vermitteln.

II. Planung und Unterhaltung des Eisenbahnnetzes

1. Überblick

Zum Eisenbahnnetz, allgemeiner zur Eisenbahninfrastruktur, zählen vor allem Schienenwege von Eisenbahnen einschließlich der für den Betrieb der Schienenwege notwendigen Anlagen und der Bahnstromfernleitungen, also Betriebsanlagen der Eisenbahn. Diese dürfen nach § 18 Abs. 1 S. 1 AEG[14] nur gebaut und geändert werden, wenn der Plan zuvor festgestellt worden ist. Die Planfeststellung erfolgt in einem gestuften Verfahren. Dem eigentlichen Planfeststellungsverfahren gehen weitere Verfahrensstufen voraus. Diese hängen wiederum mit den Planungsebenen zusammen, betreffen aber auch das Verhältnis von Gesamt- und Fachplanung. Beide Planungsbereiche dienen unterschiedlichen Zwecken. Die Gesamtplanung ist grundsätzlich Angebotsplanung, auch wenn sie in planungsrechtlicher Hinsicht „Baurecht" schaffen kann. Sie ersetzt nicht die Fachplanung, durch die das Vorhaben zugelassen wird. Gesamt- und Fachplanung müssen gleichwohl aufeinander abgestimmt werden. Die Gesamtplanung kann dabei zum Einfallstor von Infrastrukturinteressen der Länder und Kommunen zur Fachplanung werden.

2. Transeuropäische Netze

Auf Gemeinschaftsebene erfolgt die Planung transeuropäischer Netze. Die EU macht hier Vorgaben für Infrastrukturentscheidungen mit Gemeinschaftsrelevanz. Die Bundesrepublik Deutschland kann sich diesen Vorgaben nicht entziehen. Die Einzelheiten müssen hier aus Raumgründen unberücksichtigt bleiben.

14 AEG zuletzt geändert durch Gesetz vom 16. Juli 2007 (BGBl. I, S. 1383).

3. Bundesverkehrswegeplan

Der Bundesverkehrswegeplan (BVWP) wird von der Bundesregierung aufgestellt und vom Kabinett beschlossen. Er betrifft die Verkehrswege des Bundes, beruht auf einer Gesamtverkehrsprognose und stellt für einen Zeitraum von etwa 10 Jahren Ausbau- und Neubauprojekte einschließlich des Gesamtinvestitionsbedarfs dar. Hierbei werden die Projekte auf der Grundlage einer gesamtwirtschaftlichen Bewertung in Dringlichkeitsstufen eingeteilt. Es handelt sich somit um einen freiwilligen Investitionsrahmenplan der Bundesregierung für den Bereich des Verkehrs. Der BVWP bildet den übergreifenden Rahmen für die Bedarfsplanung der einzelnen Verkehrsträger. Er bringt die Verkehrsinfrastrukturabsichten der Bundesregierung zum Ausdruck, schließt aber nicht ein vorgelagertes Verfahren mit Bindungswirkung für die Projektplanung ab. Der BVWP entfaltet Steuerungswirkung zwar gegenüber der Bedarfsplanung, um eine echte Vorstufe des Planfeststellungsverfahrens handelt es sich dagegen nicht.

4. Schienenwegeausbaugesetz

a. Regelungsgegenstand

Das Gesetz über den Ausbau der Schienenwege des Bundes vom 15. November 1993[15] stellt den Bedarfsplan für das Schienenwegenetz der Eisenbahnen des Bundes fest, der dem Gesetz als Anlage beigefügt ist.[16] Bei der Ausbauplanung handelt es sich um eine Etappe im gestuften Planungsprozess, um eine fachplanerische Vorstufe der Exekutivplanung. Allerdings findet ein Wechsel der Entscheidungsformen und damit der staatsrechtlichen Organkompetenz statt.[17]

b. Regelungsgehalt des Bedarfsplans

Der Bedarfsplan hat haushaltsrechtliche Relevanz. Er ist ein Instrument der Finanzplanung, der haushaltsmäßige und zeitliche Prioritäten zum Ausdruck bringt und indizielle Bedeutung für die Finanzierbarkeit prioritärer Vorhaben

15 BGBl. I, S. 1874, zuletzt geändert durch Art. 309 der Verordnung vom 31. Okt. 2006 (BGBl. I, S. 2407).

16 § 1 Abs. 1 BSWAG.

17 Vgl. *Ossenbühl*, Die Ausbauplanung für öffentliche Straßen, in: Bartlsperger/Blümel/Schroeter (Hrsg.), Ein Vierteljahrhundert Straßenrechtsgesetzgebung, 1980, S. 297 ff., 303.

besitzt.[18] Dennoch ist er mit einem Haushaltsplan nicht vergleichbar. Beispielsweise können § 3 Abs. 2 HGrG bzw. § 3 Abs. 2 BHO nicht entsprechend herangezogen werden. Das Bepackungsverbot des Art. 110 Abs. 4 S. 1 GG[19] gilt nicht. Das BSWAG ist vielmehr Gesetz im materiellen Sinn, das inhaltliche Anforderungen für den Ausbau festschreibt und planungsrechtliche Wirkungen entfaltet. Er geht nach Abstimmung mit den Bedarfsplänen der anderen Verkehrsträger in die Bundesverkehrswegeplanung ein,[20] ohne dass eine FFH-Verträglichkeitsprüfung[21] oder förmliche Plan-UVP[22] durchzuführen wäre. Der Bedarfsplan ist ferner in aller Regel der Planfeststellung/Plangenehmigung konkreter Aus- oder Neubaustrecken vorgelagert. Insbesondere indiziert er die Planrechtfertigung.[23]

18 BVerwG, Urt. v. 20. Mai 1999 – 4 A 12.98, NVwZ 2000, 555, 558.

19 Hierzu *v. Portatius,* Das haushaltsrechtliche Bepackungsverbot, 1975.

20 § 3 Abs. 2 BSWAG.

21 Bedarfspläne im üblichen Maßstab 1 : 750.000 erfassen nicht mit Bindungswirkung konkrete FFH-Gebiete. Die Bedarfspläne sind keine „sonstigen" Pläne i. S. v. § 35 S. 2 Nr. 2 BNatSchG, weil sie nicht umfassend abgewogen werden. Gemeinschaftsrechtlich ist die Qualifizierung der Bedarfspläne als „Verkehrswegepläne" (Art. 6 Abs. 3 FFH-RL) ebenfalls nicht geboten. Bedarfspläne sind keine Pläne, bei denen behördliche Entwürfe gesetzlich sanktioniert werden, sondern eigenständige parlamentarische Pläne in Gesetzesform. Sie müssen zwar auf Grund von Rechtsvorschriften erstellt werden, dennoch ist das Parlament bei der Abstimmung frei. Würde man die Bedarfsgesetze der FFH-Verträglichkeitsprüfung unterwerfen, würde die parlamentarische Abstimmung zu einem Subsumtionsakt degenerieren. Ergäbe nämlich die Prüfung der Verträglichkeit, dass der Bedarfsplan zu erheblichen Beeinträchtigungen eines FFH-Gebiets führen kann, dürfte das Parlament den Bedarfsplan nicht verabschieden. Eine verfassungsrechtlich gebotene (Art. 38 Abs. 1 S. 2 GG) freie Abstimmung wäre nicht möglich, vgl. *Ronellenfitsch,* Gutachtliche Stellungnahme „Bedeutung der FFH-Richtlinie für die Bundesverkehrswegeplanung", erstattet im Auftrag des Bundesministeriums für Verkehr, Bau- und Wohnungswesen, Juni 2000.

22 Die Begriffsmerkmale von Art. 2 lit. a RL 2001/42/EG sind nicht erfüllt. Bedarfspläne werden bereits nicht von einer Behörde für die Annahme („Adoption") durch das Parlament im Wege eines Gesetzgebungsverfahrens ausgearbeitet. Sie sind ferner keine Pläne, bei denen behördliche Entwürfe gesetzlich lediglich sanktioniert werden, sondern eigenständige parlamentarische Pläne in Gesetzesform. Die exekutiven Vorarbeiten stellen die Organkompetenz des Parlaments nicht in Frage. Schließlich müssen Bedarfspläne nicht auf Grund von Rechts- oder Verwaltungsvorschriften erstellt werden. Sie sind Anlagen von Bedarfsgesetzen, ergehen somit nicht aufgrund dieser Gesetze, sondern als Gesetze, vgl. *Ronellenfitsch*, Gutachtliche Stellungnahme: „Auswirkungen der RL 2001/42/EG auf die Bundesverkehrswegeplanung, die Ausbauplanung und die Raumordnung", erstattet im Auftrag des Bundesministeriums für Verkehr, Bau- und Wohnungswesen, November 2002.

23 Nachweise bei *Ronellenfitsch*, Grundzüge, Entwicklungen und Probleme des Eisenbahnplanungs- und Planfeststellungsrechts, in: Foos (Hrsg.), Eisenbahnrecht und Bahnreform, 2001, S. 133 ff., 149 mit Fn. 51.

Gleichwohl trifft er noch keine definitive (parzellenscharfe) planerische Entscheidung,[24] ist also kein sich selbst vollziehendes Maßnahmegesetz.

c. Verbindlichkeit

Entfaltet freilich der Bedarfsplan als Planungsentscheidung Bindungswirkungen für alle Planungsträger,[25] antizipiert er doch die Zulässigkeitsfrage von Enteignungen zugunsten der in den Plan aufgenommenen Vorhaben und kann so auch Vertrauenstatbestände für den Vorhabenträger schaffen. Zu klären ist, ob bereits aus dem gesetzlich festgestellten Bedarfsplan eine Verpflichtung des Gewährträgers zur Tätigung von Investitionen erwächst.

d. Investitionen

Nach § 8 Abs. 1 S. 1 BSWAG finanziert der Bund Investitionen in die Schienenwege der Eisenbahnen des Bundes. Investitionen sind alle Maßnahmen, die nach handelsrechtlichen Grundsätzen als Aktiva in der Bilanz eines Unternehmens erscheinen. Fraglich ist, worauf sich die Investitionen beziehen, was mit „Finanzierung" gemeint ist und wie weit die Finanzierungszusage reicht. Die Investitionen umfassen nach § 8 Abs. 1 S. 2 BSWAG Bau, Ausbau sowie Ersatzinvestitionen der Schienenwege der Eisenbahnen des Bundes. Die Aufzählung: Bau, Ausbau und Ersatzinvestitionen ist abschließend gemeint. Demgegenüber tragen die Eisenbahnen des Bundes die Kosten der Unterhaltung und Instandsetzung ihrer Schienenwege selbst (§ 8 Abs. 4 BSWAG). Einfachgesetzlich erfasst die finanzielle Gewährleistungspflicht des Bundes somit nur Neubau, Ausbau und Ersatz. Erhalt und Unterhalt werden aus der staatlichen Finanzierungspflicht ausgenommen. Dies dürfte schwerlich mit Art. 87 e Abs. 3 S. 1 und Abs. 4 S. 1 GG zu vereinbaren sein, wo Ausbau, Unterhaltung und Erhalt des Schienennetzes gleichrangig nebeneinander gestellt werden. Versuche der nicht grundrechtsfähigen Bahngesellschaften des Bundes, eine verfassungskonforme

24 Das BVerwG hat hierzu in der A-81-Entscheidung (NVwZ 2001, 673, 675) ausgeführt: „Der Bedarfsplan bildet die Grundlage für die Schaffung eines zusammenhängenden Verkehrsnetzes für einen weiträumigen Verkehr i. S. d. § 1 Abs. 1 FStrG, das dem prognostizierten Bedarf gerecht wird. Als globales und grobmaschiges Konzept ist er indes von vornherein nicht detailgenau. Die in ihm festgestellte Art der Netzverknüpfung darf auf den nachfolgenden Planungsstufen nicht ignoriert werden. Hierin erschöpft sich seine Bindungswirkung aber auch. Der Bedarfsplan lässt für die Ausgestaltung im Einzelnen planerische Spielräume, die gegebenenfalls im Rahmen der Linienbestimmung, jedenfalls aber im Verfahren der Planfeststellung auszufüllen sind."

25 *Ronellenfitsch*, in: Marschall/Schroeter/Kastner, FStrG, 5. Aufl. 1998, Vorbem. zu §§ 16 bis 17 a, Rn. 67.

Gesetzesextension gerichtlich zu erzwingen, erscheinen kaum Erfolg versprechend. Immerhin könnte durch Unterlassung von Erhalt und Unterhaltung von Eisenbahninfrastrukturen staatliches Eingreifen provoziert werden. Dieses wäre dann unverhältnismäßig, wenn die Unterhaltungsmaßnahmen ohne staatliche Ausgleichszahlungen unzumutbar wären (§ 11 Abs. 1 S. 2 AEG). Der Rückbau von Eisenbahninfrastruktur, der der Vermarktung früheren Bahngeländes dient, fällt dagegen in den Tätigkeitsbereich der Bahnunternehmen als Wirtschaftsunternehmen. Förderungswürdig ist allenfalls der Rückbau im Interesse der Allgemeinheit (Nachbarschutz) oder im Interesse des Ausbaus der Infrastruktur (Rückbau zur Schaffung naturschutzrechtlicher Ausgleichs- oder Ersatzflächen). Auf die Legaldefinition der Schienenwege wird zurückzukommen sein. An dieser Stelle ist lediglich darauf hinzuweisen, dass Schienenwege nach § 8 Abs. 5 BSWAG Betriebsanlagen der Eisenbahnen sind, die grundsätzlich Gegenstand einer Planfeststellung nach § 18 AEG sein können. Nun handelt es sich bei dem Verfahren nicht nur um die Feststellung eines einheitlichen Plans zur Errichtung, sondern ausnahmsweise auch zum Betrieb[26] konkreter Anlagen. Auch § 11 Abs. 1 S. 2 AEG spricht vom „Betrieb" der Infrastruktureinrichtungen. Soweit in der Planfeststellung daher betriebliche Festsetzungen, etwa zur Ermöglichung des Kombiverkehrs, zulässig sind, ist auch eine Förderung nach dem BSWAG möglich. Art. 87 e Abs. 4 S. 1 GG reduziert den staatlichen Daseinsvorsorgeauftrag nicht auf den Ausbau und Erhalt des Schienennetzes der Eisenbahnen des Bundes, sondern umfasst auch deren Verkehrsangebot auf diesem Schienennetz. Die Aufzählung im Regierungsentwurf[27] (Streckenneubau für den Nah- und Fernverkehr, die Verlegung zusätzlicher Gleise an vorhandenen Strecken, die Elektrifizierung von Strecken, die Erweiterung und der Neubau von Stellwerken oder Rangierbahnhöfen, die Modernisierung von Anlagen sowie Ersatzinvestitionen) gibt somit einen guten Überblick, ist aber insoweit nicht abschließend. Die Beteiligten sind aufgerufen, den Gegenstand der Investitionen kasuistisch zu erweitern. Die Finanzierungsmodalitäten sind im Gesetz selbst geregelt. Es versteht sich von selbst, dass die Finanzierungsmittel in den Haushaltsplan eingestellt sein müssen. Die Finanzierung der Investitionen steht expressis verbis unter dem Vorbehalt, dass eine Finanzierung im Rahmen der jährlich zur Verfü-

26 Vgl. *Ronellenfitsch,* Die Betriebsplanfeststellung, in: Ronellenfitsch/Schweinsberg, Aktuelle Probleme des Eisenbahnrechts V, 2000, S. 101 ff.

27 BT-Drs. 12/4609 (neu), S. 92.

gung stehenden Haushaltsmittel möglich ist.[28] Dies gilt für alle Bedarfspläne.[29] Eine auf die Gewährleistungspflicht des Art. 87 e Abs. 4 GG gestützte Verpflichtung, vorrangig Haushaltsmittel für Maßnahmen nach § 8 Abs. 1 BSWAG bereitzustellen, besteht nicht. Andererseits ist die Gewährleistungsgarantie des Art. 87 e Abs. 4 GG zeitlich nicht begrenzt. Ein möglicher Börsengang der DB AG ändert nichts daran, dass die Mehrheit der Anteile beim Bund verbleiben muss (Art. 87 e Abs. 3 S. 3 HS. 2 GG). Rechtsgrund und Titel für die Finanzierung sind fraglich. In Betracht kommt die Aufnahme in den Bedarfsplan selbst oder die Vereinbarung auf der Grundlage des Bedarfsplans. Die Materialien geben keinen Aufschluss. Zwar heißt es in der Gesetzesbegründung:[30] „Wird eine Investition in den Bedarfsplan aufgenommen, so ist damit noch nicht über den Bau entschieden. Dies geschieht erst mit dem Abschluss einer Vereinbarung zwischen der Eisenbahn, deren Schienenweg gebaut oder ausgebaut werden soll, und der Körperschaft (oder dem Dritten), die den Bau oder Ausbau finanziert." Die Begründung betrifft aber die Phase bei der Projektrealisierung, bei der bereits die Maßnahme in den Bedarfsplan aufgenommen worden ist und nur noch über die Stufen des Baus und Ausbaus zu entscheiden ist. Die „Ob"-Entscheidung fällt das Parlament. Auch die Planrechtfertigung resultiert auf einem parlamentarischen Willensakt, der nicht durch eine administrative Finanzierungsvereinbarung in der Schwebe gehalten werden kann. Aus Sinn und Zweck der Bedarfsplanung sowie aus § 10 Abs. 1 BSWAG folgt, dass bereits die Aufnahme in den Bedarfsplan konstitutive Wirkung entfaltet. Sie begründet zwar noch keinen bezifferten Finanzierungsanspruch, präjudiziert aber die Finanzierungsvereinbarung.

e. Finanzierungsvereinbarung

Die Daseinsvorsorgeaufgabe ist eine Aufgabe des staatlichen Gewährträgers, also der jeweils nach der verfassungsrechtlichen Kompetenzordnung zuständigen Gebietskörperschaft, i. d. R. des Bundes. Die Verantwortung besteht grundsätzlich in einer Finanzierungsverantwortung. Die Finanzierungsverantwortung kann auch (befristet) auf Private delegiert werden (Privatfinanzierung). Zwischen dem Gewährsträger und den Eisenbahnen des Bundes, deren Schienenwege gebaut oder ausgebaut werden sollen, werden daraufhin zur Durchführung der im Bedarfsplan aufgeführten Baumaßnahmen Vereinbarungen geschlossen.

28 Vgl. auch BT-Drs., 12/4609 (neu), S. 92.

29 Vgl. BVerwG NVwZ 2000, 555, 558.

30 BT-Drs. 12/4609 (neu), S. 93.

§ 9 BSWAG trifft Regelungen über den Bestand solcher Verträge. Nicht geregelt ist die Frage, wie der Abschluss solcher Verträge erzwungen werden kann. Da sich aber die Finanzierungspflicht dem Grunde nach bereits aus dem Bedarfsplan ergibt, kann die Finanzierungsvereinbarung nur die Modalitäten bei der Projektverwirklichung betreffen. Der Bedarfsplan begründet einen Kontrahierungszwang, der allerdings unter Haushaltsvorbehalt steht. Probleme ergeben sich, wenn der Abschluss einer Finanzierungsvereinbarung verweigert wird. Der Streit, ob ein Kontrahierungszwang besteht, stellt eine öffentlich-rechtliche Streitigkeit dar, über die zumindest in Anwendung der Zweistufentheorie von den Verwaltungsgerichten zu entscheiden ist. Statthafte Klageart wäre dann auf der ersten Stufe die allgemeine Feststellungsklage. Die Modalitäten der Vertragsgestaltung könnten sich in Anwendung subventionsrechtlicher Grundsätze[31] nach privatem Recht richten (§§ 316, 315 Abs. 3 BGB). Vorzugswürdig ist insgesamt die Annahme eines Vertrags nach § 54 S. 1 VwVfG. Der Streitgegenstand hat seinen Schwerpunkt im öffentlich-rechtlichen Gebiet. § 9 S. 3 BSWAG ist ersichtlich § 60 VwVfG nachempfunden. Geht man von einem öffentlich-rechtlichen Vertrag aus, dürfte sich die Anwendung der Zweistufentheorie erübrigen. Die Konsequenz wäre, dass etwaige unzulässige Begünstigungen nicht durch Leistungsbescheid zurückgefordert werden könnten, sondern durch Leistungsklage beim Verwaltungsgericht erstritten werden müssten. Sekundärrechtsschutz (Amtshaftung) bei zu Unrecht verweigertem Vertragsabschluss scheidet aus, da die Möglichkeit des Primärrechtsschutzes eröffnet ist. Plangewährleistungsansprüche sind dagegen nicht von vornherein ausgeschlossen.

f. Gewährleistungsumfang

Die Regelung in § 10 BSWAG über die „Mitfinanzierung" ist irreführend. Eine gemeinsame Finanzierung der Eisenbahninfrastruktur ist nicht vorgesehen. Sind Schienenwege in den Bedarfsplan aufgenommen, sorgt der Bund im Grundsatz lediglich für eine Vorfinanzierung und übernimmt die Zinslast. Hat der Bund den Bau oder Ausbau von Schienenwegen einer Eisenbahn des Bundes in den Bedarfsplan aufgenommen und die Investitionen entsprechend finanziert, leistet diese nämlich Rückzahlungen in Höhe der jährlichen Abschreibungen. Da der Schienenweg im Eigentum der Eisenbahn des Bundes steht und einen wesent-

31 Vgl. *Schmidt*, in: Achterberg/Püttner/Würtenberger (Hrsg.), Besonderes Verwaltungsrecht I, 2. Aufl. 2000, Teil 1, Rn. 174.

lichen Teil ihres bilanzierungsfähigen Vermögens bildet,[32] ist diese letztlich zur Finanzierung verpflichtet. Macht die Eisenbahn des Bundes Gewinne, entstehen keine Probleme. Macht sie Verluste, greift wieder die Gewährleistungspflicht des Bundes. Spätestens ab dem Zeitpunkt, in dem die Trassenentgelte die Bau- und Neubaukosten nicht mehr decken, muss für das Netzunternehmen die Wahlmöglichkeit bestehen, die Infrastruktur aufzugeben oder sich ihre Unterhaltung vom Bund behördlich aufgeben und dann mitfinanzieren zu lassen. Die Regelung des BSWAG geht aber noch weiter. Nach Art. 87 e Abs. 3 GG werden die Eisenbahnen des Bundes als Wirtschaftsunternehmen geführt. Das heißt, sie sollen sich wirtschaftlich betätigen. Wirtschaftliche Betätigungen der öffentlichen Hand sind solche Tätigkeiten, die auch von einem Privatunternehmer mit der Absicht der Gewinnerzielung vorgenommen werden könnten. Das gilt a maiore ad minus für wirtschaftliche Tätigkeiten privatisierter Unternehmen. Würden sich für einen originär Privaten Investitionen in den Streckenausbau und -erhalt auch ohne Zinsen betriebswirtschaftlich nicht rechnen, besteht eine staatliche Einstandspflicht. Die Rückzahlungsverpflichtung der unter diesen Prämissen erzielten Abschreibungen kommt dann aber wieder zum Tragen. Für die Modalitäten der Mitfinanzierung finden sich weder im Gesetz noch in den Materialien exakte Vorgaben.[33] Als Verlegenheitslösung wird auf die Finanzierungsvereinbarung verwiesen, der auf diese Weise konstitutive Bedeutung zuwächst.

5. Gesamtplanung

Der Planungsbedarf für das Eisenbahnnetz wird zum einen durch Planungen für den Gesamtraum erfüllt. Die überörtliche Planung erfolgt im Wege der Raumordnung, die örtliche Planung im Wege der Bauleitplanung.

a. Raumordnungspläne

Raumordnung ist die zusammenfassende, übergeordnete Planung und Ordnung des Raums.[34] Die Raumordnung dient nicht dazu, fachliche Belange eigenstän-

32 BT-Drs. 12/4609 (neu), S. 93.

33 Die Formulierung: „Daher ist vorgesehen, dass eine Finanzierungsvereinbarung den entsprechenden Inhalt haben kann" (BT-Drs. 12/4609 (neu), S. 93) ist wenig hilfreich.

34 Vgl. Erlass über die Reichsstelle für Raumordnung vom 26. Juni 1935 (RGBl I, S. 793: „Die Reichsstelle für Raumordnung übernimmt die zusammenfassende übergeordnete Planung und Ordnung des deutschen Raumes für das gesamte Reichsgebiet"); ferner das Baugutachten BVerfGE 3, 407, 427 f. sowie BVerfGE 15, 1, 16.

dig zu formulieren oder Ortsplanung zu betreiben; sie vermittelt keine Superkompetenz für alle Planungen im Planungsraum. Die Abstimmung mehrerer punkt- oder linienförmiger Fachplanungen auf Regional-, Landes- oder Bundesebene ist mit fachplanerischen Mitteln zu bewältigen. Die Summe von Fachplanungskompetenzen ergibt keine Raumordnungskompetenz.[35] Durch den Koordinierungs- und Entwicklungsauftrag enthält die Raumordnung aber auch eine implizite Fachplanungskompetenz. Entspricht die Fachplanung diesem Auftrag, dann genügt sie den Erfordernissen der Raumordnung. Nach § 3 Nr. 1 ROG sind Erfordernisse der Raumordnung: Ziele der Raumordnung, Grundsätze der Raumordnung und sonstige Erfordernisse der Raumordnung. Gemeinsames Begriffsmerkmal der Teilbegriffe ist die Bindungswirkung. Die Grundsätze der Raumordnung definiert § 3 Nr. 3 ROG inhaltlich als „allgemeine Aussagen zur Entwicklung, Ordnung und Sicherung des Raums in oder auf Grund von § 2 als Vorgaben für nachfolgende Abwägungs- oder Ermessensentscheidungen." Die sonstigen Erfordernisse der Raumordnung zählt § 3 Nr. 4 ROG nur auf. Die Ziele der Raumordnung definiert § 3 Nr. 2 ROG wiederum inhaltlich als „verbindliche Vorgaben in Form von räumlich und sachlich bestimmten und bestimmbaren, vom Träger der Landes- oder Regionalplanung abschließend abgewogenen textlichen oder zeichnerischen Festlegungen in Raumordnungsplänen zur Entwicklung, Ordnung und Sicherung des Raums." Ziele beanspruchen Geltung. Anders als die Grundsätze, welche nur Vorgaben für die nachfolgenden Abwägungs- oder Ermessensentscheidungen treffen, enthalten die Ziele der Raumordnung abschließend abgewogene textliche und zeichnerische Festlegungen, die per definitionem strikt gelten sollen.[36] Der Geltungsanspruch besagt noch nicht, ob und in welchem Umfang sich die Ziele der Raumordnung durchsetzen können. Die Geltung bemisst sich vielmehr danach, welche Rechts- und Bindungswirkungen die Raumordnungsziele hervorrufen. Das ist keine Frage der Begriffsbildung, sondern Regelungsgegenstand der §§ 4 und 5 ROG sowie der Raumordnungsklauseln in den Fachgesetzen. Nach § 4 Abs. 1 S. 1 ROG sind die Ziele der Raumordnung von öffentlichen Stellen (§ 3 Nr. 5 ROG) bei ihren raumbedeutsamen Planungen zu „beachten". Dies gilt unter bestimmten Voraussetzungen ebenso für raumbedeutsame Planungen und Maßnahmen, die Personen des Privatrechts in Wahrnehmung öffentlicher Aufgaben durchführen. „Beachten" soll, anders als sonst, nicht den allgemeinen Gesetzesgehorsam, sondern eine

35 BVerfGE 3, 407, 425.

36 BVerwG, DVBl 2004, 251, 252; hierzu *Hoppe*, Stehen die „Ziele der Raumordnung" in der Form von Soll-Zielen vor dem Aus?, DVBl 2004, 478 ff.

strikte Bindung zum Ausdruck bringen, die über eine bloße Berücksichtigung hinausgeht. „Beachten" bedeutet jedoch lediglich, dass die Adressaten der Beachtenspflicht sich nicht durch Abwägungs- oder Ermessensentscheidungen über die Raumordnungsziele hinwegsetzen können. Andererseits sind sie nicht gezwungen, die Ziele zu vollziehen. Die Raumordnung kann nun zwar nicht an die Stelle der Fachplanung treten. Jedoch können bei der Aufstellung der Ziele der Raumordnung fachliche Ziele als Ausfluss des Entwicklungsauftrags aus eigener Kompetenz aufgestellt werden.[37] Die Raumordnung ist dabei nicht auf die Sicherung von Verkehrstrassen beschränkt (§ 7 Abs. 2 Nr. 3 ROG: „insbesondere"). Vielmehr können landesentwicklungspolitisch bedeutsame Infrastrukturvorhaben als Ziel der Raumordnung festgesetzt werden. Der Bund hat freilich die Möglichkeit, Zielen der Raumordnung, die ihn als Fachplanungsträger betreffen, nach § 5 ROG zu widersprechen, wodurch die Bindungswirkung der Ziele entfällt. Soweit Fachplanungskompetenzen des Bundes bestehen, gilt nämlich der Vorrang der Fachplanung. Immer dort, wo Ziele der Raumordnung Geltung gegenüber Planungsinstanzen des Bundes beanspruchen, d. h. bei raumbedeutsamen Planungen und Maßnahmen der unmittelbaren Bundesverwaltung, der Bundesauftragsverwaltung oder Privater, die öffentliche Aufgaben des Bundes durchführen[38], muss sich der Bund von der Bindung an die Raumordnungsziele befreien können. Bindungswirkungen entfalten die Raumordnungsziele nur, wenn die Planungsinstanzen des Bundes nach § 7 Abs. 5 ROG beteiligt worden sind, das Verfahren nach § 5 Abs. 2 ROG zu keiner Einigung geführt hat und die zuständigen Stellen oder Personen des Bundes innerhalb einer Frist von zwei Monaten nach Mitteilung der rechtsverbindlichen Ziele nicht widersprochen haben. Der Widerspruch lässt die Bindungswirkungen der Raumordnungsziele nur dann nicht entstehen, wenn bestimmte förmliche und materielle Voraussetzungen erfüllt sind. In förmlicher Hinsicht kommt es nur darauf an, die Widerspruchsfrist zu wahren. Sachliche Vorgaben für die Handhabung des Einigungsverfahrens[39] macht § 5 Abs. 2 ROG nicht. Dagegen ist der Widerspruch materiell nur begründet, wenn die Raumordnungsziele auf einer fehlerhaften Abwägung beruhen oder mit der Zweckbestimmung des Vorhabens nicht im Einklang stehen und das Vorhaben nicht auf einer anderen geeigneten Stelle durchgeführt werden kann. Ansonsten begründen projektbezogene Ziele der Raumordnung

37 Abweichend *Goppel*, Projektbezogene Ziele der Raumordnung zu Verkehrsvorhaben des Bundes und deren Bindungswirkung, DVBl 2000, 86 ff., 87.

38 Vgl. auch *Kment*, Die Problematik des § 4 Abs. 3 ROG, DVBl 2003, 1018 ff.

39 Neudeutsch: Konsensverfahren mit Betonung auf der ersten Silbe.

eine Beachtenspflicht für alle öffentlichen Stellen bei deren Planungen und Maßnahmen. Hierzu zählt nicht der Bundesgesetzgeber. Demnach sind die Bedarfspläne nach dem BSchWAG nicht der Beachtenspflicht unterworfen. Allerdings sind die Ziele der Raumordnung bei diesen Verkehrsplanungen in Gesetzesform auf Grund § 3 Abs. 2 BSchWAG „angemessen zu berücksichtigen", können also im Wege der Abwägung überwunden werden.

b. Raumordnungsverfahren

Eine eigene Planungsstufe für die Linienbestimmung von Neubaustrecken ist im Eisenbahnrecht traditionell nicht vorgeschrieben. Sie wurde lediglich in § 2 VerkPBG eingeführt, aber auf Drängen der Eisenbahnjuristen wieder gestrichen. Praktisch bleibt damit die vorgezogene Grobtrassierung und vor allem die Variantenprüfung[40] den Raumordnungsverfahren zu überlassen. Der Abstimmung von Gesamt- und Fachplanung aus gesamtplanerischer Sicht, der Raumverträglichkeitsprüfung, dient das Raumordnungsverfahren. Von einem Raumordnungsverfahren kann abgesehen werden, wenn die Beurteilung der Raumverträglichkeit der Planung oder Maßnahme bereits auf anderer raumordnerischer Grundlage hinreichend gewährleistet ist (§ 15 Abs. 2 HS. 1 ROG). Ein Raumordnungsverfahren ist nach § 15 Abs. 2 HS. 2 Nr. 1 ROG insbesondere dann entbehrlich, wenn die Planung oder Maßnahme Zielen der Raumordnung entspricht oder widerspricht. Im letzteren Fall kommt es auf die Bindungswirkung der dem Vorhaben entgegenstehenden Ziele an. Diese ist nicht zwingend, sondern kann durch ein nachträgliches Widerspruchsverfahren nach § 5 Abs. 4 S. 1 ROG beseitigt werden. Von einem Raumordnungsverfahren kann nach § 15 Abs. 2 HS. 2 Nr. 3 ROG auch dann abgesehen werden, wenn die Raumverträglichkeit der Planung oder Maßnahme in einem anderen gesetzlichen Abstimmungsverfahren unter Beteiligung der Landesplanungsbehörde festgelegt worden ist. Das Abstimmungsverfahren muss kein spezielles gesamtplanerisches Verfahren sein; denn dieses ist gerade das Raumordnungsverfahren. Die Abstimmung kann vielmehr auch im Rahmen eines fachplanerischen Verfahrens erfolgen. Hierfür kommt auch ein Planfeststellungsverfahren in Frage.

§ 15 Abs. 2 HS 2 Nr. 2 ROG schließt Planfeststellungsverfahren oder „sonstige Verfahren mit den Rechtswirkungen der Planfeststellung für raumbedeutsame Vorhaben" nicht vom Kreis der möglichen Abstimmungsverfahren aus, sondern setzt voraus, dass solche Verfahren als Abstimmungsverfahren in Betracht kom-

40 Vgl. BVerwG NVwZ-RR 1998, 284; BVerwGE 104, 123.

men.[41] Voraussetzung ist dann aber, dass im Planfeststellungsverfahren eine umfassende (die landesplanerischen Aspekte einschließende) und definitive Trassenentscheidung getroffen wird.

c. Bauleitplanung

Die Bauleitplanung wird durch den Fachplanungsvorbehalt des § 38 BauGB verdrängt. Die gegenständliche und räumliche Reichweite des Fachplanungsvorbehalts wirft schwierige Rechtsfragen auf, die im vorliegenden Zusammenhang nicht erörtert werden können.[42]

6. Fachplanung

Der Schwerpunkt der eisenbahnrechtlichen Planung liegt zum anderen auf dem Gebiet der Fachplanung. Mit der Entwicklung des modernen Verkehrswesens im Eisenbahnsektor nahm auch das Rechtsinstitut der Planfeststellung im Eisenbahnrecht seinen Ursprung.[43] Seinen Daseinsvorsorgeauftrag erfüllt der Staat hier u. a. dadurch, dass er die Rechtsgrundlagen auf einem den aktuellen Bedürfnissen des Eisenbahnwesens entsprechenden Stand hält. Dies ist zuletzt geschehen durch das Gesetz zur Beschleunigung von Planungsverfahren und Infrastrukturvorhaben vom 9. Dezember 2006,[44] das als Artikelgesetz auch das eisenbahnrechtliche Planfeststellungsverfahren erheblich umgestaltete.[45] Für das Planfeststellungsverfahren gelten die §§ 72 bis 78 VwVfG nach Maßgabe des AEG.

a. Funktion und Wesen der eisenbahnrechtlichen Planfeststellung

Das Eisenbahnnetz umfasst vorwiegend bauliche Anlagen, die errichtet, erneuert, ergänzt, verändert und unterhalten werden müssen, Vorgänge, die umfangreiche Planungen voraussetzen und eine behördliche Kontrolle erfordern.

---

41 Andernfalls hätte ein Ausschluss auch in § 15 Abs. 2 Nr. 3 ROG erfolgen müssen.

42 Hierzu *Ronellenfitsch*, Das Zusammentreffen von Planungen, VerwArch. 1997, 175 ff.; *ders.*, Bauleitplanung und eisenbahnrechtliche Fachplanung, VerwArch 1999, 467 ff., 581 ff.

43 *Blümel,* Die Entwicklung des Rechtsinstituts der Planfeststellung, in: *ders.*, Beiträge zum Planungsrecht 1959-2000, 2004, S. 441 ff.

44 BGBl. I, S. 2833.

45 Hierzu *Ronellenfitsch*, Die Beschleunigung von Planungsvorhaben, in: Ronellenfitsch/Schweinsberg, Aktuelle Probleme des Eisenbahnrechts XII, 2007, S. 9 ff.

Dem dient die Planfeststellung, mit der festgestellt wird, ob dem geplanten baulichen Vorhaben und der mit ihm verbundenen unternehmerischen Tätigkeit rechtliche Hinderungsgründe entgegenstehen.[46] Der Planfeststellungsbeschluss ist somit eine Genehmigungsform für Vorhaben, die einem präventiven Verbot (Planfeststellungsvorbehalt) unterliegen. Hauptsächlich ist ein Planfeststellungsbeschluss lediglich die Baugenehmigung eines Vorhabens. Die „Bauplanfeststellung" als wichtigster Anwendungsfall der Planfeststellung kombiniert die ordnungsrechtliche Baugenehmigung und die bauplanungsrechtliche Vorhabengenehmigung. Zulässig sind aber auch betriebliche Festsetzungen im Planfeststellungsbeschluss. Die „Betriebsplanfeststellung" ist dann eine Form der Unternehmergenehmigung.[47] Da sich der Gesetzgeber regelmäßig damit begnügt, den sachlichen Gegenstand der Planfeststellung, die Anlagen, nach ihrer Art zu bestimmen, aber über Maß und Dimensionen der Anlagen keine Angaben macht, bereitet es häufig Schwierigkeiten, die Reichweite der Planfeststellung zu konkretisieren. Der Planfeststellungsvorbehalt des § 18 Abs. 1 AEG erfasst „Betriebsanlagen einer Eisenbahn einschließlich der Bahnstromfernleitungen". Planfeststellungspflichtige Tätigkeiten sind der Bau und die Änderung der genannten Anlagen.

b. Planfeststellungsverfahren

Im Planfeststellungsverfahren sind die sich abzeichnenden Interessenkonflikte und damit verbundenen Probleme schrittweise abzuarbeiten. Das Planfeststellungsverfahren erfolgt *dreistufig* mit den Stufen der Planaufstellung, der eigentlichen Planfeststellung und des dazwischen geschobenen Anhörungsverfahrens. Ihre Ausrichtung erfährt die Planfeststellung bereits durch die Planaufstellung. Ergebnis des Aufstellungsverfahrens sind die Unterlagen, die erforderlich sind, um alle voraussehbaren Auswirkungen des Vorhabens auf das öffentliche Wohl und private Belange erkennen zu können. Die Planaufstellung erfolgt durch den Vorhabenträger (Eisenbahnunternehmen), dem insoweit allein die Planungshoheit zukommt. Schon im Stadium der Planaufstellung sind die öffentlichen und privaten Belange abzuwägen. Die Vorbereitung der Planunterlagen erfordert zumeist eine Koordination mit den im Anhörungsverfahren zu beteiligenden Behörden und Stellen. Weiter sind die privat, individualrechtlich Betroffenen

46 Vgl. BVerwG, Buchholz 407 § 17 FStrG Nr. 33, S. 98, 100; BVerwGE 64, 325.

47 Vgl. *Ronellenfitsch,* Die Betriebsplanfeststellung, in: Ronellenfitsch/Schweinsberg, Aktuelle Probleme des Eisenbahnrechts V 2000, S. 101 ff.

zu ermitteln. Bereits in diesem Verfahrensstadium können Absprachen mit den später zu beteiligenden Behörden und mit ggf. betroffenen Eigentümern und Gewerbetreibenden getroffen werden.

Die zweite Stufe des Planungsverfahrens, mit der das eigentliche Planfeststellungsverfahren beginnt, ist das Anhörungsverfahren. Für das Anhörungsverfahren enthält § 18 a AEG eine ganze Reihe von Vorgaben. Das Anhörungsverfahren befriedigt das Informationsinteresse der Betroffenen und der Allgemeinheit und schafft so die Voraussetzung für eine sachliche Kommunikation mit dem Vorhabenträger, die ihrerseits die Akzeptanz des Vorhabens verbessern soll. Hauptzweck des Anhörungsverfahrens ist der Rechtsschutz der Betroffenen. Daneben gleicht die Information der Betroffenen und der Öffentlichkeit einem Aufgebotsverfahren, bei dem wirklich oder vermeintlich Betroffene aufgerufen sind, zur Vermeidung des Verlusts ihre Rechte und Interessen rechtzeitig geltend zu machen (Vertrauensschutz des Vorhabenträgers). Das Anhörungsverfahren wird dadurch eingeleitet, dass der Vorhabenträger den von ihm aufgestellten Plan bei der Anhörungsbehörde einreicht (§ 73 Abs. 1 S. 1 VwVfG). Innerhalb eines Monats hat sodann die Anhörungsbehörde die Stellungnahmen der Behörden, deren Aufgabenbereich durch das Vorhaben berührt wird, einzuholen. Das dient der Feststellung und Berücksichtigung der öffentlichen Belange, die normalerweise von diesen Behörden wahrgenommen werden. Die Behörden sind daher in ihrer Funktion als Träger öffentlicher Belange (TöB) zu beteiligen. Neben der TöB-Beteiligung sorgt die Anhörungsbehörde für die Betroffenen- und Öffentlichkeitsbeteiligung. Im Regelfall wird die Öffentlichkeitsbeteiligung mit der Auslegung des Plans, in Ausnahmefällen mit der vereinfachten Bekanntmachung des Plans eingeleitet. Auf eine Auslegung kann verzichtet werden, wenn der Kreis der Betroffenen bekannt ist und ihnen innerhalb angemessener Frist Gelegenheit gegeben wird, den Plan einzusehen (§ 73 Abs. 3 S. 2 VwVfG). Die Auslegung des Plans hat Informationsfunktion. Hierfür reicht es aus, dass den vom geplanten Vorhaben potenziell Betroffenen Anlass zur Prüfung gegeben wird, ob ihre Belange berührt werden und sie Einwendungen erheben wollen. Zu berücksichtigen sind auch die Belange des Datenschutzes.[48] Die Auslegung findet in den Gemeinden statt, in denen sich das Vorhaben voraussichtlich auswirkt. Die Gemeinden führen die Auslegung im Wege der Amtshilfe durch. Zuvor haben sie die Auslegung ortsüblich bekannt zu machen. Der Inhalt der Bekanntmachung ist durch § 73 Abs. 5 S. 2 VwVfG vorgegeben. Die Aus-

48 Hierzu *Ronellenfitsch*, Datenschutz in der Planfeststellung, in: Geis/Umbach, Planung – Steuerung – Kontrolle, Festschrift für Richard Bartlsperger zum 70. Geburtstag, Berlin 2006, S. 373.

legungsfrist beträgt einen Monat (§ 73 Abs. 3 S. 1 VwVfG). Bis zwei Wochen nach Ablauf der Auslegungsfrist kann jeder, dessen Belange durch das Vorhaben berührt werden, Einwendungen gegen den Plan erheben (§ 73 Abs. 4 S. 1 VwVfG). Eine Einwendung ist sachliches, auf die Verhinderung oder die Modifizierung des Vorhabens abzielendes Gegenvorbringen, nicht der unspezifizierte Protest.[49] Die Einwendungen müssen inhaltlich so konkret sein, dass die Planfeststellungsbehörde über sie gezielt befinden kann. Zu unterscheiden sind individuell abzuwägende Betroffenen-Einwendungen, mit denen ein Drittbetroffener auf Grund drittschützender Normen Abwehransprüche geltend macht, und pauschal zu würdigende Jedermann-Einwendungen, mit denen lediglich öffentliche Interessen wahrgenommen werden. Für anerkannte Naturschutzvereine gibt es Sonderregelungen, die restriktiv zu handhaben sind. Die Rechtsprechung erscheint demgegenüber bestrebt, die Rechtsstellung der Naturschutzvereine aufzuwerten. Begründet wird das damit, dass die Naturschutzvereine mit ihrem Sachverstand in ähnlicher Weise wie Naturschutzbehörden die Belange des Naturschutzes und der Landschaftspflege in das Verfahren einbringen sollen.[50] Da diese „Sachverstandspartizipation" dazu diene, Vollzugsdefiziten im Bereich des Naturschutzes und der Landschaftspflege entgegenzuwirken, sei es gerechtfertigt, die Naturschutzverbände als „Verwaltungshelfer" zu bezeichnen. Das trifft nicht zu. Die Naturschutzvereine sind keine TöB. Ihnen ist lediglich Gelegenheit zur (informierten) Stellungnahme zu geben. Einer Übertragung von Verwaltungsaufgaben oder gar Entscheidungsbefugnissen oder Kontrollrechten ist damit nicht verbunden. Die Mitwirkungsrechte enden zudem mit Abschluss der Erörterungen im Anhörungsverfahren.[51] Die Anhörungsbehörde benachrichtigt innerhalb der Auslegungsfrist die nach § 59 BNatSchG oder nach landesrechtlichen Vorschriften im Rahmen des § 60 BNatSchG anerkannten Vereine sowie sonstigen Vereinigungen, soweit diese sich für den Umweltschutz einsetzen und auch in anderen gesetzlichen Vorschriften zur Einlegung von Rechtsbehelfen in Umweltangelegenheiten vorgesehenen Verfahren anerkannt sind (Vereinigungen), von der Auslegung des Plans und gibt ihnen Gelegenheit zur Stellungnahme. Dem Wunsch der Länder nach einer Beschränkung der Beteiligung der anerkannten Naturschutzvereine bei Verkehrsvorhaben[52] glaubte man mit Rücksicht auf die Richtlinie 2993/35/EG vom 26. Mai 2003 über die

49 BVerwGE 60, 297, 300.

50 BVerwGE 102, 358, 363; 105, 348, 350; 118, 15, 17; BVerwG DVBl 2004, 1546, 1548.

51 NdsOVG RdL 1994, 251.

52 BT-Drs. 16/54, Anlage 2, S. 42 f.

Beteiligung der Öffentlichkeit bei der Ausarbeitung bestimmter umweltbezogener Pläne und Programme und zur Änderung der Richtlinie 85/337/EWG und 96/61/EG in Bezug auf die Öffentlichkeitsbeteiligung und den Zugang zu Gerichten[53] nicht folgen zu können. Art. 3 Richtlinie 2003/35/EG räumt nach seiner Ratio den Nichtregierungsorganisationen, die sich für den Umweltschutz einsetzen, indessen nicht die Entfaltungsmöglichkeiten ein, die ihnen das deutsche Recht eröffnet. Vielmehr hat der deutsche Umweltgesetzgeber wieder einmal über das Ziel hinausgeschossen,[54] als er die Beteiligung der (vorhabenskritischen) Öffentlichkeit in gemeinschaftsrechtlichem Kadavergehorsam ausbaute.[55] Einwendungen gegen den Plan oder dessen Änderung sind nach Ablauf der Einwendungsfrist ausgeschlossen (materielle Präklusion/Verwirkungspräklusion). Das galt mit Ausnahme der Planänderung schon nach dem früheren § 20 Abs. 2 S. 1 AEG. Für die Vereinsklagen trifft § 61 Abs. 3 BNatSchG die Sonderregelung, dass Einwendungen ausgeschlossen sind, wenn sie nicht im Verwaltungsverfahren geltend gemacht wurden, obwohl dies dem Verein möglich gewesen wäre. Das BVerwG folgerte daraus eine vollständige Verdrängung der allgemeinen Planfeststellungsvorschriften.[56] Eine Vorschrift über die Präklusion der Vereinigung wie § 10 Abs. 2 S. 1 Nr. 3 LuftVG fehlte im Eisenbahnrecht, so dass diese nicht der Präklusion der Privatbetroffenen unterlagen. Im Schrifttum wurde gefordert, eine dem LuftVG entsprechende Vorschrift auch im Eisenbahnrecht zu schaffen.[57] Der Gesetzgeber griff diese Anregung auf und stellte die Vereinigungen und die Betroffenen im Hinblick auf die materielle Präklusion gleich. Bereits § 20 Abs. 2 S. 3 AEG a. F. modifizierte die „Behördenpräklusion". Danach entfiel die Bedeutsamkeit der Belange für die Rechtmäßigkeit der Entscheidung. Dieses Kriterium ist wieder hergestellt, weil natürlich auch die Anhörungsbehörde dem Grundsatz der Gesetzmäßigkeit der Verwal-

53 ABl. EU L 156/17 v. 25. Juni 2003.

54 Vgl. Gesetz über ergänzende Vorschriften zu Rechtsbehelfen in Umweltangelegenheiten nach der EG RL 2003/35 (Umwelt-Rechtsbehelfsgesetz) v. 7. Dez. 2006 (BGBl. I, S. 2816); Gesetz über die Öffentlichkeitsbeteiligung in Umweltangelegenheiten (Öffentlichkeitsbeteiligungsgesetz) v. 9. Dez. 2006 (BGBl. I, S. 2819); Gesetz zur Einführung einer Strategischen Umweltprüfung zur Umsetzung der RL 2001/42/EG (SUP) v. 25. Juni 2005 (BGBl. I, S. 1746).

55 Anders die verfahrensrechtlich argumentierende überwiegende Lehre; vgl. etwa *Lecheler*, Infrastrukturplanung zwischen Beschleunigung, Öffentlichkeitsbeteiligung und Rechtsschutzerfordernissen, DVBl 2005, 1553 ff.; *ders.*, Die Ausweitung der Öffentlichkeitsbeteiligung an umweltrelevanten Planungsvorhaben, in: Geis/Umbach, Planung – Steuerung – Kontrolle, Festschrift für Richard Bartlsperger zum 70. Geburtstag, Berlin, 2006, S. 353 ff.; *ders.*, Planungsbeschleunigung bei verstärkter Öffentlichkeitsbeteiligung und Ausweitung des Rechtsschutzes, DVBl 2007, 713 ff.

56 BVerwGE 118, 15; 120, 276.

57 *Kipp/Schütz*, in: Hermes/Selmer (Hrsg.), AEG-Kommentar, 2006, § 20, Rn. 117.

tung unterliegt. Abgesehen davon ist eine Behördenpräklusion unsinnig, da die Behörden ohnehin nicht klagebefugt sind. Nach Ablauf der Einwendungsfrist hat die Anhörungsbehörde die rechtzeitig erhobenen Einwendungen gegen den Plan und die Stellungnahmen der Behörden zu dem Plan mit dem Träger des Vorhabens, den Behörden, den Betroffenen sowie den Personen, die Einwendungen erhoben haben, grundsätzlich mündlich zu erörtern (§ 73 Abs. 6 S. 1 VwVfG).[58] § 73 Abs. 6 S. 2 VwVfG verlangt die ortsübliche Bekanntmachung des Erörterungstermins mindestens eine Woche vor seiner Durchführung und § 73 Abs. 6 S. 3 VwVfG zusätzlich die individuelle Benachrichtigung des Vorhabenträgers, der Behörden (TöB) sowie derjenigen, die Einwendungen erhoben haben. § 73 Abs. 6 S. 4 VwVfG eröffnet die Möglichkeit, statt der individuellen Benachrichtigung die Einwender von dem Erörterungstermin durch öffentliche Bekanntmachung zu benachrichtigen, wenn mehr als 50 Benachrichtigungen an die Einwender vorzunehmen sind. Im Erörterungstermin erörtert die Anhörungsbehörde die Einwendungen gegen den Plan und die Stellungnahmen der Behörden zu dem Plan mit dem Träger des Vorhabens, den Behörden, den Betroffenen sowie den sonstigen Einwendern. Für die Erörterung der Einwendungen gelten einzelne Vorschriften des VwVfG über die mündliche Verhandlung im förmlichen Verwaltungsverfahren (§ 67 Abs. 1 S. 3, Abs. 2 Nr. 1 und 4 und Abs. 3, § 68 VwVfG) entsprechend. Nach § 73 Abs. 6 S. 7 VwVfG soll die Anhörungsbehörde die Erörterung innerhalb von drei Monaten nach Abschluss der Einwendungsfrist abschließen. Eine Sanktion für die Fristüberschreitung ist nicht vorgesehen. Eine der zentralen Neuerungen der Beschleunigungsnovelle ist der Verzicht auf eine Erörterung, der im pflichtgemäßen Ermessen der Anhörungsbehörde steht. Das ist konsequent, wenn man sich von der Idee des Erörterungstermins verabschiedet, im Diskurs die Akzeptanz des Vorhabens zu verbessern. Letztlich wird das auch nicht erreicht, wenn sich Vorhabenträger, Behörden und Betroffene feindselig gegenüberstehen. Leider ist das vielfach zu beobachten. Spezialisierte Anwälte betrachten die Erörterungstermine gerne als Akquisitionsforen; fundamentalistische Globalisierungsgegner, Klimaneurotiker und dgl. sehen Erörterungstermine als Tummelplatz zur Vermarktung ihres Weltbilds. Umgekehrt neigen Verhandlungsleiter oft dazu, Einwender wie Zeugen zu vernehmen, den Einwendungsstoff straff zu strukturieren und die Problemlage im jeweiligen Dialog abzuarbeiten. Der Erörterungstermin gerät dann zum Ärgernis[59] und sollte in der Tat unterbleiben. Damit kann der Nutzen eines

58 Die förmliche Erörterung kann nur in Ausnahmefällen unterbleiben.

59 So bereits *Ronellenfitsch*, Beschleunigung und Vereinfachung der Anlagenzulassungsverfahren, 1993, S. 50.

gut geführten Erörterungstermins für die Ermittlung des Abwägungsmaterials jedoch nicht kleingeredet werden.[60] Findet (im Regelfall) eine Erörterung statt, ist die Anhörungsbehörde zum Abschluss der Erörterung innerhalb von drei Monaten nach Ablauf der Einwendungsfrist verpflichtet, wobei eine Fristüberschreitung keine Sanktion nach sich zieht. Die Anhörungsbehörde gibt ihre Stellungnahme innerhalb eines Monats nach Ablauf der Erörterung ab und leitet sie innerhalb dieser Frist mit dem Plan, den Stellungnahmen der Vereinigungen und den nicht erledigten Einwendungen der Planfeststellungsbehörde zu. Der Unterschied zu § 73 Abs. 9 VwVfG ist gering. Die Monatsfrist ist streng formuliert im Gegensatz zu „möglichst" innerhalb eines Monats im VwVfG. In beiden Fällen handelt es sich aber um Appellfristen, deren Einhaltung die Planfeststellungsbehörde nicht erzwingen kann. Die zusätzliche Weiterleitung der Stellungnahmen der Vereinigungen ist folgerichtig, bietet jedoch Ansätze, das Verfahren zu verzögern. Nach Auslegung, aber vor Feststellung können z. B. in Folge von TöB-Stellungnahmen, Einwendungen oder neuen Überlegungen des Vorhabenträgers Änderungen des ausgelegten Plans nötig sein. Eine erneute TöB- und/oder Betroffenenbeteiligung ist nur dann geboten, wenn der Aufgabenbereich einer Behörde und/oder Belange Dritter erstmalig oder per Saldo stärker als bisher berührt werden. Ist eine neue Beteiligung erforderlich, ermöglicht es § 73 Abs. 8 S. 1 VwVfG, die in ihren Aufgabenbereichen tangierten Behörden und die von der Änderung negativ berührten Beteiligten in das Anhörungsverfahren einzubeziehen, ohne dass der Plan erneut ausgelegt und die Auslegung bekannt gemacht werden muss. Stattdessen ist den Behörden oder Drittbetroffenen die Änderung mitzuteilen und Gelegenheit zu Stellungnahmen und Einwendungen innerhalb von zwei Wochen zu geben. Der Anhörungsbehörde bleibt es aber unbenommen, bei umfangreichen Änderungen mit einem großen Personenkreis die Pläne neu auszulegen, die Auslegung neu bekanntzumachen und den Erörterungstermin zu wiederholen. Das ist in jedem Fall nötig, wenn durch die Änderung das Gebiet einer anderen Gemeinde berührt wird (§ 73 Abs. 8 S. 2 VwVfG). Die neue Rechtsstellung der Vereinigungen ist auch bei Planänderungen nach der Auslegung zu berücksichtigen. Diesen ist entsprechend § 73 Abs. 8 S. 1 VwVfG die Änderung mitzuteilen, damit sie Stellungnahmen innerhalb von zwei Wochen abgeben können. Für Vereinigungen, die sich nicht bis zwei Wochen nach Ablauf der Auslegungsfrist geäußert haben, oder wenn sich die Änderung des ausgelegten Plans auf das Gebiet einer anderen Gemeinde

60 Hierzu *Cancik*, Beschleunigung oder Re-Arkanisierung?, DÖV 2007, 107 ff.; *Guckelberger*, Bürokratieabbau durch Abschaffung des Erörterungstermins?, DÖV 2006, 97 ff.

auswirkt, erfolgt die Benachrichtigung von der Planänderung und der zweiwöchigen Äußerungsfrist durch ortsübliche Bekanntmachung in den jeweiligen Gemeinden. In der Regel kann dann von der Erörterung im Sinne des § 73 Abs. 6 VwVfG und des § 9 Abs. 1 S. 3 UVPG abgesehen werde. Dieser Satz hat keinen normativen Aussagegehalt, sondern ist allenfalls eine Handlungsanleitung für die Anhörungsbehörde. Diese hat allerdings mit der Würdigung, ob per saldo Belange stärker berührt werden als vor der Änderung, genug zu tun. Mit der Ermittlung von Regelmäßigkeiten dürfte sie überfordert sein. Abgeschlossen wird das Anhörungsverfahren durch eine Stellungnahme der Anhörungsbehörde zum Ergebnis des Anhörungsverfahrens, welche möglichst innerhalb eines Monats nach Beendigung des Erörterungstermins mit dem Plan, den Stellungnahmen der Behörden und den nicht erledigten Einwendungen der Planfeststellungsbehörde zugeleitet werden soll.[61] Die Stellungnahme soll die Planfeststellungsbehörde in die Lage versetzen, eine sachgerechte, alle öffentlichen und privaten Interessen berücksichtigende und gegeneinander abwägende Entscheidung zu treffen. Die Anhörungsbehörde hat nicht selbst zu entscheiden, aber das Ergebnis der Anhörung zusammenfassend zu würdigen und sich zu den TöB-Stellungnahmen der Behörden und den Einwendungen der Beteiligten zu äußern. Die einzelnen Verfahrensschritte des Anhörungsverfahrens enden nicht mit außenwirksamen Verwaltungsentscheidungen. Gegen sie ist kein Rechtsmittel gegeben.

Die dritte Stufe, das Feststellungsverfahren, ist das eigentliche Entscheidungsverfahren. Es ist deutlich vom Anhörungsverfahren abgehoben. Im Feststellungsverfahren würdigt die Planfeststellungsbehörde jedoch nicht nur die Stellungnahme der Anhörungsbehörde, sondern prüft auch Ablauf und Ergebnisse des Anhörungsverfahrens. Sie überzeugt sich davon, dass die Formvorschriften eingehalten wurden, dass eine ausreichende Erörterung der Einwendungen gegen den Plan erfolgte und dass die Drittbehörden Gelegenheit zur Stellungnahme hatten. Erkannte oder unterstellte Verfahrensmängel kann die Planfeststellungsbehörde jederzeit durch Wiederholung früherer Verfahrensschritte beheben.[62] In materieller Hinsicht liegt der Entscheidung der Planfeststellungsbehörde eine (mit Subsumtionselementen durchsetzte) planerische Abwägung zugrunde. In diesem Rahmen befindet die Planfeststellungsbehörde über etwaige naturschutzrechtliche Eingriffe[63] und bewertet auch die Umwelt-

61 § 73 Abs. 9 VwVfG.

62 BVerwGE 75, 214, 218, 227.

63 Hierzu BVerwGE 112, 140; BVerwG NVwZ 2005, 581.

auswirkungen des Vorhabens.[64] Ergebnis der Abwägung ist die Festsetzung des Plans bzw. die Ablehnung der Planfeststellung.

Der Planfeststellungsbeschluss ist ein formbedürftiger rechtsgestaltender Verwaltungsakt. Gestaltet werden die Rechtsbeziehungen zwischen Vorhabenträger, Drittbetroffenen und Allgemeinheit. Gestaltet wird freilich nicht das Recht zu bauen. Insoweit handelt es sich beim Planfeststellungsbeschluss lediglich um einen feststellenden Verwaltungsakt. Der Planfeststellungsbeschluss gewährt kein Baurecht, sondern stellt bereits bestehendes Recht fest. Mit dem Planfeststellungsbeschluss wird der Plan für ein Vorhaben jedoch nicht nur abgezeichnet, sondern „festgestellt". Die Feststellung ist mehr als die Bestätigung, dass dem Vorhaben keine öffentlich-rechtlichen Vorschriften entgegenstehen. Die Feststellung ist selbst eine (behördliche) planerische Entscheidung. Die umfassende Wirkung der Planfeststellung setzt nämlich voraus, dass im Planfeststellungsbeschluss die Vielzahl der berührten Rechte und Interessen zum Ausgleich gebracht werden. Die Auflösung dieses Interessengeflechts erfolgt als Ergebnis einer planerischen Abwägung im verfügenden Teil des Planfeststellungsbeschlusses. Angesichts der Vielzahl der auszugleichenden Interessen sind regelmäßig zudem zahlreiche Nebenbestimmungen zu treffen. Insbesondere hat die Planfeststellungsbehörde dem Träger des Vorhabens nach § 74 Abs. 2 S. 2 VwVfG Vorkehrungen sowie die Errichtung und Unterhaltung von Anlagen aufzugeben, die zum Wohl der Allgemeinheit oder zur Vermeidung nachteiliger Wirkungen auf Rechte anderer erforderlich sind. Durch die Auferlegung der Vorkehrungen kommt die Planfeststellungsbehörde ihrer Ausgleichspflicht nach. Die Erfüllung der Verpflichtung kann nur vom Vorhabenträger verlangt werden. Durch die Planfeststellung wird die Zulässigkeit des Vorhabens einschließlich der notwendigen Folgemaßnahmen an anderen Anlagen im Hinblick auf alle von ihm berührten öffentlichen Belange umfassend festgestellt. Der Planfeststellungsbeschluss ersetzt alle für das Vorhaben an sich erforderlichen anderen behördlichen Entscheidungen (§ 75 Abs. 1 S. 1 VwVfG). Ist der Planfeststellungsbeschluss unanfechtbar geworden, sind Ansprüche auf Unterlassung des Vorhabens, auf Beseitigung oder Änderung der Anlagen oder auf Unterlassung ihrer Benutzung ausgeschlossen (§ 75 Abs. 2 S. 1 VwVfG). In diesem Rahmen entfaltet der Planfeststellungsbeschluss über die Zulassungswirkung hinaus umfassende Konzentrations-, Gestaltungs- und Ausschlusswirkung. Daraus ergeben sich materiell-rechtliche Anforderungen. Diese wurden namentlich von der Rechtsprechung entwickelt. Ausgangspunkt war die planerische Ge-

64 Zur UVP vgl. EuGH NVwZ 2004, 1104; NVwZ 2005, 673.

staltungsfreiheit, die sich Vorhabenträger und Planfeststellungsbehörde teilen. Ihrem Gegenstand nach erstreckt sich die planerische Gestaltungsfreiheit auf alle planerischen Gesichtspunkte, die zur optimalen Verwirklichung der vorgegebenen Planungsaufgabe und zur Problembewältigung von Bedeutung sind,[65] also etwa auch Kostengesichtspunkte bei der Ausgestaltung des Lärmschutzes nach § 41 Abs. 2 BImSchG.[66] Der Gestaltungsauftrag führt zu keiner schrankenlosen Planungsbefugnis. Jede hoheitliche Planung ist vielmehr justiziablen rechtlichen Bindungen unterworfen. Neben formellen Bindungen bestehen vor allem materielle Schranken der planerischen Gestaltungsfreiheit. Die Schranken werden gebildet aus dem rahmensetzenden zwingenden Recht und den Abwägungsanforderungen innerhalb dieses Rahmens. Zwingende Abwägungsvorgaben ergeben sich aus Spezialgesetzen, die sich zumeist nicht speziell auf die planfestzustellenden Verkehrsvorhaben beziehen, also planungsneutral sind. Dabei kann es sich beispielsweise um die Freihaltung bestimmter Schutzgebiete von Verkehrsvorhaben handeln.[67] Durch Abwägung nicht überwindbare normative Bindungen sind konditional, die Abwägungsanforderungen selbst demgegenüber final programmiert. Der Daseinsvorsorgeauftrag fließt auch in die planerische Abwägung ein. Aus dem Daseinsvorsorgeauftrag der Verkehrsvorhaben resultiert die Planrechtfertigung, die sich auf der Grenze zwischen Subsumtion und Abwägung bewegt. Im Rahmen einer Subsumtion genügt es für die Planrechtfertigung, dass Eisenbahnvorhaben „vernünftigerweise geboten" sind.[68] Die wichtigste planungsbezogene Bindung folgt aus dem Planungsermessen, das sich vom Verwaltungsermessen quantitativ und qualitativ unterscheidet. Das Verwaltungsermessen dient dem bipolaren Ausgleich kollidierender Interessen, das Planungsermessen der Gestaltung von Interessensbeziehungen. Dem Planungsermessen korrespondiert das Gebot, alle von einem Planungsvorhaben berührten öffentlichen und privaten Belange untereinander und gegeneinander abzuwägen, welches sich aus dem Wesen jeder rechtsstaatlichen Planung ergibt.[69] Jede Abwägung erfolgt in den Schritten der Ermittlung und Gewichtung der Abwägungsbelange sowie der eigentlichen Abwägung dieser

65 BVerwGE 56, 110, 116.

66 BVerwGE 110, 370 389 f; BVerwG DVBl 2004, 380, 381.

67 BVerwGE 108, 248, 253.

68 BVerwGE 107, 142, 145; BVerwG NVwZ 2005, 330, 331.

69 BVerwGE 41, 67; 45, 309; 48, 56; 55, 220; 56, 110, 122; 59, 253; 61, 295; 64, 270.

Belange. Die Abwägung ist bei der Entscheidungsfindung unverzichtbar.[70] Sie stößt gleichwohl oft auf Misstrauen und Ablehnung. Die Kritik richtet sich insbesondere gegen die Ermittlung der Abwägungsbelange. Dem ist zuzugestehen, dass die Abwägung mit der korrekten Ermittlung und Gewichtung der Abwägungsbelange steht und fällt. Dem entspricht aber die Struktur des Planfeststellungsverfahrens und der gerichtlichen Verfahrens- und Ergebniskontrolle. Die Klärung der Frage, ob das Abwägungsgebot verletzt ist, erfordert die Prüfung, ob eine Abwägung überhaupt stattgefunden hat, in die Abwägung alle Belange einbezogen wurden, die nach Lage der Dinge einzustellen waren, die Bedeutung der betroffenen öffentlichen und privaten Belange erkannt wurde und der Ausgleich zwischen den von der Planung berührten Belangen in einer Weise vorgenommen wurde, der zur objektiven Gewichtigkeit einzelner Belange in angemessenem Verhältnis steht. Positiv gewendet: Dem Abwägungsgebot wird entsprochen, wenn erstens eine Abwägung überhaupt stattfindet, zweitens in die Abwägung an Belangen eingestellt wird, was nach Lage der Dinge einzustellen ist, drittens die Bedeutung der öffentlichen und privaten Belange nicht verkannt wird und viertens der Ausgleich zwischen ihnen in einer Weise vorgenommen wird, die zur objektiven Gewichtung einzelner Belange nicht außer Verhältnis steht.[71]

§ 75 Abs. 4 VwVfG, wonach ein Plan außer Kraft tritt, wenn mit der Durchführung nicht innerhalb von fünf Jahren nach Eintritt der Unanfechtbarkeit begonnen wird, war schon durch § 20 Abs. 4 S. 1 AEG a. F. um eine Verlängerungsmöglichkeit von höchstens fünf Jahren ergänzt worden. Vor der Entscheidung war eine auf den Antrag begrenzte Anhörung nach dem für die Planfeststellung vorgeschriebenen Verfahren durchzuführen (§ 20 Abs. 4 S. 2 AEG a.F.). Für die Zustellung und Auslegung sowie die Anfechtung der Entscheidung über die Verlängerung waren die Bestimmungen über den Planfeststellungsbeschluss entsprechend anzuwenden (§ 20 Abs. 4 S. 3 AEG a.F.). Auf Vorschlag des Bundesrats[72] wurde die Geltungsdauer der Pläne, d. h. die Wirksamkeit von Planfeststellungsbeschluss und Plangenehmigung, auf 10 Jahre verlängert. Der in der Expertenanhörung vor dem Ausschuss für Verkehr, Bau- und Wohnungswesen teilweise vertretene Ansatz, die Geltungsdauer der Pläne von vornher-

70 Vgl. BVerfGE 85, 36, 57; *Koch,* Die normtheoretische Basis der Abwägung, in: Erbguth/Oebbecke/Rengeling/Schulte (Hrsg.), Abwägung im Recht, Werner Hoppe zur Emeritierung, 1996, S. 9 ff.; *Bartlsperger,* Das Abwägungsgebot in der Verwaltung als objektives und individualrechtliches Erfordernis konkreter Verhältnismäßigkeit, ebd., S. 79 ff.

71 BVerwGE 56, 110, 121; 72, 15, 25.

72 BT-Drs. 16/338.

ein auf 10 bis 15 Jahre festzulegen und dafür die Verlängerungsmöglichkeit zur Einsparung des Verlängerungsverfahrens zu streichen,[73] vermochte sich nicht durchzusetzen. Vielmehr wurde eine primäre Geltungsdauer von Planfeststellungsbeschluss und Plangenehmigung von 10 Jahren in Kombination mit einer einmaligen Verlängerungsmöglichkeit um fünf Jahre eingeführt. Die Geltungsdauer von insgesamt 15 Jahren läuft nicht auf eine unzulässige Vorratsplanung hinaus[74] und ist mit Art. 14 Abs. 1 GG vereinbar.[75] Die Geltungsdauer der Planfeststellungsbeschlüsse beläuft sich nunmehr auf maximal 15 Jahre ab Unanfechtbarkeit der Entscheidung.

c. Vereinfachungsformen

Eine verfahrensmäßig vereinfachte Form des Planfeststellungsbeschlusses ist die Plangenehmigung, der die gleichen Wirkungen wie einem Planfeststellungsbeschluss zukommen. Für Planfeststellungsbeschluss und Plangenehmigung (§ 18 b AEG) gilt nunmehr § 74 VwVfG mit folgenden Maßgaben: Eine Plangenehmigung ist an Stelle eines Panfeststellungsbeschlusses nur zulässig, wenn keine Umweltverträglichkeitsprüfung nach dem UVPG durchzuführen ist (vgl. § 3 a S. 1 UVPG). Diese Regelung traf bereits § 18 Abs. 2 Nr. 1 AEG in der bisherigen Fassung. Sie war entgegen verbreiteter Ansicht gemeinschaftsrechtlich nicht geboten.[76] Eine Plangenehmigung kann auch dann erteilt werden, wenn Rechte anderer nur unwesentlich beeinträchtigt werden. Dadurch dürfte im Ergebnis die Rechtsprechung bestätigt sein, die unter einer Rechtsbeeinträchtigung nur den direkten Zugriff auf fremde Rechte versteht.[77] Jedenfalls zählt zu den Rechten nicht bereits das Abwägungsgebot in seiner gängigen breiten Ausgestaltung. Die Plangenehmigung hat alle Rechtswirkungen der Planfeststellung. Die an sich korrekte[78] Ausnahme der enteignungsrechtlichen Vorwirkung in § 74 Abs. 6 S. 2 VwVfG war schon im bisherigen § 18 Abs. 2 S. 2 AEG nicht enthalten. Das ist mit Rücksicht auf § 22 Abs. 1 S. 2 AEG konsequent. Soweit § 74 Abs. 6 Nr. 1 VwVfG hierfür überhaupt Spielraum lässt, hat auch die Plangenehmigung enteignungsrechtliche Vorwirkung. Ein Verzicht auf Planfeststellung und Plan-

73 Prot. der 67. Sitzung des Ausschusses für Verkehr, Bau- und Wohnungswesen v. 23. Feb. 2005.

74 BVerwGE 84, 123, 128.

75 BVerfGE 38, 175, 181 f.

76 Auch EuGH Slg. 1998, I-6135, darf nicht überinterpretiert werden.

77 BVerwG Buchholz 442.09 § 18 AEG; NVwZ 1997, 994, 996; NVwZ 1998, 1178, 1179.

78 Vgl. *Ronellenfitsch*, Aktuelle Entwicklungen des Planfeststellungsrechts, in: Ronellenfitsch/Schweinsberg, Aktuelle Problem des Eisenbahnrecht VII, 2002, S. 7 ff., 32.

genehmigung nach § 74 Abs. 7 VwVfG kommt nur bei Vorhaben in Betracht, die nicht UVP-pflichtig sind.

7. Rückbau, Stilllegung und Entwidmung

a. Planungsrecht und öffentliches Sachenrecht

Der Daseinsvorsorgeauftrag endet nicht mit der Planung und dem Ausbau der Infrastruktur der Eisenbahnen. In gleicher Weise wichtig sind Pflege, Betrieb und Unterhaltung dieser Infrastruktur, mit denen sich das öffentliche Sachenrecht befasst. Aus Gründen der thematischen Beschränkung bleibt das öffentliche Sachenrecht vorliegend außer Betracht. Für die Autoren, die das öffentliche Sachenrecht und Planungsrecht als streng zu sondernde Bereiche betrachten, wäre damit die Darstellung beendet.[79] Das strikte Trennungsprinzip entspricht aber weder der Rechtslage noch der Praxis. Richtiger Ansicht nach überlappen sich die Rechtsbereiche. Die Verklammerung des Planungsrechts mit dem öffentlichen Sachenrecht erfolgt in erster Linie über den Fachplanungsvorbehalt.

b. Fachplanungsvorbehalt

Nach § 38 S. 1 BauGB sind auf Planfeststellungsverfahren und sonstige Verfahren mit den Rechtswirkungen der Planfeststellung für Vorhaben von überörtlicher Bedeutung die Vorschriften der §§ 29 ff. BauGB nicht anzuwenden. Das bedeutet, dass an die Stelle der kommunalen Planungshoheit (§§ 1 ff. BauGB) die Planungshoheit des Vorhabenträgers und der Fachplanungsbehörde tritt. Der Fachplanungsvorbehalt wird mit der Einleitung des Planfeststellungsverfahrens oder Plangenehmigungsverfahrens für die Bahnanlage ausgelöst. Nicht eindeutig geklärt ist, wie der Fachplanungsvorbehalt zum Erlöschen gebracht wird. Nach überwiegender Ansicht endet der Fachplanungsvorbehalt mit der Entwidmung der Bahnanlage. Das setzt voraus, dass eine Widmung überhaupt erfolgt ist. Das AEG sieht eine Widmung expressis verbis nicht vor. Dennoch gilt, dass eine Eisenbahnstrecke gewidmet werden muss, damit sie ihre Verkehrsfunktion aufnehmen kann. Die Widmung erfordert einen nach außen deutlich erkennbaren Hoheitsakt. Der Hoheitsakt ist im Planfeststellungsbeschluss enthalten. Was für die Widmung gilt, muss auch für die Entwidmung gelten. Als actus con-

79 *Kramer*, Das Recht der Eisenbahninfrastruktur, 2002; *ders.*, Das Verhältnis von Widmung und Planfeststellung – eine Neubewertung ist nötig!, in: Ronellenfitsch/Schweinsberg, Aktuelle Probleme des Eisenbahnrechts IX, 2004, S. 187 ff.

trarius erfordert eine Entwidmung wegen der rechtsstaatlich gebotenen Eindeutigkeit der Rechtsverhältnisse des öffentlichen Sachenrechts ein Mindestmaß an Publizität. Zu verlangen ist daher jedenfalls eine eindeutige Freigabeerklärung.[80] Bis zur Einfügung von § 23 AEG im Zuge der dritten AEG-Novelle war gleichwohl alles umstritten. Nach der Grundsatzentscheidung des Bundesverwaltungsgerichts zur Entwidmung von Bahnanlagen vom 16. Dezember 1988[81] ist das Planfeststellungsverfahren als grundsätzlich sachgerechtes Verfahren für die Entwidmung zu sehen. Das bedeutet, dass die Entwidmung als Ergebnis der „Beseitigungsplanung" im Planfeststellungsbeschluss enthalten ist. Diese Ansicht hat den Vorzug, dass sich mit ihr ohne weiteres der Wegfall des Fachplanungsvorbehalts nach Abschluss des (Änderungs)Planfeststellungsverfahrens erklären lässt.[82] Das BVerwG hat indessen eine „Entwidmung" von Bahnanlagen auch außerhalb des Planfeststellungsverfahrens durch eindeutige und bekannt gemachte Erklärungen, die für jedermann klare Verhältnisse schaffen, anerkannt, ließ jedoch offen, ob sich dann die Entwidmung ebenfalls auf den Fachplanungsvorbehalt auswirkt. Eine allgemein anerkannte Verwaltungspraxis konnte sich auf dem rechtlich schwankenden Boden nicht entwickeln. Die Eisenbahninfrastrukturunternehmen und die betroffenen Gemeinden behalfen sich daher häufig mit Verwaltungsvereinbarungen. Wegen der Unsicherheiten in der Praxis sah sich dann aber der Gesetzgeber veranlasst, in § 23 AEG eine Sonderregelung für die Freistellung von Bahnbetriebszwecken zu treffen. Danach lässt die von der zuständigen Planfeststellungsbehörde auszusprechende Freistellung alle Wirkungen der Planfeststellung entfallen. Folglich endet mit der Wirksamkeit der Freistellungserklärung nach § 23 AEG der Fachplanungsvorbehalt, ohne dass es darauf ankommt, ob in der Freistellungserklärung eine Entwidmung zu sehen ist. Meinem Anliegen, dass der Staat im Kontext mit der Planfeststellung auf Grund seiner partiellen Planungshoheit für die Eisenbahninfrastruktur dem Daseinsvorsorgekonzept Rechnung tragen kann, ist nur dann ausreichend entsprochen, wenn § 23 AEG nicht als gebundene Entscheidung verstanden wird,[83]

80 NdsOVG, Urt. v. 13. Nov. 2002 –1 K 2883/99, juris; vgl. auch jüngst BVerwG, Urt. v. 25. Okt. 2007 – 3 C 51.06, juris.

81 BVerwGE 81, 111; ferner BVerwG, Urt. v. 23. Okt. 2001 – 9 A 22.01, juris.

82 Vgl. auch VG München, Urt. v. 24. Juni 2002 – M 8 K 02.1771, juris.

83 Nach *Schwind*, Anspruch einer Gemeinde auf Entwidmung einer nicht mehr entsprechend genutzten Bahnfläche, DVBl 2003, 839 ff., stellt die den Fachplanungsvorbehalt auslösende eisenbahnrechtliche Widmung einen Eingriff in die kommunale Planungshoheit dar, der zeitraumbezogen der Gemeinde jegliche Regelung hinsichtlich Art und Maß der baulichen Nutzung entziehe. Fehle die Legitimation, so solle den Gemeinden ein Anspruch auf ermessenfehlerfreie Entscheidung bezüglich der Entwidmung zustehen. Diese bipolare Sicht ist auch unter Geltung von § 23 AEG verfehlt.

sondern der Planfeststellungsbehörde einen Gestaltungsspielraum eröffnet. Eben dies wird von der h. L., die schon das Planfeststellungserfordernis für die Entwidmung leugnet,[84] bestritten.[85]

III. Folgerung

Die Privatisierung des Eisenbahnwesens ließ die staatliche Verantwortung für diesen Gegenstandsbereich der Daseinsvorsorge nicht entfallen. Die staatliche Gewährleistungspflicht findet ihren Niederschlag in Regulierungen sowie finanziellen Zuwendungen und Ausgleichsleistungen. Diese Aspekte stehen im Brennpunkt der Kontroversen um die Bahnreform. Vergessen werden dabei vielfach die planungsrechtlichen und planerischen staatlichen Steuerungsmöglichkeiten, die ebenfalls Ausdruck des Daseinsvorsorgegedankens sind. Die Dringlichkeit, dem Gemeinwohl bei der Bahnprivatisierung durch Regulierung zum Durchbruch zu verhelfen, wird durch die planerischen Gestaltungsmöglichkeiten des Staates entschärft. Wenn die Privatisierung politisch gewollt ist, bestehen daher weniger rechtliche Hinderungsgründe, als dies gemeinhin angenommen wird.

84 *Pereira*, Widmung – Entwidmung – Mischnutzung, in: Ronellenfitsch/Schweinsberg, Aktuelle Probleme des Eisenbahnrechts I, 1996, S. 231 ff.; *dies.*, Die Widmung und Entwidmung im Eisenbahnrecht, in: Ronellenfitsch/Schweinsberg, Aktuelle Probleme des Eisenbahnrechts II, 1997, S. 17 ff.; *Geiger*, Das Verhältnis von § 11 AEG zur Planfeststellung, in: Ronellenfitsch/Schweinsberg, Aktuelle Probleme des Eisenbahnrechts VI, 2001, S. 199 ff.; *Blümel*, Fragen der Entwidmung von Eisenbahnbetriebsanlagen, 2000, S. 19; allgemein *Kühlwetter*, Widmung und Entwidmung im öffentlichen Eisenbahnrecht – eine unbekannte Größe?, in: Grupp/Ronellenfitsch, Planung – Recht – Rechtsschutz. Festschrift für Willi Blümel zum 70. Geburtstag, 1999, S. 309 ff.; *Schmitz-Valckenberg*, Entwidmung und bahnfremde Nutzung von Bahnanlagen, 2002.

85 *Hermes*, in: Hermes/Selmer (Hrsg.), AEG-Kommentar, 2006, § 23, Rn. 23.

Entwicklungslinien des Bahnregulierungsrechts

*Dr. jur. Anne Steinmann**

I. Einleitung

In den letzten fünf Jahren hat sich die Regulierung des Verkehrsträgers Schiene etabliert. Dies gibt Gelegenheit zu einer ersten Würdigung der bisher gesammelten Erfahrungen und erlaubt einen Blick in die Zukunft der Bundesnetzagentur als zuständige Regulierungsbehörde. Eine erfolgreiche Eisenbahnregulierung bedarf eines konsequent umzusetzenden Konzepts und umfassender Befug-

* Die Verfasserin, geb. Strohbach, ist derzeit Leiterin des Referates „Entgelte für Schienenwege, Serviceeinrichtungen und Dienstleistungen" innerhalb der Abteilung Eisenbahnregulierung der Bundesnetzagentur. Seit dem gesetzlichen Übergang der Regulierung der Eisenbahnen auf die Bundesnetzagentur zum 1. Jan. 2006 ist sie bei der Bundesnetzagentur beschäftigt. Zuvor war sie beim Eisenbahn-Bundesamt für die Sicherstellung des diskriminierungsfreien Netzzugangs als stellvertretende Referatsleiterin tätig.

nisse. Zu betrachten sind dabei insgesamt vier große Themenkomplexe, die in der Gesamtschau die im Bahnregulierungsrecht bestehenden Herausforderungen und Chancen umreißen. Ein Rückblick auf die vergangenen Jahre ermöglicht zunächst, die ursprünglichen Zielvorstellungen näher zu beleuchten, um vor diesem Hintergrund die Inhalte des derzeit geltenden Eisenbahnrechts darzustellen. Weiter werden die Tätigkeiten der Bundesnetzagentur sowie die bisher erzielten Erfolge vorgestellt. Ausgehend von den bisherigen Erfahrungen der Bundesnetzagentur werden im Lichte der europäischen Vorgaben die möglichen, zukünftigen Entwicklungslinien des Bahnregulierungsrechts näher betrachtet und bewertet. Fazit und Ausblick, insbesondere im Hinblick auf neue Herausforderungen der Bundesnetzagentur, schließen die Erörterungen im Bereich der Eisenbahnregulierung ab.

II. Rückblick

Im Jahre 1993 erfolgte die Neuordnung des Eisenbahnwesens. Dazu wurde im Grundgesetz Art. 87 e eingefügt und ein umfangreiches Artikelgesetz, das Eisenbahnneuordnungsgesetz[1], geschaffen, in dem verschiedene neue Einzelgesetze und über 130 Gesetzes- und Verordnungsänderungen zusammengefasst wurden. Darin erfolgte auch eine Neufassung des Allgemeinen Eisenbahngesetzes (AEG)[2], das bis zum gegenwärtigen Zeitpunkt die Rechtsgrundlagen für die Tätigkeit der Regulierungsbehörde im Eisenbahnsektor enthält. Mit dem im Jahre 1993 eingeführten § 14 AEG wurde bereits die zentrale Vorschrift für einen diskriminierungsfreien Infrastrukturzugang entwickelt; das Fahrwegmonopol der Bundeseisenbahnen wurde erstmals aufgehoben und das Eisenbahnwesen liberalisiert.

Im Jahre 2002 trat das Zweite Eisenbahnrechtsänderungsgesetz[3] in Kraft und setzte eine aus der Erfahrung gewachsene Forderung der Regulierungsbehörde um. Bis zu diesem Zeitpunkt konnte die Regulierungsbehörde nur auf Antrag eines Eisenbahnverkehrsunternehmens tätig werden, das sich über ein diskriminierendes Verhalten eines Eisenbahninfrastrukturunternehmens beschwert

1 Gesetz vom 27. Dez. 1993 (BGBl. I, S. 2378 (berichtigt durch BGBl. 1994 I, S. 2439)), zuletzt geändert durch das Gesetz vom 8. Nov. 2007 (BGBl. I, S. 2566).

2 Gesetz vom 27. Dez. 1993 (BGBl. I, S. 2378, 2396) (berichtigt durch BGBl. 1994 I, S. 2439)), zuletzt geändert durch Art. 1 des Gesetzes vom 16. April 2007 (BGBl. I, S. 522).

3 Gesetz vom 21. Juni 2002 (BGBl. I, S. 2191).

hatte. Diese Unternehmen mussten dabei jedoch stets fürchten, dass der Antragsgegner auf die Beschwerde mit Verstimmtheit und schlimmstenfalls mit Schlechtleistung oder Kündigung reagieren könnte. Die hieraus prognostizierte Benachteiligung hatte nicht zuletzt auch dazu geführt, dass die Unternehmen eine offizielle Konsultation der Behörde vermieden, um bestehende und zukünftige Geschäftsbeziehungen nicht zu gefährden. Um diesem Umstand Rechnung zu tragen, erhielt die Regulierungsbehörde nunmehr die Befugnis, von Amts wegen Diskriminierungsvorwürfe zu prüfen und über diese zu entscheiden. Die in der Folge gesammelten Erfahrungen haben das Bedürfnis nach dieser Änderung vollumfänglich bestätigt. Bereits im Jahre 2003 leitete die Regulierungsbehörde überwiegend Verfahren von Amts wegen ein.

Zu weiteren grundlegenden Änderungen im nationalen Eisenbahnrecht führte das Dritte Gesetz zur Änderung eisenbahnrechtlicher Vorschriften[4]. Mit dem zentralen Ziel des EG-Infrastrukturpaketes, in allen Mitgliedstaaten der EG gerechten und diskriminierungsfreien Infrastrukturzugang zu schaffen, wurden im AEG und in der Eisenbahninfrastruktur-Benutzungsverordnung (EIBV)[5] erstmals Vorgaben über die Aufstellung und Veröffentlichung von transparenten und diskriminierungsfreien Nutzungsbedingungen, über die Berechnung und Erhebung von Nutzungsentgelten sowie zur Zuweisung von Fahrwegkapazität getroffen. Weiterhin wurde die Unterscheidung zwischen Betreibern der Schienenwege (BdS) und Betreibern von Serviceeinrichtungen (BvSE) legal definiert sowie die Institution des Rahmenvertrages geschaffen.

Das Vierte Gesetz zur Änderung eisenbahnrechtlicher Vorschriften[6] setzte die Richtlinie 2004/51/EG in deutsches Recht um. Seit dem 1. Januar 2006 ist der Schienengüterverkehr (SGV) in der Gemeinschaft für grenzüberschreitenden Güterverkehr geöffnet. Diese Öffnung gilt seit dem 1. Januar 2007 auch für nationale Verkehrsleistungen, womit der SGV nunmehr vollständig liberalisiert ist. Mit dem Fünften Eisenbahnrechtsänderungsgesetz[7] wurde der diskriminierungsfreie Zugang zu Schulungseinrichtungen nach der Richtlinie 2004/49/EG unter der Aufsicht des Eisenbahn-Bundesamts sichergestellt.

4 Gesetz vom 27. April 2005 (BGBl. I, S. 1138).

5 Verordnung vom 3. Juni 2005 (BGBl. I, S. 1566).

6 Gesetz vom 3. Aug. 2005 (BGBl. I, S. 2270).

7 Gesetz vom 16. April 2007 (BGBl. I, S. 522).

III. Darstellung der Situation de lege lata

Die mit der Regulierung der Eisenbahnen verbundenen Zielsetzungen sind explizit im AEG normiert. Gemäß § 1 Abs. 1 AEG dient das Gesetz der Gewährleistung eines sicheren Betriebs der Eisenbahn, eines attraktiven Verkehrsangebotes auf der Schiene sowie der Sicherstellung eines wirksamen und unverfälschten Wettbewerbs auf der Schiene beim Erbringen von Eisenbahnverkehrsleistungen und dem Betrieb von Eisenbahninfrastrukturen.

Adressaten dieser Regelung sind neben den Marktteilnehmern insbesondere drei Behörden, die sich die Verantwortlichkeiten für die Aufsicht und die Überwachung des Verkehrsträgers Schiene teilen. In der Reihenfolge ihrer Entstehung sind dies das Bundeskartellamt, das Eisenbahn-Bundesamt (EBA) und die Bundesnetzagentur. Das Bundeskartellamt besteht bereits seit 1958 in Deutschland, seit 1999 mit Sitz in Bonn. Die Bundesnetzagentur und das Bundeskartellamt arbeiten eng zusammen, sie geben einander Gelegenheit zur Stellungnahme und informieren sich gegenseitig über wesentliche eisenbahnrechtliche Entscheidungen. Das Eisenbahn-Bundesamt wurde 1994 gegründet. Innerhalb des Eisenbahn-Bundesamtes ist das im Juli 2002 entstandene Referat 15 für die Sicherstellung des diskriminierungsfreien Netzzugangs zuständig gewesen. Mit Übergang der gesetzlichen Aufgaben zur Bundesnetzagentur ist das Personal des Referats 15 überwiegend in den Aufbaustab Schiene der Bundesnetzagentur gewechselt. Die Bundesnetzagentur, vormals Regulierungsbehörde für Telekommunikation und Post[8], ist seit dem 1. Januar 2006 neben Elektrizität und Gas ebenso für die Regulierung im Eisenbahnsektor zuständig. Während das Eisenbahn-Bundesamt als Aufsichts- und Genehmigungsbehörde für die Eisenbahnen des Bundes originär verantwortlich ist[9], obliegen die Befugnisse einer Regulierungsbehörde gegenüber allen Eisenbahnen allein der Bundesnetzagentur.[10]

1. Ermächtigungsgrundlagen für die Bundesnetzagentur

Gemäß § 14 b Abs. 1 AEG obliegt der Regulierungsbehörde die Überwachung der Einhaltung der Vorschriften des Eisenbahnrechts über den Zugang zur

8 Die Regulierungsbehörde für Telekommunikation und Post trägt diesen Namen seit dem 13. Juli 2005, dem Inkrafttreten des Zweiten Gesetzes zur Neuregelung des Energiewirtschaftsrechts (Energiewirtschaftsgesetz – EnWG vom 12. Juli 2005 (BGBl. I, S. 1953)).

9 Vgl. §§ 5, 5 a AEG.

10 Der Begriff der Eisenbahnen ist in § 2 Abs. 1 AEG legal definiert. Hierunter fallen Eisenbahnverkehrsunternehmen und Eisenbahninfrastrukturunternehmen.

Eisenbahninfrastruktur. Dies beinhaltet insbesondere die Erstellung des Netzfahrplans[11], die Entscheidungen über die Zuweisung von Trassen für den Netzfahrplan einschließlich der Pflichtleistungen sowie die sonstigen Entscheidungen über die Zuweisung von Zugtrassen (Trassen des Gelegenheitsverkehrs, § 14 EIBV) einschließlich der Pflichtleistungen. Darüber hinaus überwacht die Bundesnetzagentur den Zugang zu Serviceeinrichtungen und der damit verbundenen Leistungen ebenso, wie die Nutzungsbedingungen, Entgeltgrundsätze und Entgelthöhen.

Die Aufgaben und Zuständigkeiten der Kartellbehörden nach dem Gesetz gegen Wettbewerbsbeschränkungen bleiben unberührt, § 14 b Abs. 2 S. 1 AEG. Die für den Eisenbahnsektor zuständigen Behörden sind verpflichtet, einander Informationen mitzuteilen, die für die Erfüllung der jeweils übertragenen gesetzlichen Aufgaben bedeutend sein könnten. Sie sollen insbesondere die Gelegenheit zur Stellungnahme in Verfahren geben, die ein missbräuchliches oder diskriminierendes Verhalten von Eisenbahninfrastrukturunternehmen[12] zum Gegenstand haben, § 14 b Abs. 2 S. 3 und 4 AEG. Die Bundesnetzagentur erstellt über ihre Tätigkeit sowie über die Lage und Entwicklung in ihrem Zuständigkeitsgebiet für die Bundesregierung einen Bericht, der jeweils den Zeitraum einer Netzfahrplanperiode umfasst.

Aus den gesetzlich übertragenen Aufgaben erwachsen der Bundesnetzagentur umfassende Kompetenzen. Diese sind im geltenden Eisenbahnrecht in besondere und allgemeine Befugnisse unterteilt. Bei den besonderen Befugnissen sind zunächst die §§ 14 e und 14 f AEG zu nennen. Die Bundesnetzagentur ist danach ermächtigt, vorab der endgültigen Entscheidung eines Eisenbahninfrastrukturunternehmens über den Zugang eines Eisenbahnverkehrsunternehmens, Verfahren und Ergebnis zu überprüfen. Maßstab der behördlichen Überprüfung ist hierbei die Einhaltung der Vorschriften des Eisenbahnrechts über den Zugang zur Eisenbahninfrastruktur im Sinne des § 14 e Abs. 1 AEG. Hierzu sind die regulierten Unternehmen gehalten, beabsichtigte Entscheidungen gemäß § 14 d AEG der Bundesnetzagentur mitzuteilen. Die Bundesnetzagentur kann den beabsichtigten Entscheidungen, den beabsichtigten Nutzungsbedingungen sowie den Entgeltgrundsätzen und -höhen mit der Wirkung widersprechen, dass das

11 Ein „Netzfahrplan" umfasst die Daten zur Festlegung aller geplanten Zugbewegungen und Bewegungen der Fahrzeuge, die auf dem betreffenden Schienennetz während der Gültigkeitsdauer des Netzfahrplans durchgeführt werden, § 2 Nr. 8 EIBV. Der Wechsel des Netzfahrplans erfolgt grundsätzlich am zweiten Sonnabend im Dezember um 24.00 Uhr, § 8 Abs. 2 S. 1 EIBV.

12 Ein Eisenbahninfrastrukturunternehmen kann gemäß § 2 Abs. 3 a AEG Schienenwege oder Serviceeinrichtungen im Sinne des § 2 Abs. 3 c AEG betreiben.

Eisenbahninfrastrukturunternehmen nur nach Vorgaben der Regulierungsbehörde entscheiden darf bzw. die Nutzungsbedingungen einschließlich der Entgeltgrundsätze und der Entgelthöhen nicht in Kraft treten, § 14 e Abs. 3 AEG. In Wahrnehmung ihrer Aufgaben kann die Bundesnetzagentur daneben gemäß § 14 c AEG[13] gegenüber allen öffentlichen Eisenbahninfrastrukturunternehmen die Maßnahmen treffen, die zur Beseitigung festgestellter Verstöße gegen die Vorschriften des Eisenbahnrechts über den Eisenbahninfrastrukturzugang erforderlich sind.

2. Bisherige Tätigkeitsschwerpunkte

Seit Inkrafttreten des Dritten Eisenbahnrechtsänderungsgesetzes[14] bildet die Überprüfung der Nutzungsbedingungen den Schwerpunkt der Tätigkeit der Regulierungsbehörde. Eine Vielzahl von Verpflichtungen und Anforderungen findet sich für die regulierten Eisenbahninfrastrukturunternehmen neben dem AEG insbesondere in der EIBV und der dazugehörigen Anlage 2. Danach ist u. a. jeder BdS gehalten, Angaben zum Schienenweg, zu den Grundsätzen und Kriterien für die Zuweisung von Schienenwegekapazitäten und den Entgeltgrundsätzen vorzunehmen.

Dies ergibt sich unmissverständlich aus dem Eisenbahnrecht; die Umsetzung erfolgte nach den Erfahrungen des Aufbaustabes Schiene stellenweise jedoch unvollständig, nicht transparent und auch nicht diskriminierungsfrei. Mit der Verwendung von Bemühensklauseln[15] räumten sich die Eisenbahninfrastrukturunternehmen unkonditionierte Entscheidungsspielräume ein. Ebenso bildeten sie ihre Infrastruktur nur unvollständig in den Nutzungsbedingungen ab. Zudem waren die vom Gesetz geforderten Entgeltgrundsätze entweder nicht oder nur bruchstückhaft vorhanden, so dass diese von den Zugangsberechtigten[16] nicht nachvollzogen werden konnten.

Unter Berücksichtigung einer möglichen wettbewerbsschädlichen Wirkung gegenüber den Zugangsberechtigten hat die Regulierungsbehörde in den Jah-

13 § 14 c AEG normiert die allgemeinen Befugnisse der Regulierungsbehörde. Absatz 1 beinhaltet als eine Art Generalklausel die Befugnis der Bundesnetzagentur, Vorschriften des Eisenbahnrechts über den Zugang zur Eisenbahninfrastruktur zu überwachen.

14 Siehe Fn. 4.

15 U. a. war beabsichtigt, Regelungen wie z. B. „Sie ist bemüht …", „wird dafür Sorge tragen, dass …", „Davon abweichende Regelungen können gesonderte Einzelvereinbarungen geschlossen werden", in die gesetzlich vorgesehenen Regelwerke einzufügen.

16 Die im Eisenbahnbereich möglichen Zugangsberechtigten sind enumerativ in § 14 Abs. 2 und 3 AEG aufgezählt.

ren 2005[17] und 2006 die Schienennetz-Benutzungsbedingungen (SNB)[18] und die Nutzungsbedingungen für Serviceeinrichtungen (NBS) der DB Netz AG[19] beanstandet und die erneute Vorlage des gesamten Regelwerks angeordnet. Nach erfolgloser Anfechtung der behördlichen Entscheidungen im Rahmen des einstweiligen Rechtsschutzes konnten die SNB und NBS mit Beendigung des jeweiligen Widerspruchsverfahrens begrenzt auf ein Jahr in Kraft treten. Die Befristung war aus Sicht der Behörde insbesondere deshalb erforderlich, weil zunächst die tatsächlichen Auswirkungen auf den Wettbewerb innerhalb eines Jahres abgewartet werden sollten. In einem zweiten Schritt wurden die bestehenden Regelungen einer erneuten Überprüfung unterzogen. Gegenstand der Überprüfung waren dabei auch die Allgemeinen Benutzungsbedingungen für Personenbahnhöfe (ABP) der DB Station & Service AG[20], die Allgemeinen Nutzungsbedingungen für Schienen-Tankstellen (ANST) der DB Energie GmbH[21] sowie die NBS des Hamburger Hafens[22] und der Häfen und Güterverkehr Köln AG (HGK)[23]. Weitere behördliche Verfahren sind anhängig, um zukünftig auch auf den Strecken weiterer nichtbundeseigener Eisenbahninfrastrukturunternehmen einen diskriminierungsfreien Zugang sicherzustellen.

IV. Zukünftige Eckpunkte der Regulierung – Herausbilden neuer Entwicklungslinien

Es stellt sich somit die Frage, welche Erkenntnisse die Bundesnetzagentur aus diesen Verfahren gezogen hat, und in der Beantwortung dieser wiederum die Fragestellung, inwiefern zukünftige Strategien danach ausgerichtet werden und das Eisenbahnregulierungsrecht konsequent weiter entwickelt wird.

17 Vgl. Zugangsverfahren EBA ./. DB Netz AG, Az.: 15 Nz 050-05.

18 Vgl. Zugangsverfahren EBA ./. DB Netz AG, Az.: 7S3-054-06.

19 Vgl. Zugangsverfahren EBA ./. DB Netz AG, Az.: 15 Nz 003-06 und 7S3-06-055.

20 Vgl. behördliches Überprüfungsverfahren EBA ./. DB Station & Service AG, Az.: 7S4-06-056.

21 Vgl. behördliches Überprüfungsverfahren EBA ./. DB Energie GmbH, Az.: 15 Nz 043-05.

22 Vgl. behördliches Überprüfungsverfahren BNetzA ./. HPA, Az.: 7S3-06-008.

23 Vgl. behördliches Überprüfungsverfahren BNetzA ./. HGK, Az.: 15 Nz 005-06.

1. Konsequenzen

Für die Stärkung des Wettbewerbs auf der Schiene muss die Bundesnetzagentur auch weiterhin der Bedeutung von Nutzungsbedingungen für den Eisenbahninfrastrukturzugang und deren Dienstleistungen Rechnung tragen. Kapazitätszuweisungsregeln, wesentlicher Bestandteil von Nutzungsbedingungen, müssen Eisenbahninfrastrukturunternehmen und Zugangsberechtigten klare und konsequente Signale geben, um rationale Entscheidungen zu ermöglichen. Um den Bedürfnissen der (potenziellen) Nutzer der Fahrwegkapazität im Hinblick auf die Geschäftsplanung, der Verbraucher und der Geldgeber entgegen zu kommen, haben die Eisenbahninfrastrukturunternehmen sicherzustellen, dass die Fahrwegkapazität in der Art zugewiesen wird, die der Notwendigkeit einer Aufrechterhaltung und Verbesserung des Zuverlässigkeitsstandards der Dienstleistungen gerecht wird. Dabei beachtet die Bundesnetzagentur auch zukünftig, dass einem Eisenbahninfrastrukturunternehmen bei der Zuweisung von Fahrwegkapazität die erforderliche Flexibilität verbleibt, um eine effiziente Nutzung der Fahrwege zu ermöglichen. Diese Flexibilität muss sich jedoch an der Erfüllung der angemessenen Forderungen der Zugangsberechtigten messen lassen.

Die Bundesnetzagentur hält darüber hinaus bei der in den Nutzungsbedingungen zwingend erforderlichen Infrastrukturbeschreibung einschließlich der vorhandenen Sicherungstechnik an ihren Forderungen nach einer umfänglichen und transparenten Darstellung fest. Dieser Anspruch folgt bereits aus § 14 i. V. m. § 3 EIBV; Hinweise auf dadurch ggf. erzeugte Anreize für terroristische Anschläge können die darin enthaltene gesetzliche Wertung nicht erschüttern. Es wird keineswegs verlangt, die in einer Brücke eingerichteten Sprengkammern im Internet allgemein zugänglich zu machen. Daneben bedarf es dringend einer beschleunigten und bedarfsorientierten Gestaltung des Verfahrens zur Netzfahrplanerstellung durch den Einsatz von Informationstechnologie sowie einer Verbesserung der Möglichkeiten von Antragstellern bei der Beantragung von Fahrwegkapazität.[24]

Zur Erreichung dieser Ziele werden derzeit u. a. mit dem Verband Deutscher Verkehrsunternehmen (VDV) sog. Empfehlungen für NBS erarbeitet, damit insbesondere die mittelständischen Eisenbahninfrastrukturunternehmen ein Standardwerk oder Ratgeber zur Hand haben, um den gesetzlichen Anforderungen ausreichend Rechnung zu tragen. Zudem ist neben der Weiterentwicklung der Datenerhebung auch die bessere Nachvollziehbarkeit der Auswirkungen der Re-

24 Erwägungsgrund Nr. 27 der Richtlinie 2001/14/EG.

gulierung anhand harter Fakten notwendig. Die Bundesnetzagentur wird sich auch im Eisenbahnbereich anhand der Schaffung von tatsächlichem Wettbewerb und der Stärkung der bisherigen Anteile der Wettbewerber messen lassen müssen. Als einen ersten Schritt hat die Bundesnetzagentur hierfür bereits 2006 an ca. 1.000 Unternehmen Fragebögen versandt. Die sich daraus ergebende Datenlage bildet den Grundstein für eine behördeninterne Datenbank[25]. Auch soll den vom Gesetzgeber verlangten leistungsabhängigen Entgeltbestandteilen[26] erhöhte Aufmerksamkeit gewidmet werden. Die Bundesnetzagentur plant hierfür erstmals eine öffentliche Anhörung,[27] um Meinungen und Ansichten zur Umsetzung der in den §§ 21 und 24 EIBV geforderten Anreize zur Verringerung von Störungen und zur Erhöhung der Leistungsfähigkeit der Schienennetze zu erörtern.

2. Neue Herausforderungen und zukünftige Fragestellungen

Eine große Herausforderung ist heute wie auch zukünftig die Regulierung der Entgelte. Dies scheint vor dem Hintergrund der aktuell diskutierten Umstände umso dringlicher. Der VDV konstatierte im Jahre 2006 197 Mängelstellen. Dies sind insbesondere Langsamfahrstellen[28], die nur schleppend beseitigt werden sowie Engpässe, die erst bei größeren Bedarfsplanvorhaben beseitigt werden. Eine besondere Schwierigkeit ist dabei, dass Langsamfahrstellen des Jahres 2006 im Jahr 2007 keine mehr sind: Im Verzeichnis der zulässigen Geschwindigkeiten (VzG) sind die reduzierten Geschwindigkeiten im Folgejahr als zulässige Höchstgeschwindigkeiten ausgewiesen. Herr *Mehdorn*[29] selbst verkündete unlängst, dass innerhalb der nächsten drei Jahre rund fünf Mrd. € in das „marode Netz“ investiert werden müssen.[30] Hierfür seien mehr als zwei Dutzend Großbaustellen mit über 3.000 einzelnen Baumaßnahmen allein für das Jahr 2007 dringend

25 In Fortführung der Datenbank wurden ebenso im Jahre 2007 Fragebögen an die Eisenbahninfrastruktur- und Eisenbahnverkehrsunternehmen versandt.

26 Leistungsabhängige Entgeltbestandteile müssen in den Entgeltgrundsätzen der jeweiligen Nutzungsbedingungen enthalten sein, sowohl in SNB als auch in NBS, vgl. §§ 21 und 24 Abs. 1 EIBV. Hierbei wird auch von dem sog. „Performance Regime“ gesprochen.

27 Diese wurde am 3. April 2007 in Bonn durchgeführt.

28 Eine Langsamfahrstelle ist ein Gleisabschnitt einer Bahnstrecke, der nicht mit der für diesen Streckenabschnitt zulässigen Höchstgeschwindigkeit befahren werden darf.

29 Vorstandsvorsitzender der Deutschen Bahn AG.

30 Artikel in der Deutschen Verkehrszeitung (DVZ) v. 30. Jan. 2007.

erforderlich, weil die Hauptstrecken in den alten Bundesländern das letzte Mal vor 30 Jahren umfassend erneuert worden seien.

Fraglich ist, welche Folgen der im Rechtsverkehr übliche Grundsatz, für eine Leistung eine angemessene Gegenleistung erbringen zu müssen (§§ 320 ff. BGB), für den Eisenbahnsektor nach sich zieht. Zunächst gilt auch bei der Schiene, dass der Leistungsgegenstand zuvor hinreichend bestimmt festzulegen ist, denn nur für einen mit dem vertraglich vereinbarten *Sollzustand* übereinstimmenden *Istzustand* muss das zuvor vereinbarte Entgelt entrichtet werden. Die vorhandene Infrastruktur in ihrer tatsächlichen und zu bewertenden Qualität muss sich dementsprechend in dem hierfür zu entrichtenden Entgelt widerspiegeln. Für die Erhebung der Entgelte hat der Gesetzgeber den regulierten Unternehmen Maßstäbe und Grundsätze normiert[31], jedoch ermöglichen diese den beteiligten Parteien aus derzeitiger Sicht einen zu großen Auslegungsspielraum. Wie von der Deutschen Bahn AG bereits angekündigt[32], wird sich dies kaum streitvermeidend auswirken. Die Besonderheit im Eisenbahnsektor besteht jedoch in der nur teilweise bzw. nur unter erheblichen Abweichungen gegebenen Möglichkeit, die in anderen Netzwirtschaften entwickelten Grundsätze der Entgeltregulierung zu übertragen. Erschwerend tritt hinzu, dass der Gesetzgeber für einen BdS einen anderen Entgeltmaßstab[33] als für einen BvSE vorsieht. Dies bedeutet für die Bundesnetzagentur, dass sie in ihrer Regulierung von divergierenden Voraussetzungen ausgehen muss und insgesamt nur in divergierender Tiefe in die Entgeltgestaltung der Eisenbahninfrastrukturunternehmen eingreifen darf. Deutlich wird dies bei den bereits erwähnten rechtlichen Formulierungen. Gemäß § 14 Abs. 4 AEG haben die BdS ihre Entgelte nach Maßgabe der EIBV grundsätzlich so zu bemessen, dass die ihnen für die Erbringung der Pflichtleistungen[34] entstehenden Kosten zuzüglich einer marktüblichen Rendite ausgeglichen werden. BvSE im Sinne des § 2 Abs. 3 c AEG haben ihre Entgelte für den Zugang einschließlich der damit verbundenen (Dienst)Leistungen nach § 14 Abs. 5 AEG

31 Vgl. *Kühling/Hermeier/Heimeshoff*, Gutachten zur Klärung von Entgeltfragen nach AEG und EIBV, Gutachten im Auftrag der Bundesnetzagentur, Bonn 2007.

32 Deutsche Bahn AG, Wettbewerbsbericht 2007, Berlin 2007, S. 46.

33 Der Entgeltmaßstab bestimmt die insgesamt berücksichtigungsfähigen Kosten, während die Entgeltgrundsätze sich darauf beziehen, wie diese Kosten der Höhe nach auf die einzelnen Entgelte verteilt werden. Für die regulatorische Kontrolle der Entgelte ergibt sich aus Entgeltmaßstab und Entgeltgrundsätzen ein logischer Zweischritt: Zunächst sind die gemäß dem Entgeltmaßstab insgesamt berücksichtigungsfähigen Kosten zu ermitteln. Anschließend ist zu prüfen, ob diese Kosten entsprechend der Entgeltgrundsätze auf die einzelnen Entgelte verteilt wurden.

34 Der Katalog der Pflichtleistungen ergibt sich aus Anlage 1 Nr. 1 zu §§ 3 und 21 EIBV.

so zu bemessen, dass die Wettbewerbsmöglichkeiten der Zugangsberechtigten nicht missbräuchlich beeinträchtigt werden.

Jedenfalls ergibt sich bei gemeinschaftsrechtskonformer Auslegung aus § 14 Abs. 4 AEG, dass der BdS Grenzkosten (unmittelbar auf Grund des konkreten Zugbetriebs entstehende Kosten), Zuschläge (inklusive Vollkostenaufschläge) und eine marktübliche Verzinsung verlangen darf.[35] Der Vollkostenansatz gestattet dabei die Einbeziehung von tatsächlich entstandenen Kosten der Leistungserbringung, wohingegen der Effizienzkostenansatz nur die bei einer hypothetisch effizienten Leistungserbringung entstehenden Kosten berücksichtigen würde. Dem Infrastrukturbetreiber sind dabei Anreize zu setzen, die der Fahrwegbereitstellung verbundenen Kosten und damit die Zugangsentgelte zu senken.[36]

Offen ist, inwieweit solche Anreize bei dem Vollkostenansatz im nationalen Recht Berücksichtigung finden.[37] Im Gegensatz zum TKG oder EnWG gibt das AEG darüber hinaus nicht vor, welche Kosten überhaupt berücksichtigungsfähig (plausibel) sind und mit welchen Methoden und auf welchen (Kosten)Dokumenten eine behördliche Überprüfung basieren soll. Zudem muss anschließend Einvernehmen über die Kostenaufschlüsselung bestehen. In den übrigen Netzwirtschaften wird nach Kostenart, Kostenstelle und Kostenträger differenziert. Fraglich ist inwieweit diese Grundsätze auf die Schiene übertragen werden können. Zusätzlich müssen entsprechend den üblichen betriebswirtschaftlichen Kostenmodellen auch öffentliche Zuschüsse und kalkulatorische Abschreibungen Berücksichtigung finden. Gesetzliche Vorgaben hierzu enthalten jedoch weder das AEG noch die EIBV.

Die Praxis wird zeigen, in welchem Rahmen und mit welcher Methodik die Bundesnetzagentur sich sinnvoll der Entgeltregulierung nähern wird. Dabei ist bereits jetzt die zukünftige Entwicklung zu antizipieren: Besteht wie im Bereich der Telekommunikation und der Energiewirtschaft die Notwendigkeit der Genehmigung der Entgelte? Ist die Einführung des Effizienzkostenansatzes sinnvoll? Ausgehend davon, dass bereits das jetzige Recht Anreize bei der Ent-

35 Vgl. Art. 6 ff. Richtlinie 2001/14/EG.

36 Art. 6 Abs. 2 Richtlinie 2001/14/EG.

37 Das Gutachten von *Kühling/Hermeier/Heimeshoff* konstatiert in Bezug auf diese europarechtlich vorgegebene Setzung von Anreizen eine nicht dementsprechenden Umsetzung im AEG, (Fn. 32), S. 64, 173.

gelterhebung von jedem Eisenbahnunternehmen im Sinne eines Bonus-Malus verlangt, ist dann eine Price-Cap-Regulierung[38] das optimale Verfahren?

3. Zwischenergebnis

Bei den obigen Fragestellungen ist letztendlich entscheidend, Wettbewerbsverzerrungen, die sich aufgrund der Unterschiede in den Entgeltgrundsätzen ergeben können, so gering wie möglich zu halten. Jedes Eisenbahninfrastrukturunternehmen gibt den Nutzern durch seine Zugangsbedingungen und Entgelte wirtschaftliche Signale. Diese Signale sollen widerspruchsfrei sein und die Nutzer zu rationalen Entscheidungen veranlassen. Für die Bundesnetzagentur ist bei der Entgelterhebung unabdingbar, dass die Infrastrukturbetreiber eine Bestandsaufnahme und eine Bewertung ihrer Anlagegüter vornehmen sowie die Kostenfaktoren beim Fahrwegebetrieb klar erfassen. Die Bundesnetzagentur wird darauf achten, den Betreibern Anreize zur effizienten Verwaltung ihrer Fahrwege zu geben. Denn der Fahrweg ist ein regulierungsbedürftiges natürliches Monopol.

V. Praktische Umsetzung im Rahmen der Eisenbahnregulierung

1. Zugang zur Eisenbahninfrastruktur

Im Bereich des tatsächlichen Schienenzugangs bedarf es zunächst der Konturierung unbestimmter Rechtsbegriffe. Als Beispiel zu nennen sind die noch ungewissen 100 % der Fahrwegkapazität oder die genaue Definition eines überlasteten Fahrweges. Zudem ist zu klären, ob sich ein Eisenbahninfrastrukturunternehmen einseitig aus einem Zugangsvertrag unter Berufung auf das allgemeine Leistungsverweigerungsrecht lösen darf, weil das Eisenbahnverkehrsunternehmen Forderungen des Eisenbahninfrastrukturunternehmens bestreitet und von sich aus die Zahlungen reduziert. Auch bedarf es für die Bestimmung eines angemessenen Preises der positiven Kenntnis der tatsächlichen Infrastruktur-

38 Am 19. Okt. 2007 hat die Bundesnetzagentur ihren „Abschlussbericht zur Einführung einer Anreizregulierung im Eisenbahnsektor" fertig gestellt. Seit dem 11. Feb. 2008 liegen den Teilnehmern des für die Fortentwicklung der Entgeltregulierung eigens eingerichteten Arbeitskreises als auch dem Eisenbahninfrastrukturbeirat eine Stellungnahme der Bundesnetzagentur vor, die im Nachgang zu den Kommentierungen seitens der Teilnehmer des Arbeitskreises in Ergänzung zum Bericht formuliert wurde. Danach befürwortet die Bundesnetzagentur die Einführung einer Preisobergrenzenregulierung für den Eisenbahnsektor.

ausrüstung, die als qualitativer Faktor den Preis essentiell determiniert. Bislang liegen der Bundesnetzagentur die Streckendaten gerade des großen BdS nicht vor. Wie auch in den Jahren zuvor, liegt damit der Fokus auf der Erhebung aller notwendigen Infrastrukturdaten.

2. Regulierung der Entgelte

In Zukunft muss es der Bundesnetzagentur gelingen, die Entgelte für Schienenwege, Serviceeinrichtungen und Dienstleistungen erstmals auch der Höhe nach zu kontrollieren. Die Prüfung der Entgelte setzt dabei stets auch eine Kontrolle der Entgeltbildung voraus, so dass die Kontrolle folglich dem Grunde und der Höhe nach erfolgen wird. Bei den BdS wird es insbesondere erforderlich sein, die vom Gesetz vorbestimmten Entgeltgrundsätze auf ihre Vereinbarkeit mit den Vorschriften des Eisenbahnrechts über den Zugang zur Eisenbahninfrastruktur zu überwachen.[39] Der Gesetzgeber hat den Eisenbahninfrastrukturunternehmen darüber hinaus ein weiteres Kriterium zur Entgeltbildung an die Hand gegeben: Die Entgelte[40] sind so zu gestalten, dass sie durch leistungsabhängige Bestandteile den Eisenbahnverkehrs- und den Eisenbahninfrastrukturunternehmen Anreize zur Verringerung von Störungen und zur Erhöhung der Leistungsfähigkeit der Infrastruktur bieten. Die §§ 21 Abs. 1, 24 Abs. 1 EIBV verlangen damit als ein Entgeltgrundsatz ein sog. Performance Regime. Auch dessen diskriminierungsfreie Errichtung und Anwendung ist somit Prüfungsgegenstand.[41]

Dabei kommt aus Sicht der Bundesnetzagentur § 21 Abs. 1 EIBV gegenüber dem Minderungsrecht des § 21 Abs. 6 S. 2 EIBV eine eigenständige Bedeutung zu: Aus dem Gesetz ergibt sich zwingend ein Nebeneinander von Minderung, Entgelterhöhung, Vertragsstrafen und Anreizen (Anlage 2 Nr. 2 zur EIBV). Zum einen folgt dies aus dem Umstand, dass § 21 Abs. 6 S. 2 EIBV explizit nur Störungen von Seiten des BdS erfasst, die in der Rechtsfolge den Anspruch auf Minderung auslösen. Zum zweiten ist eine Rechtsfolge des § 21 Abs. 1 EIBV nicht zwingend ausschließlich in Form des Abs. 6 S. 2, der Minderung, möglich. Die Minderung des verlangten Entgeltes wird nur durch eine erhebliche Abwei-

39 Mit Auskunftsersuchen vom 13. Aug. 2007 hat die Bundesnetzagentur ein Verfahren zur Überprüfung der Stationsentgelte der DB Station & Service AG im Hinblick auf die Struktur und Höhe der Entgelte eingeleitet. Die Überprüfung des Trassenpreissystems der DB Netz AG wurde zwischenzeitlich ebenso mit Auskunftsersuchen vom 1. Feb. 2008 begonnen.

40 Bei BdS gilt diese Regelung für die Erbringung der Pflichtleistungen.

41 Derzeit lädt der VDV regelmäßig unter Begleitung der BNetzA zu einem Gesprächskreis ein, um sinnvolle Anforderungen an ein wirkungsvolles Anreizsystem für die Zukunft entwickeln zu können.

chung zwischen vertraglich vereinbartem Soll- und tatsächlich vorliegendem Istzustand ausgelöst. Damit entspricht der Minderungsbetrag dem Grunde und der Höhe nach der konkreten Abweichung, dem „Beschaffenheitsdelta". Das Wort „Gestalten" des Abs. 1 umfasst also mehr als das Minderungsrecht. Zum dritten sind die durch das Anreizsystem avisierten Zielsetzungen umfassender angelegt. Anreize sollen im Vorfeld adressiert werden, ohne den „Deltabezug".

3. Institutionelle Leitlinie

Zu den neuen Entwicklungslinien gehören neben fachlichen Aspekten auch organisatorische Fragestellungen. Ein Versuch der Beantwortung dieser Fragen findet sich in einem Artikel der FAZ.[42] Herr *Kurth*, Präsident der Bundesnetzagentur, spricht sich dabei offen für neue Kontrollrechte hinsichtlich technischer Wettbewerbshürden aus. Zur Umsetzung dieser Befugnisse fordert er einen umfassenden Zugriff der Bundesnetzagentur auf alle wettbewerbsrelevanten Vorgänge ein. Derzeit ergeben sich aus dem Eisenbahnrecht sowohl Befugnisse für das Eisenbahn-Bundesamt als auch für die Bundesnetzagentur. Bei dem Nebeneinander der Zuständigkeiten zweier oberer Bundesbehörden stellt sich die Frage nach dem gesetzlichen Paradigma. Geht es um einen Wettbewerb der Tüchtigen oder sogar um Steigerung des intermodalen Wettbewerbs? Auf der einen Seite gewährleisten die Aufsichts- und Genehmigungsbehörden einen sicheren Betrieb der im Eigentum des Bundes oder der Länder stehenden Eisenbahninfrastruktur. Auf der anderen Seite überwacht die Regulierungsbehörde den Zugang zur Eisenbahninfrastruktur und zu Dienstleistungen mit dem Ziel, den Wettbewerb auf der Schiene im intra- wie auch im intermodalen Bereich zu stärken.

Neben der technischen und sicherheitsbezogenen Aufgabenstellung überwachen die Aufsichts- und Genehmigungsbehörden auch die Einhaltung der organisatorischen Trennung von Eisenbahnverkehrsunternehmen und Eisenbahninfrastrukturunternehmen sowie die Unabhängigkeit des öffentlichen Schienenwegebetreibers gemäß §§ 9, 9 a AEG.[43] Daraus erwachsen den Behörden verschiedene Befugnisse, wie etwa das Sichten von Beherrschungsverträgen, das Feststellen von unzulässigen Quersubventionen sowie die Beseitigung von personellen und informationellen Verflechtungen.

42 Artikel der Frankfurter Allgemeinen Zeitung (FAZ) vom 30. Jan. 2007.

43 Es ist vorgesehen, die Zuständigkeit für die Überwachung der Entflechtungsvorschriften im Rahmen des aktuellen Gesetzgebungsverfahrens zur Teilprivatisierung der Deutschen Bahn AG auf die Bundesnetzagentur zu übertragen.

Darüber hinaus kontrollieren die Aufsichts- und Genehmigungsbehörden die Stilllegung von Eisenbahninfrastruktureinrichtungen. Gemäß § 11 Abs. 1 S. 2 AEG hat das Eisenbahninfrastrukturunternehmen darzulegen, dass ihm der Betrieb nicht mehr zumutbar ist. Problematisch ist hier der erlaubte Prüfungsumfang: Ist die Kontrolle auf eine Plausibilitätsprüfung beschränkt? Findet ein von den Aufsichts- und Genehmigungsbehörden zu bestimmender Maßstab der Kostendeckung und Rentabilitätsberechnungen Anwendung? Nach § 11 Abs. 2 S. 1 AEG hat die zuständige Aufsichtsbehörde über den Antrag des Eisenbahninfrastrukturunternehmens unter Berücksichtigung von verkehrlichen und wirtschaftlichen Kriterien zu entscheiden. Offen bleibt, wie diese Prüfung zu erfolgen hat und ob die Aufsichtsbehörde in der Lage ist, bei strategischen Investitionsentscheidungen eine diskriminierungsfreie Netzentwicklung zu gewährleisten.

Ebenso prüfen die Aufsichts- und Genehmigungsbehörden den Anschluss von Eisenbahnen, § 13 AEG. Gegenstand ist die Frage des „Ob“ und „Wie“ der Anschlussgewährung von zwei angrenzenden Eisenbahninfrastrukturen. Bei der Entscheidung haben die zuständigen Behörden zu beachten, dass die Festlegung von technischen, betrieblichen und ökonomischen Anschluss- und damit Wettbewerbsbedingungen nicht einen faktischen Marktauschluss bestimmter Unternehmen bedeuten darf.

Die Aufsichts- und Genehmigungsbehörden haben ausweislich dieser verschiedenen Kompetenzen nicht nur Befugnisse im Hinblick auf einen sicheren Betrieb der Eisenbahn, vgl. § 1 Abs. 1 AEG. Um die Einhaltung des hohen Qualitätsstandards auf der Schiene zu gewährleisten, gibt das Eisenbahn-Bundesamt erst dann die Freigabe für neue Eisenbahnverkehrs- oder Eisenbahninfrastrukturunternehmen, wenn diese alle Sicherheits- und Wirtschaftlichkeitsprüfungen bestanden haben. Etwas anderes ist jedoch die Qualität als Grundlage eines Preises. Sie wird damit unter dem Gesichtspunkt der Entgeltregulierung zu einer preisbildenden Determinante; eine vom Eisenbahn-Bundesamt genannte Wirtschaftlichkeitsprüfung reicht dann nicht aus.

Die zuvor genannten Bereiche wie auch der Qualitätsmaßstab sind eine Schnittstellenmenge zwischen zwei Behörden im gegenwärtigen Eisenbahnrecht. Im Wort Schnittstelle inbegriffen sind dabei grundsätzlich klare Grenzen, die einzelne Bereiche strikt voneinander trennen. Das bedeutet auch, dass für alle Beteiligten klar und transparent sein muss, wer welchen Sachverhalt entscheidet. Die Bundesnetzagentur möchte daher Schnittstellen, die Missverständnisse vermeiden helfen, und Zuständigkeiten klar und nachvollziehbar regeln. Mit Interesse kann gerade unter diesem Blickwinkel der Beitrag von Prof. Dr. *Mitusch* und Dr. *Beckers* betrachtet werden.[44] Diese stellen die in der Zuständigkeit der Aufsichtsbehörden liegende Leistungs- und Finanzierungsvereinbarung (LuFV) erstmals in einen Zusammenhang mit dem Begriff der Regulierung, für die innerhalb Deutschlands im Eisenbahnsektor ausschließlich die Bundesnetzagentur verantwortlich ist.

In Konsequenz dessen ist aus meiner Sicht für eine klare Kompetenzabgrenzung eine Trennung zwischen unternehmensbezogenen und zugangsrelevanten Vorschriften im AEG sinnvoll. Die derzeit im Gesetz angelegte Trennung zwischen den erforderlichen Kenntnissen in Technik, Qualitätssicherung und Marktaufsicht sollte aufgehoben werden, da sie zu Doppelzuständigkeiten führt und die Gefahr von einander widersprechenden behördlichen Entscheidungen deutlich erhöht. Die entscheidende Fragestellung – gerade für die Zukunft – ist demzufolge, ob die Regulierung im Bereich der Eisenbahnen funktionell durchführbar ist, ohne dass die Überwachung der Zugangsvorschriften von unnötigen Schnittstellen behindert wird.

VI. Fazit mit Ausblick auf eine aufbauorganisatorische Entwicklungslinie

Mit dem Vorstellen der aufbauorganisatorischen Entwicklungslinien wird zum Abschluss zugleich ein Fazit und ein Ausblick gewährt: Wesentliches Ziel für die Bundesnetzagentur wird auch 2008 sein, mehr Verkehr auf die Schiene zu bringen. Daneben bedarf es einer weiteren Optimierung der rechtlichen Rahmenbedingungen. Es ist nicht ausreichend, die Entwicklungen oder den Erfolg des Wettbewerbs anhand der Zahl von derzeit 346 Eisenbahnverkehrsunternehmen auf dem Schienennetz der Deutschen Bahn AG zu belegen. Aus dem Umstand dieser Existenzen kann noch nicht ipso iure auf funktionierenden Wettbewerb geschlossen werden. Wettbewerb bedeutet Chancengleichheit und bestenfalls, dass etablierte Unternehmen mit Marktneulingen um jeden Kunden kämpfen müssen. Erfolgreicher Wettbewerb muss dabei auch intermodal entstehen, gerade im Vergleich zum Lkw. Etwa 2,8 Mrd. Tonnen werden auf der Straße transportiert, auf der Schiene nur 0,3 Mrd. Tonnen. Die Zahlen in der intramodalen Gesamtbetrachtung untermauern diese – gerade für die Umwelt – düsteren Zustände. Im Güterverkehr liegt der Wettbewerb derzeit bei 16 %,

44 *Mitusch/Beckers*, Steuerung der Eisenbahninfrastruktur durch Leistungs- und Finanzierungsvereinbarung (LuFV) und Anreizregulierung, in diesem Band S. 91 ff.

im SPNV bei 13 %. Die Zahl 346 hat somit keine Aussagekraft bezüglich einer tatsächlich bestehenden Chancengleichheit.

Es bleibt viel zu tun und dafür rüstet sich die Bundesnetzagentur demnächst mit einer 45-Kopf starken Abteilung im Bereich Eisenbahnregulierung. Anvisiert sind hierbei fünf Referate, die sowohl mit ökonomischem, rechtlichem als auch betrieblichem Know-how ausgestattet sein sollen. Neben dem Zugang zu Schienenwegen, Serviceeinrichtungen und Dienstleistungen wird die Prüfung der Entgelte auch im Rahmen des organisatorischen Aufbaus eine gesonderte Ausrichtung[45] erfahren.

Die mit dem Dritten Eisenbahnrechtsänderungsgesetz[46] eingeführten Neuerungen lassen mit Spannung die Resultate für den Verkehrsträger Schiene erwarten. Mit einer Abteilung 7 bei der Bundesnetzagentur sind die personellen Voraussetzungen geschaffen, den Wettbewerb auf der Schiene zu fördern und damit dem gesellschaftlichen Gemeinwohl Rechnung zu tragen.

45 Wie ursprünglich geplant wurde im Februar 2007 ein Referat gegründet, das ausschließlich für die Prüfung der Entgelte im Bereich Eisenbahnen verantwortlich ist. Nach dem aktuellen Organigramm der Bundesnetzagentur ist das Referat 705 nunmehr für die Überprüfung der Entgelte für Schienenwege, Serviceeinrichtungen und Dienstleistungen zuständig.

46 Siehe Fn. 4.

Betriebswirtschaftliche Probleme der Kostenregulierung in den Bereichen Eisenbahn und Telekommunikation

*Prof. Dr. Thomas Ehrmann**

* Prof. Dr. Thomas Ehrmann ist Leiter des Instituts für Strategisches Management der Westfälischen Wilhelms-Universität Münster.

I. Einleitung

Die Überschrift unterstellt einige Gemeinsamkeiten hinsichtlich der Probleme der Kostenregulierung im Eisenbahnsektor und in der Telekommunikation. Angesichts der noch etwas schwach konturierten Kostenregulierung im Eisenbahnbereich steht dahin, wieweit sich diese Gemeinsamkeiten zukünftig herausbilden. Es gibt aber Hinweise darauf, dass die Regulierung der Kosten im Bereich Telekommunikation auch starke Auswirkungen auf die Kostenregulierung im Eisenbahnbereich haben könnte. Zum einen zu nennen ist natürlich die Zuordnung dieser Regulierung zur Bundesnetzagentur, deren bisherige Geschichte im Wesentlichen mit der Telekommunikationsregulierung assoziiert wird. Zum zweiten – und spezieller – ist dabei auf die ausgearbeitete Regulierungslogik des Telekommunikationsgesetzes (TKG) zu verweisen, die auch die praktische Regulierungserfahrung der letzten zehn Jahre reflektiert. Schließlich gibt es den einen oder anderen Hinweis aus der Bundesnetzagentur, dass die Kosten effizienter Leistungserbringung auch für die Regulierung des Eisenbahnbereichs ein wesentlicher Kostenmaßstab sein könnten.

Von der nicht weiter zu spezifizierenden Gemeinsamkeitsüberlegung ausgehend, werden zuerst Aspekte der Kostenregulierung im TKG vorgestellt, bevor dann einige der konzeptionellen und damit auch praktischen Probleme dieser Regulierung dargestellt werden. Die Zwischenergebnisse aufnehmend werden anschließend Überlegungen zur Anwendbarkeit auf den – zumindest was die Profitabilität angeht – anders gelagerten Eisenbahnsektor angestellt. Abgeschlossen wird die Darlegung von einigen Fragen zum weiteren Vorgehen sowie auch einigen Hinweisen zur Problemlösung.

II. Telekommunikation

Im Unterschied zur Formulierung von § 24 Abs. 1 TKG (1996) haben sich Entgelte nicht an den Kosten der effizienten Leistungsbereitstellung *zu orientieren,* sie sind vielmehr nach § 31 Abs. 1 S. 1 TKG nur dann genehmigungsfähig, wenn sie diese *nicht überschreiten.* Zusätzlich zu dieser ausdrücklich formulierten Preisobergrenze normiert das TKG die Pflicht der Regulierungsbehörde, Entgelte auf die Gefahr einer Unterpreisung oder eines sonstigen Missbrauchs im Sinne des § 28 TKG zu überprüfen.[1]

Ein Behinderungsmissbrauch wird vermutet, wenn die Spanne zwischen dem Entgelt, das das regulierte Unternehmen Wettbewerbern für eine nicht von diesen selbst herstellbare Zugangsleistung in Rechnung stellt, und dem entsprechenden Endnutzerentgelt nicht ausreicht, um einem effizienten Unternehmen die Erzielung einer angemessenen Verzinsung des eingesetzten Kapitals auf dem Endnutzermarkt zu ermöglichen (Preis-Kosten-Schere, kurz: PKS). Diese Unterpreisung wird – in anderem Gewande – noch einmal im Eisenbahnsektor auftreten.

Dem Missbrauchstatbestand liegt der Gedanke zugrunde, dass ein effizienter Wettbewerber, der auf der – aus Sicht des regulierten Unternehmens – vermiedenen Vertriebsstufe aktiv ist, ebenfalls aus der Differenz zwischen Endkunden- und Vorleistungspreis seinen Gesamtaufwand für die Veredelung der Vorleistung decken können muss. Da die Feststellung einer PKS einen Vergleich der Entgelte für eine Zugangsleistung und den entsprechenden Endnutzerleistungen erfordert, kann der Missbrauchstatbestand nur zur Anwendung kommen, wenn das regulierte Unternehmen auf beiden Marktebenen aktiv ist.

1. Elemente der Kosten der effizienten Leistungsbereitstellung (§ 31 Abs. 2 TKG)

§ 31 Abs. 1 TKG regelt, dass Entgelte genehmigungsfähig sind, wenn sie die Kosten der effizienten Leistungsbereitstellung nicht überschreiten. Die Kosten werden nach Maßgabe des § 31 Abs. 2 TKG ermittelt als Summe der langfristigen, zusätzlichen Kosten der Leistungsbereitstellung sowie einem angemessenen Zuschlag für leistungsmengenneutrale Gemeinkosten, jeweils einschließlich einer angemessenen Verzinsung des eingesetzten Kapitals.[2] Dabei wird zusätzlich betont, dass es sich, wenn nicht anders lautende rechtliche Verpflichtungen bestehen (§ 31 Abs. 3 TKG), um Kosten handeln muss, die jeweils für die Leistungsbereitstellung notwendig sind. Die benutzte allgemeine Kostenermittlung sowie die dabei verwandten Kostenkategorien korrespondieren, wie sich aus dem Ge-

1 Vgl. zum Zusammenspiel zwischen Höchstpreisregulierung und Missbrauchsvermutung *Vogelsang*, Ökonomische Aspekte des Referentenentwurfs zum TKG, MMR 2003, 509; vgl. auch *Thomaschki*, Referentenentwurf zum TKG – Auswirkungen auf die Praxis der Marktregulierung, MMR 2003, 500, 502.

2 Zu den Kapitalkosten siehe ausführlich *Brealey/Meyers*, Principles of Corporate Finance, 2003, Mc Graw Hill.

samtkonzept und der verwendeten Terminologie ergibt, mit den Prinzipien der Entgeltregulierung in Großbritannien und den USA.[3]

a. Kostencharakteristika

§ 31 Abs. 2 TKG fordert, dass die Kostencharakteristika einer effizienten Leistungsbereitstellung hinsichtlich der Entscheidbarkeit (langfristig), des Grundkostenbegriffes (Zusatzkosten, i. e. Opportunitätskosten)[4] sowie der Berücksichtigung von Gemeinkosten (i. e. leistungsmengenneutrale Kosten) für die praktische Anwendung bezüglich der zeitlichen Perspektive konkretisiert werden. Die Verwendung des Begriffes „langfristige Zusatzkosten" impliziert vor dem Hintergrund des schon in § 31 Abs. 1 TKG normierten wirtschaftlichen Effizienzbegriffs, dass diese immer im Hinblick auf zukünftige Handlungen angesetzt werden (sog. forward looking costs).[5] Darauf wird beim Defizit des Eisenbahnnetzes zurückzukommen sein. Damit ist eine Abkehr vollzogen von der klassischen Kostendefinition als bewerteter, sachzielbezogener Güterverbrauch, die auf die Erfolgsermittlung des Unternehmens zielt. In dieser Anforderung des Gesetzes steckt die Einsicht, dass der „Kaufmann auf das Vergangene nichts gibt". Anders formuliert: In der Vergangenheit getroffene ineffiziente Entscheidungen (Kostenaufblähung, falsche Technikwahl etc.)[6] sollen nicht den Effizienzmaßstab für die Kostenanlastung für Endkunden und die Vorleistungen in Anspruch nehmenden Unternehmen bilden. Sie sind als „versunkene Kosten" zu behandeln und daher nicht entscheidungsrelevant. Dementsprechend muss die Ermittlung der kosteneffizienten Leistungsbereitstellung als Orientierung an einer Investitionsrechnung des Unternehmens, die sich auf Dienste oder Dienstgruppen bezieht, verstanden werden. Dann lassen sich z. B. die langfristigen, zusätzlichen Kosten eines zusätzlichen Dienstes etwa als Annuität eines Investitionsprojektes verstehen, das genau diesen Dienst zusätzlich in ein bestehendes Netz einfügt. Alle mit diesem Projekt verbundenen Zahlungsströme würden

3 Vgl. dazu *Albach/Knieps,* Kosten und Preise in wettbewerblichen Ortsnetzen, Baden-Baden 1997, S. 33-38 sowie *Laffont/Tirole,* A theory of incentives in procurement and regulation, MIT Press, Cambridge U.S./London 1993, S. 1 ff.

4 Kosten werden im TKG damit aufgefasst als Erträge der nächst besseren Verwendung der eingesetzten Ressourcen.

5 So auch entsprechend zur TEntgV *Schütz/Müller*, Entgeltregulierung in der Telekommunikation, MMR 1999, 128, 132 f.

6 Das Problem bleibt: wie ist eine ex post als falsch erkannte Entscheidung ex ante richtig zu treffen?

dann ausgewiesen, auch die Nutzungsdauer, das Risiko und sonstige Aspekte könnten behandelt werden.

b. Langfristige und kurzfristige Kosten

Die Begriffe *lang-* und *kurzfristig* charakterisieren den Grad der Entscheidbarkeit von Kosten mit einer *unternehmensstrategisch* bestimmten Zeitvorstellung (Investitionsrechnung).[7]

c. Zusatzkosten

Unter *Zusatzkosten* werden die Kosten eines Dienstes oder einer Dienstgruppe verstanden, die zusätzlich genau für die Bereitstellung derselben zu anderen Diensten oder Dienstgruppen verursacht werden.[8] Die bei einer Einstellung der betreffenden Dienste oder Dienstgruppen (i. e. Entfernung aus dem Portfolio) eintretenden Kosteneinsparungen sind genau die Zusatzkosten, die diese Gruppen verursachen.[9] Da diese Zusatzkosten durch den speziellen Dienst respektive die spezielle Dienstgruppe ausgelöst werden, können sie als deren Einzelkosten aufgefasst werden.

d. Gemeinkosten

Gemeinkosten sind nach der Legaldefinition gemäß § 33 Abs. 2 S. 1 TKG Kosten, die sich nicht unmittelbar zuordnen lassen, also den einzelnen Bezugsobjekten nur anteilig (i. e. geschlüsselt) zurechenbar sind. § 31 Abs. 2 TKG fordert einen angemessenen Zuschlag für leistungsmengenneutrale Gemeinkosten. Dies folgt daraus, dass es sich dabei um Kosten für Produktionsfaktoren handelt, die von mehreren Diensten oder Unternehmenseinheiten gemeinsam genutzt werden. Definitionsgemäß sind Gemeinkosten damit immer leistungsmengenneutral. Sie müssen auf Gesamtunternehmensebene zumindest gedeckt werden, weil ansonsten die Unternehmung, die nur ihre langfristigen Zusatzkosten deckte, ein Defizit aufwiese. Eine verursachungsgerechte Zurechnung von Gemeinkosten ist definitionsgemäß unmöglich. Deshalb ist zu überlegen, ob die nicht regulierte

---

7 Vgl. *Albach/Knieps* (Fn. 2), S. 29.

8 Damit entspricht der Begriff der Zusatzkosten dem Begriff der Einzelkosten, welcher in § 33 Abs. 2 S. 1 TKG als Kosten, die sich unmittelbar zuordnen lassen, legaldefiniert wird.

9 Die Überlegung folgt klassisch-ökonomischem Kalkül, vgl. genauer *Laffont/Tirole* (Fn. 2), S. 23 – 33.

Praxis Lösungsansätze für die Regulierung bietet. Für gewinnmaximierende unregulierte Unternehmen stellen sich Gemeinkostenprobleme im Rahmen unternehmensstrategischer Überlegungen. Dabei gehen diese Unternehmen[10] so vor, dass sie – vereinfacht gesprochen – ihre Preise je nach Marktchancen umgekehrt proportional zur Preiselastizität der Nachfrage setzen.[11] Den so generierten Erlösen für einzelne Produkte lassen sich die zusätzlichen Kosten nach § 31 Abs. 2 TKG zuordnen, um deren Deckungsbeiträge zu ermitteln. Je nach hierarchischer Ebene der Betrachtung, von Produkten aufsteigend über Produktlinien bis hin zu Geschäftsbereichen, werden tendenziell produktferne Kosten (i. e. Gemeinkosten) Kostenträgern zugeordnet. Minimalziel ist die Gesamtkostendeckung über das gesamte Unternehmen. Sollten Kostenverringerungen notwendig werden, dann lässt sich das Veränderungspotenzial der Gemeinkosten mit Hilfe von Wertkettenanalysen bestimmen, die notwendige und überflüssige Aktivitäten ermitteln.[12] Ziel des unregulierten Unternehmens ist dabei die Verringerung aller Gemeinkosten, die von gewinnsenkenden Aktivitäten verursacht werden.

Die Perspektive der Bundesnetzagentur muss damit naturgemäß anders als die eines gewinnmaximierenden unregulierten Unternehmens sein. Allerdings zeigt der Rückgriff auf diese Praxis, dass auch die Bundesnetzagentur eine Zielvorgabe formulieren muss, in deren Kontext Gemeinkostenallokation gesetzeskonform betrieben werden kann. Bei der Bestimmung der Angemessenheit von Gemeinkostenzuschlägen durch die Bundesnetzagentur muss deshalb auch auf Konventionen, vor allem aus dem Bereich der Regulierung, zurückgegriffen werden. Beispiele für regulative Aufteilungsschlüssel sind

- die absolut symmetrische Aufteilung (auch equal markup),
- die Zurechnung der Gemeinkosten im Verhältnis zur relativen Nutzung für die jeweiligen Produkte und
- die Aufteilung der Gemeinkosten im Verhältnis ihrer Zusatzkosten zueinander.

Diesen Konventionen lässt sich im Prinzip eine unendliche Anzahl weiterer Aufteilungsschlüssel hinzufügen, die natürlich jeweils unterschiedliche Anreizwirkungen haben. Dementsprechend implizierte die Benutzung eines beliebigen

10 Sehr vereinfacht gesprochen.

11 „Angelehnt" an Ramsey-Pricing.

12 Vgl. *Ehrmann*, Praktikable Tests zu Preis-Kosten-Scheren: betriebswirtschaftliche Überlegungen, Arbeitspapier WWU Münster 2004, S. 5-7.

Schlüssels eine jeweils andere Angemessenheit. Allen Schlüsseln ist gemeinsam, dass die Regulierungsbehörde implizite Kostenproportionalitätsannahmen vorgeben muss, weil eine faktische Kostenkausalität fehlt.

Es wurde herausgestellt, wie ein unreguliertes Unternehmen Gemeinkostenprobleme handhabt. Dabei steht deren Reduzierung im Vordergrund. Die Regulierungsbehörde muss analog eine gesetzeskonforme Zielvorstellung für das Gemeinkostenproblem formulieren. Andernfalls würden zu hohe (niedrige) Gemeinkostenzuschläge genehmigt, die positive (negative) Auswirkungen für das regulierte Unternehmen hätten.[13] Für die Zielformulierung muss sich die Regulierungspraxis von den zwei wichtigsten Normen der Entgeltregulierung, der Effizienz und dem Konsistenzgebot, leiten lassen.

e. Notwendigkeit der Kosten und nicht effiziente Aufwendungen i. S. v. § 31 Abs. 3 TKG

Genehmigungsfähige Kosten bestimmt § 31 Abs. 1 TKG als Kosten der effizienten Leistungsbereitstellung. Zusatz-, Gemein- und Kapitalkosten sind deshalb bei Entgeltgenehmigung nur insoweit berücksichtigungsfähig, als diese Kosten *jeweils für die Leistungsbereitstellung notwendig* sind (§ 31 Abs. 2 S. 1 a. E. TKG). Eine Erweiterung des zulässigen Kostenartenkataloges bzw. eine Berücksichtigung von für die Leistungsbereitstellung nicht notwendigen Kosten lässt § 31 Abs. 3 TKG ausnahmsweise zu, soweit und solange eine rechtliche Verpflichtung besteht oder eine sonstige sachliche Rechtfertigung nachgewiesen wird. Aus Wortlaut und Systematik von Absatz 2 und 3 ergibt sich, dass es sich bei nicht effizienten Aufwendungen um solche Zusatz-/Gemein-/Kapitalkosten handelt, die für die Leistungsbereitstellung gerade nicht notwendig sind, die bei kosteneffizienter Leistungsbereitstellung also nicht anfielen. Werbe- und Imagemaßnahmen, wie die Unterhaltung eines firmeneigenen Radrennstalls oder die Verpflichtung von Schauspielern zu Werbezwecken dürften damit weithin nicht berücksichtigungsfähig sein. Der Grund liegt darin, dass Unternehmen die Vorleistungen eines regulierten, respektive marktbeherrschenden Unternehmens in Anspruch nehmen, auf diese grundsätzlich angewiesen sind. Damit aber sind Aufwendungen für Werbung zumindest dieser Art *nicht notwendig* für die Gewinnung von Kunden.[14] Eine ausnahmsweise sachliche Rechtfertigung besteht nicht. Vorstandsgehälter des Gesamtunternehmens hingegen können grund-

13 Dementsprechend sollte man nicht mit Pauschalen arbeiten.

14 Vgl. auch *Masing/Ehrmann*, in: Wilms/Masing/Jochum, TKG-Kommentar, Stuttgart 2006, § 28, Rn. 58.

sätzlich als notwendige Gemeinkosten in Ansatz gebracht werden. Diese dürfen freilich nicht allein auf die als Vorleistungen für Dritte relevanten Basisdienste verrechnet werden. Hauptanwendungsfälle dieser Ausnahmevorschrift bleiben damit die sog. „Altlasten" der Deutschen Telekom AG, wie etwa erhöhte Personalkosten durch die Aufrechterhaltung von Beamtenverhältnissen.

2. Probleme: Verfahren der Kostenermittlung

Unabhängig von der Möglichkeit der Regulierungsbehörde, gem. § 29 Abs. 2 TKG Kostenrechnungsmethoden vorzugeben und gem. § 33 TKG sich die erforderlichen Nachweise vorlegen zu lassen, bleibt die Kostenrechnung nach Maßgabe der internen Rechnungswerke des regulierten Unternehmens sehr gestaltungsfähig und so enthalten die entsprechenden Unterlagen hinsichtlich der Berücksichtigung einzelner Kostenpositionen und deren genauer Ermittlung stark subjektive Komponenten. Dies lässt sich gerade im Hinblick auf eine Investitionsrechnung etwa daran festmachen, dass die Kosten effizienter Leistungserbringung zumindest eine Schätzung darüber beinhalten, welcher alte Dienst mit welcher neuen Technologie wie erbracht werden soll, respektive welche neuen Dienste mit alter oder neuer Technologie zu welchen Kosten erbracht werden sollen. Die Herausforderung, unter diesen Umständen dennoch Wettbewerb ermöglichende Preisstrukturen zu sichern, verweist auf die Verfahren der Kostenermittlung. Grundsätzlich lassen sich hierbei zwei Modelle unterscheiden: Der Top-Down-Ansatz (a) und der Bottom-Up-Ansatz (b). Da Preisregulierung ihrer Struktur nach von vornherein nicht „richtige" Preise aus sachlich vorfindlichen Kostenstrukturen nur rekonstruieren und damit objektiv bilden muss, sondern ein an der Ermöglichung von Wettbewerb orientiertes Element der Setzung enthält, sind beide Verfahren – wie in § 35 Abs. 1 S. 1 Nr. 2 TKG ausdrücklich vorgesehen – ergänzend heranzuziehen. Große Bedeutung haben darüber hinaus die allgemeinen Instrumente der §§ 27 und 28 TKG zur Sicherung der Konsistenz und der Verhinderung von Preis-Kosten-Scheren, wobei die Kriterien des § 31 TKG anwendbar sind (siehe auch § 35 TKG).

a. Top-Down-Ansatz

Der Top-Down-Ansatz basiert auf den historisch gewachsenen Kostenstrukturen. Er geht von den *tatsächlichen* Daten der Kosten- und Erfolgsrechnung aus. Die bestehenden Netzstrukturen finden ihren Ausdruck im entsprechenden Kapital- und Personalbestand mit eingeschränkten Entscheidungsmöglichkeiten über Investitionen und Desinvestitionen. Der Top-Down-Ansatz bietet gegenüber hypothetischen Kostenansätzen auf der Basis von Ingenieurplanungen wichtige Vorteile:

- Er orientiert sich an tatsächlich ermittelten Kosten.
- Er lässt sich – durch Einbezug von Investitionsrechnungen – auch zukunftsorientiert gestalten.
- Er bietet damit eine reale Diskussionsgrundlage für Regulierungsentscheidungen.

b. Bottom-Up-Ansatz

Der Bottom-Up-Ansatz führt eine Kostenermittlung für die einzelnen Dienste ausgehend von den Kosten der für die Erstellung in Anspruch genommenen Leistungen des Telekommunikationsnetzes durch. Ein bewährter Ansatz ist insoweit der Ingenieursansatz.[15] Diesem liegt die Idee zugrunde, dass ein hypothetisches (i.e. neues) Telekommunikationsnetz geplant wird, auf dessen Basis dann die Kostenermittlung erfolgt. Von seinem Ausgangspunkt her enthält der Ingenieursansatz in beiden Formen freilich grundsätzliche Probleme:

- die Vernachlässigung von Marketing- und Verwaltungskosten,
- eine tendenziell *überoptimale* Netzspezifikation unter Ignoranz realer Friktionen, Transaktions- und Kontrollkosten sowie Fix-Ineffizienzen
- eine tendenziell unrealistische Annahme über die Strategie des Netzaufbaus, die das beabsichtigte Produktspektrum generiert.

c. Zwischenergebnis

Als wesentliche Kostenregulierungsprobleme ergeben sich die Allokation von Gemeinkosten, die ökonomische Begründung der stärkeren oder schwächeren Berücksichtigung von nichteffizienten Aufwendungen, die unternehmensstrategisch vorgegebene Subjektivität der Kostenermittlung sowie die (systematisch!) verzerrenden Verfahren der Kostenermittlung eines Netzes.

Wie nun hat die unter Anforderungsdruck von Marktneulingen und Gerichten stehende Bundesnetzagentur diese Probleme gelöst? Für den Gemeinkosten-

15 Vgl. *Albach/Knieps* (Fn. 2), S. 21 ff. m. w. N. sowie *Schuster/Stürmer*, in: Beck´scher TKG-Kommentar, München, 2. Aufl. 2000, Anh § 27, § 3 TEntgV, Rn. 31 f.

zuschlag wurde pauschal ein Wert von 11,11 % angesetzt.[16] Die Ermittlung des Gesamtaufwandes konkurrierender Geschäftsmodelle hat ebenfalls zu einem pauschalen Aufschlag der Regulierungsbehörde auf die Vorleistungsentgelte des Etablierten von 25 % geführt.[17]

Eine pauschale Vorgabe, wie sie von der Bundesnetzagentur vorgenommen wird, fördert nur dann effiziente Geschäftsmodelle, wenn die 25 % tatsächlich deren Gesamtaufwand entsprechen; andernfalls werden entweder ineffiziente Marktzutritte angeregt oder effiziente Marktzutritte verhindert. Dieser Pauschaltest verhindert damit für eine Mehrzahl relevanter Marktvorgänge eine gesetzeskonforme Entgeltregulierung. Und: die Bundesnetzagentur hat damit keine elaborierte Antwort auf das hier gestellte Problem der strategischen (und gesetzkonformen) Ermittlung des Gemeinkostenzuschlages gegeben.

III. Eisenbahn

1. Generische Probleme der Kostenregulierung

Die für die Telekommunikation erwähnten *generischen* Kostenregulierungsprobleme haben auch für Eisenbahnen Gültigkeit. So ist evident, dass ein Eisenbahnnetz, welches nach neuesten verkehrlichen Vorstellungen und ohne Rückgriff auf schon vorhandene Netzknoten und Stationen mit Hilfe des Scorched-Earth-Ansatzes neu geplant und gebaut würde, natürlich mit dem derzeit vorfindlichen Schienennetz wenig zu tun hätte. Es wäre deutlich kleiner dimensioniert, hätte weniger Haltepunkte, möglicherweise wäre es auch in Netze unterschiedlicher Geschwindigkeiten geteilt etc. Eine Frage ist damit, was mit den über die kosteneffiziente Leistungsbereitstellung hinausgehenden, aktuell existierenden Aufwendungen bei der Entgeltgenehmigung passieren sollte. Im TKG heißt es, dass diese nur, *soweit und solange* eine sachliche Rechtfertigung vorliegt, bei der Entgeltfestsetzung berücksichtigt werden dürfen. Wie also könnte man sich solche sachlichen Rechtfertigungen vorstellen? Mit der historischen Fehldimensionierung[18] des Netzes verknüpft sind natürlich auch die Nachfrage nach Vorleistungen. So fallen auch im Personenverkehr Gemeinkosten an (vom Vorstand über die gemeinsame Fahrplanerstellung bis hin zu Sicherheitsmaß-

16 *Masing/Ehrmann*, in: Wilms/Masing/Jochum, TKG-Kommentar, Stuttgart 2006, § 31, S. 19.

17 *Masing/Ehrmann*, in: Wilms/Masing/Jochum, TKG-Kommentar, Stuttgart 2006, § 28, S. 21 f.

18 Also: ex post betrachtet!

nahmen etc.), die eben ohne die schon erwähnten (denkbaren) Aufteilungsschlüssel nicht den neuen Wettbewerbern kostenverursachend zugeordnet werden können. Wie hoch sollen die Aufschläge sein? Wie sollen die Aufschläge aus strategischer Regulierungssicht ermittelt werden, um Anreize zu geben? Sollen die Anreize der Deutschen Bahn AG und/oder ihren Konkurrenten gelten?

Mit diesen Themen sind die strategischen Investitionsüberlegungen der Deutschen Bahn AG, die für die Bestimmung der langfristigen, effizienten Kosten die entscheidenden sind, eng verbunden. Daraus resultiert die Anforderung an den Planungsansatz für die Ermittlung der Kosten: Ist Top-Down oder Bottom-Up zu bevorzugen und wenn letzterer, welcher konkrete Ansatz etc.?

Als Conclusio bleibt es bei dem alten Diktum von Karl Kraus *„je näher man ein Wort ansieht, desto ferner sieht es zurück"*. Auf den vorliegenden Zusammenhang übertragen ist zu konstatieren: Je genauer die Kostenregulierungsmöglichkeiten betrachtet werden, desto mehr und schwierigere (zum Teil strategische und subjektive) Entscheidungen und Detailabwägungen müssen getroffen werden.

2. Vollkostendeckung und Kosten effizienter Leistungserbringung bei defizitärem Netz: einige Überlegungen und Fallbeispiele

Diskutiert wird derzeit auch aufgrund der unterschiedlichen Entgeltgrundsätze zwischen AEG (Vollkosten) und TKG (Kosten effizienter Leistungserbringung) die Anwendbarkeit der unterschiedlichen Grundsätze auf das Eisenbahngeschäft. Das geltende Recht (des AEG u.a.) sieht allerdings keine Kosten effizienter Leistungserbringung vor. Was diese Debatte zusätzlich erschwert, ist das unstrittige aktuelle Defizit des Netzes, mithin die Abweichung der Preise von der „Kostendeckung" und damit von den Kosten. Ist nun, wie am Beispiel des TKG festgestellt, schon die Ermittlung der Kosten effizienter Leistungserbringung bei potenziell profitablen Angeboten schwierig, so werden zusätzliche Fragen durch das genannte Defizit aufgeworfen.

Diese seien unter Rückgriff auf Abbildung 1 für drei sehr einfache Fallkonstellationen untersucht. Vorerst wird für die Fälle kein spezieller Kostenbegriff zu Grunde gelegt. Ausgegangen wird der Einfachheit halber von einer linearen Preis-Absatz-Funktion ($p = a - q$), wobei sich der Gewinn (π) dann als die mit der Angebotsmenge multiplizierte Differenz zwischen Preis und Kosten ermittelt. Bei Gewinnmaximierung gilt: $\frac{d\pi}{dq} = 50 - 2q - c = 0$ und es stellt sich $(\frac{a-c}{2})$ als optimale Angebotsmenge heraus. Im Fall 1 liegt der Preis über den Kosten. Indikator könnte eine Gewinnsituation des Netzes sein. Unterstellt wird: c_1=20. Es errechnen sich dann bei Gewinnmaximierung $q_1 = 15$, $p_1 = 35$ und $\pi_1 = 225$.

Im Fall 2 sei der zuvor ermittelte Preis von 35 zu Grunde gelegt unter der Annahme, dass die Kosten oberhalb des Preises liegen; ein Indikator hierfür ist ein Gesamtverlust im Netz. Die Kosten c_2 sollen 40 betragen. Eine Begründung hierfür könnte lauten: Eine unterkostendeckende Preispolitik durchzuführen kann an einem Pricing ahead liegen, welches darauf setzt, dass mit Zunahme der abgesetzten Mengen auch Effizienzgewinne (Lern- und Erfahrungskurveneffekte) realisiert werden, man mithin in die Gewinnzone hineinwächst. Beim vertikal integrierten Konzern ergäbe ein solches Verhalten dann Sinn, wenn die im Netz auflaufenden Verluste durch die aus vielleicht günstiger Belieferung mit Vorleistungen möglichen Gewinne bei den Transportsparten überkompensiert werden.[19] Es ermittelt sich also eine Angebotsmenge von 15 (annahmegemäß wie im Fall 1 wegen des gleichen Preises), wobei allerdings ein „Negativgewinn" von 75 entsteht.

Nun ist für Fall 3 zu überlegen, wenn die Preise auf ein über oder an der Kostengrenze ($c_2 = c_3 = 40$) liegendes Niveau erhöht würden. Es stellt sich dann heraus: $q_3 = 5$ und Preis $p_3 = 45$. Der zugehörige Gewinn betrage 25. Ein solcher Fall könnte eintreten, wenn das Netz z. B. weiter beim Bund bliebe, dieser aber stärker (als derzeit) auf isolierte Kostendeckung im Netz achten müsste, weil er nicht im integrierten Konzern übergreifend maximieren könnte.

Nun ist vorderhand unklar, welche der hier im einfachen Beispiel unterstellten Kosten als Kosten effizienter Leistungserbringung und welche als volle Kosten anzusetzen wären. Ohne weiteren Nachweis scheint es jedoch, dass volle Kosten bei einer Gesamtkostenunterdeckung nicht in Betracht kommen. Wo aber lägen die Kosten der effizienten Leistungserstellung: in unserem Beispiel bei (den idealiter: aktuellen) 20 oder bei 35 oder wo (s. Gemeinkostenpauschale, nichteffiziente Aufwendungen etc.)? Was allerdings bedeutet das Defizit konkret in Ineffizienzeinheiten ausgedrückt? Bei einem aktuellen Defizit von 260 Mio. Euro müssten Ineffizienzen in genau dieser Höhe von der Bundesnetzagentur nachgewiesen werden, damit bei Zugrundelegung von Kosten effizienter Leistungserbringung überhaupt erst Preissenkungen möglich werden. Wichtig ist insbesondere die Zukunftsorientierung der Kosten effizienter Leistungserbringung: Gibt also die unter Kosten vorgenommene Preissetzung einen Hinweis darauf, dass die Bahn auch ohne Regulierung der Kosten effizienter Leistungs-

19 Anders formuliert: Bei positiven Gewinnen im Gesamtkonzern sind die Verluste der „Vorleistungsabteilung" zu relativieren. Subventioniert werden aber hier Dritte, mithin die Wettbewerber!

erbringung schon das Richtige macht? Müsste sie bei einer – nach welchen Grundsätzen auch immer – erfolgenden Kostenermittlung (sozusagen das Problem des Unterpreisangebots; Stichwort: ineffiziente Markteintritte!) nicht ihre Preise erhöhen? Wenn nun Preiserhöhungen angezeigt wären: Wem sind dann die Mengeneinschränkungen (von 15 auf 5) anzulasten? Fraglich und hier nicht zu entscheiden ist, welche Anreize das Netz zu Preiserhöhungen hätte. WIK-Consult[20] hat aus vorliegenden Daten geschätzt, dass die zu einer 5-%igen Preiserhöhung korrespondierende gerade noch vorteilhafte Nachfrageverringerung 6,33 % beträgt. Mit anderen Worten: Ab einer kritischen Preiselastizität von 1,27 wirken Preiserhöhungen verlusterhöhend. Es gäbe damit für ein solches Netzunternehmen keine Anreize für Preiserhöhungen. Die (empirisch zu überprüfende) Vermutung liegt nahe, dass reale Preiselastizitäten höher sind.

Wie nun wären die nichteffizienten Aufwendungen zu berücksichtigen? Wären Kostensenkungen uno-actu schon zukünftige Streckenschließungen, welche durch mangelnde (i. e. regulierungsverringerte) Reinvestitionsmittel notwendig würden? Die Probleme der Kostenregulierung werden somit durch eine Kostenunterdeckung im Netz weiter verschärft.

Abb. 1: Kostenregulierung von Zugangspreisen

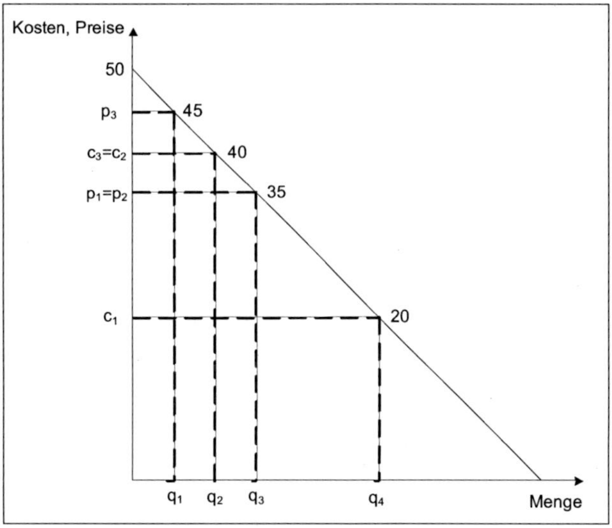

20 *Franz/Müller*, Zur Frage einer Marktbeherrschung durch die Deutsche Bahn AG, WIK-Consult, Bad Honnef 2006, S. 70 ff. (http://www.db.de/site/shared/de/dateianhaenge/presse/studie__marktbeherrschung.pdf).

IV. Zusammenfassung und Problemlösungshinweise

Als einige wesentliche Kostenregulierungsprobleme wurden identifiziert: Allokation von Gemeinkosten, Berücksichtigung der nicht effizienten Aufwendungen, die strategische Determiniertheit der (vorwärtsschauenden) Kostenrechnung und die jeweils mit systematischen Verzerrungen ausgestatteten Kostenplanungsmethoden. Orientierte sich die Kostenregulierung der Eisenbahn am TKG, dann weil sie richtige wettbewerbliche Ansätze für Etablierte und Marktneulinge setzen will.

Aus Regulierungssicht muss dann eine adäquate Preisstruktur regulativ gesichert werden, die der Sicherstellung eines chancengleichen Wettbewerbs (§ 2 Abs. 2 Nr. 2 TKG) und der Konsistenz der Entgeltregulierungsmaßnahmen (§ 27 Abs. 2 S. 1 TKG) verpflichtet ist. Kurzum: Die Regulierung muss bei der Anwendung ihres Instrumentariums gewährleisten, dass *potenziell effiziente Geschäftsmodelle* eine Marktchance haben. Diese zu ermitteln setzt die Lösung der Probleme voraus, die in diesem Beitrag entwickelt wurden.

Die Bundesnetzagentur muss dabei nolens volens sowohl Vorstellungen eines optimalen Netzes als auch vom Wettbewerb entwickeln, um die Kostenregulierung sinnvoll durchführen zu können. Die (methodisch geleitete) Konsultation von Netzbetreiber und Transporteuren wird dazu unumgänglich sein.

Steuerung der Eisenbahninfrastruktur durch Leistungs- und Finanzierungsvereinbarung (LuFV) und Anreizregulierung

*Prof. Dr. Kay Mitusch und Dr. Thorsten Beckers**

* Prof. Dr. Kay Mitusch ist Lehrstuhlvertreter am Fachgebiet Wirtschafts- und Infrastrukturpolitik (WIP) der TU Berlin. Dr. Thorsten Beckers ist Lehrstuhlvertreter und Gastprofessor am Fachgebiet Wirtschafts- und Infrastrukturpolitik (WIP) der TU Berlin. Für inhaltliche Hinweise und Unterstützung bei der Erstellung dieses Artikels bedanken wir uns bei Dr. Andreas Brenck und Dipl.-Volkswirt, Dipl.-Ing. Benedikt Peter. Weiterhin bedanken wir uns bei Florian Gizzi für inhaltliche Anregungen sowie organisatorische Unterstützung.

I. Einleitung

Die bahnpolitische Diskussion der letzten Jahre dominierten die Fragen des „Ob“ und des „Wie“ der (Teil)Privatisierung des Konzerns Deutsche Bahn AG bzw. von Teilen des Konzerns. Etwas im Schatten dieser Fragen, aber eng verbunden damit, sind auch Modifikationen an der institutionellen Steuerung der Eisenbahninfrastruktur durch den Bund geplant bzw. zum Teil schon vorgenommen worden. Zum einen wurde eine Regulierung eingeführt, die sich weiterentwickelt. Sie soll den diskriminierungsfreien Zugang zur Eisenbahninfrastruktur sicherstellen sowie die Höhe der Zugangsentgelte (Trassenpreise, Stationspreise usw.) überwachen. Zum anderen wird an der Einführung einer Leistungs- und Finanzierungsvereinbarung (LuFV) gearbeitet. Die LuFV soll die finanziellen Beziehungen zwischen dem Bund und den Eisenbahninfrastrukturunternehmen (EIU) der Deutschen Bahn AG neu regeln.

Der Beitrag soll aufzeigen, wie die Reform der Steuerung der Eisenbahninfrastruktur über eine LuFV und eine (Anreiz)Regulierung ausgestaltet werden kann und sollte. Hierfür werden zunächst in Abschnitt II die Ziele der Eisenbahninfrastruktursteuerung durch den Bund aufgezeigt. Die Ausgangslage sowie die Planungen zur Steuerung der Eisenbahninfrastruktur in Verbindung mit der avisierten Privatisierung der Deutschen Bahn AG werden in Abschnitt III betrachtet. Darauf aufbauend sind in Abschnitt IV zwei Steuerungsmodelle für die Eisenbahninfrastruktur Diskussionsgegenstand. In Abschnitt V wird die Durchführung der Qualitätsregulierung im Rahmen einer integrierten Anreizregulierung untersucht. In einem Fazit werden die Ergebnisse in Abschnitt VI zusammengefasst.

II. Steuerungsziele für die bundeseigenen Eisenbahninfrastrukturunternehmen

Ausgangspunkt für die Entwicklung von Steuerungszielen im Eisenbahnsektor ist die Unterscheidung zwischen Eisenbahninfrastrukturunternehmen (EIU), die Schiennetz, Bahnhöfe und Energie bereitstellen, und Eisenbahnverkehrsunternehmen (EVU), die Transportdienste auf der Schiene anbieten. Die beiden Unternehmensgruppen stehen in einer vertikalen Beziehung: der Output der EIU ist Input für die EVU. Der Bund zahlt jährlich etwa 3 bis 3,5 Mrd. € an EIU zur Finanzierung von Ausbau-, Neubau- und Ersatzinvestitionen. Gefördert werden dabei ausschließlich die sog. „bundeseigenen EIU“ (b-EIU), die identisch mit den drei EIU der DB sind: DB Netz AG, DB Station & Service AG, DB Energie GmbH.[1]

Ein wesentliches Steuerungsziel des Staates für die Eisenbahninfrastruktur ist die *Erhöhung der (Kosten)Effizienz.* Darunter wird die Erhöhung bzw. Optimierung des Verhältnisses zwischen dem Output der b-EIU, der durch einen bestimmten Umfang und eine bestimmte Qualität an Infrastruktur dargestellt wird, und dem Input, der die dafür aufgewendeten volkswirtschaftlichen Ressourcen umfasst, verstanden. Die Infrastrukturkosten setzen sich aus den *Unterhaltskosten* (Instandhaltung und Ersatzinvestitionen) und den laufenden *Betriebskosten* (für die Durchführung der Trassenplanung, Zugbetriebsleitung usw.) des Netzes und der Stationen zusammen.

Die *Größe der Infrastruktur* ist die in Streckenkilometern gemessene Gesamtlänge des Netzes und damit sehr gut beschreib- und messbar. Die Größe der Infrastruktur wird durch eigene institutionelle Arrangements gesteuert: Vergrößerungen durch Aus- und Neubauten werden im Rahmen des Bundesverkehrswegeplans (BVWP) beschlossen und fast ausschließlich vom Staat direkt finanziert. Verkleinerungen des Netzes durch Stilllegungen unterliegen den Vorschriften des § 11 AEG. Im Folgenden wird die Steuerung der Netzgröße nicht weiter thematisiert.

Die Qualität und Kapazität der Infrastruktur sind zentrale Elemente des Infrastrukturzustandes. Die *Qualität der Infrastruktur* reicht von grundlegenden, leicht beschreibbaren Eigenschaften wie Elektrifizierung und Höchstgeschwindigkeit bis zu schwer beschreibbaren Eigenschaften wie dem Erhaltungszustand von Infrastrukturbestandteilen. Ferner hängt die *Kapazität der Infrastruktur* im Sinne der „Anzahl der Züge, die darauf fahren können" von einer Vielzahl verschiedener Faktoren ab: dem Vorhandensein von Weichen und Ausweichgleisen, der Netzkonfiguration, den Spezifikationen des Leit- und Sicherungssystems (z. B. Länge der Blockabstände) usw.

Über die Höhe der Bezuschussung der b-EIU kann der Staat nicht nur die Netzgröße, sondern auch Qualität und Kapazität der Infrastruktur beeinflussen. Dabei sollte der Staat die Gewährung von Zuschüssen mit Maßgaben bezüglich Größe, Kapazität und Qualität verbinden. Er kann so einerseits vermeiden, dass die Mittel „versickern", und andererseits auch auf Kosteneffizienz hinzuwirken. In diesem Kontext ist zu berücksichtigen, dass Qualität und Kapazität der Eisen-

1 In diesem Artikel wird nicht auf die Besonderheiten der Energiebereitstellung eingegangen (wie z. B die eventuelle Anwendbarkeit des Energiewirtschaftsgesetzes als zusätzliches Steuerungsinstrument). Im Fokus stehen die Tätigkeitsbereiche der DB Netz (Schienennetz einschließlich Oberleitungen, Güterbahnhöfe, Betriebsführung von Zügen usw.) und der DB Station & Service (Personenbahnhöfe).

bahninfrastruktur durch eine Vielzahl von Maßnahmen des EIU beeinflusst werden können, die für die Politik (und auch für einen Regulierer) nur schwer zu beobachten sind. Daneben bestehen – wenn auch beschränkte – Möglichkeiten zur Messung der Kapazität und von Qualitätsdimensionen.

Weitere Steuerungsziele sind die *effiziente Kapazitätsauslastung*, die in diesem Beitrag nicht weiter betrachtet wird, und die *Verhinderung von Diskriminierung beim Netzzugang.*

III. Neuere bahnpolitische Entwicklungen zur Steuerung der Eisenbahninfrastrukturunternehmen

1. Ausgangslage

Mit der Bahnreform von 1994 wurde die Behörde Bundesbahn in die Deutsche Bahn AG, eine Aktiengesellschaft, umgewandelt, deren sämtliche Anteile der Bund hält. Damit ergab sich auch die Notwendigkeit, die Unternehmenssteuerung, insbesondere die Infrastruktursparten, ergänzend zu regeln. Denn im Fall der b-EIU, die in großem Umfang öffentliche Zuwendungen erhalten und Güter von öffentlichem Interesse bereitstellen, reichen die üblichen aktienrechtlichen Steuerungsinstrumente nicht aus. Aus diesem Grund wurde das Eisenbahn-Bundesamt (EBA) gegründet, das eine Vielzahl sicherheitsrelevanter und planerischer Aufgaben wahrnimmt und zudem die Verwendung der staatlichen Zuwendungen an die b-EIU für den Erhalt der Infrastruktur steuert. In diesem Rahmen schließt die Deutsche Bahn AG Einzel- und (in einigen Fällen) auch Sammelvereinbarungen zur Finanzierung von Ersatzinvestitionen mit dem EBA ab. Daneben besitzt auch die Bundesregierung unmittelbaren Einfluss auf die Deutsche Bahn AG. Dieser beruht weniger auf der Eigentümerfunktion als vielmehr auf der Zuwendungsgeberfunktion. Will die Deutsche Bahn AG beispielsweise eine erhebliche Änderung des Trassenpreissystems vornehmen, muss sie dies auch vor der Politik rechtfertigen. An dieser Stelle kann ferner das Kartellamt Einflussmöglichkeiten geltend machen.

2. Entwicklungen der Jahre 2004 bis Herbst 2007: Steuerungsinstrumente im Kontext des Eigentumssicherungsmodells der Bahnprivatisierung

In den vergangenen Jahren, insbesondere seit 2004, wurde in der Politik intensiv die (Teil)Privatisierung der Deutschen Bahn AG oder alternativ von Teilen des Konzerns diskutiert. Zentraler Gegenstand war die Frage der vertikalen Integration bzw. Desintegration und damit die Trennung von Infrastruktur- und Transporttöchtern des Holdingkonzerns Deutsche Bahn. Am 24. Juli 2007 beschloss das Bundeskabinett den Entwurf eines Privatisierungsgesetzes („Entwurf eines Gesetzes zur Neuorganisation der Eisenbahnen des Bundes"). Der Kabinettsbeschluss sah eine Privatisierung nach dem sog. Eigentumssicherungsmodell vor, das dem Integrationsmodell sehr nahe kommt. Folgend werden die begleitenden Entwicklungen im Hinblick auf die Eisenbahninfrastrukturregulierung und die Planungen zur LuFV vorgestellt.

Im Jahr 2005 wurde der regulatorische Rahmen für den Eisenbahnsektor durch eine Änderung des Allgemeinen Eisenbahngesetzes (AEG) ausgebaut. Angestoßen durch Entwicklungen auf europäischer Ebene wurde der diskriminierungsfreie Zugang zur Infrastruktur rechtlich verankert und aufsichtsrechtlich die Bundesnetzagentur als Regulierungsbehörde auch für den Eisenbahnsektor eingesetzt.[2] Während die Vorgaben zum diskriminierungsfreien Netzzugang und die damit verbundenen Kompetenzen der Bundesnetzagentur im AEG sehr detailliert geregelt sind, ist das Gesetz bezüglich der Bestimmung der Höhe der Zugangsentgelte vage und auslegungsbedürftig.[3] Die Vernachlässigung dieses Bereiches und die lückenhafte gesetzliche Grundlage wurden im Laufe der Privatisierungsdiskussion erkannt. Im Zuge des Kabinettsbeschlusses wurde zugleich ein Arbeitskreis zur Fortentwicklung der Entgeltregulierung im Eisenbahnsektor unter Leitung der Bundesnetzagentur ins Leben gerufen. Insbesondere sollte untersucht werden, ob auch im Eisenbahnsektor eine Anreizregulierung nach dem Muster der anderen von der Bundesnetzagentur regulierten Sektoren eingeführt werden soll.

2 Bis dahin war die Bundesnetzagentur lediglich für die Sektoren Telekommunikation und Post zuständig. Für den Eisenbahnsektor war bis dahin mit regulatorischen Aufgaben lediglich das Eisenbahn-Bundesamt betraut, das im Zuge der Bahnreform von 1994 gegründet wurde. Erst relativ spät im Verlauf der Diskussion der AEG-Novelle von 2005 entschied sich die Politik, die Zugangsregulierung nicht dem EBA, sondern der Bundesnetzagentur zu übertragen.

3 Siehe hierzu auch *Kühling/Hermeier/Heimeshoff*, Gutachten zur Klärung von Entgeltfragen nach AEG und EIBV, Gutachten im Auftrag der Bundesnetzagentur, 2007.

Die Anreizregulierung für die Eisenbahninfrastruktur funktioniert wie folgt:[4] Der Regulierer setzt nach dem Price-Cap-Ansatz Obergrenzen für die Zugangspreise (Trassen- und Stationsentgelte) der EIU fest.[5] Die Festsetzung geschieht einmal am Beginn einer mehrjährigen Regulierungsperiode von beispielsweise fünf Jahren. Innerhalb der Regulierungsperiode können die Preisobergrenzen nach einer *vorher* bestimmten Formel ansteigen oder sinken.[6] Damit weist die Regulierungsrestriktion einen Fixpreischarakter auf. Dadurch wird dem Unternehmen während der Regulierungsperiode eine feste Kalkulationsgrundlage und insbesondere die Sicherheit gegeben, dass es die während der Periode erreichten Erträge aus Produktivitätssteigerungen „behalten" kann. Dies setzt Anreize für das Unternehmen, Kosteneinsparungen zu realisieren – daher der Name Anreizregulierung. Vor einer neuen Regulierungsperiode führt der Regulierer vergleichende Produktivitätsanalysen (Benchmarking) durch, um dann eine Anpassung des Ausgangsentgeltniveaus vorzunehmen und den anschließenden Zeitpfad für die Preisobergrenzen festzulegen.

Im Entwurf des Privatisierungsgesetzes von Juli 2007 nimmt die LuFV eine zentrale Rolle in der Konstruktion des Eigentumssicherungsmodells zur (Teil)Privatisierung der Deutschen Bahn AG ein.[7] Die LuFV gründet sich auf bis zum Jahr 2004 zurückreichende konzeptionelle Arbeiten und soll die Einzel- und Sammelvereinbarungen zur Finanzierung der Ersatzinvestitionen ablösen. Die Kombination aus LuFV und Sicherungsübereignung (sowie 49 %-Privatisierungsgrenze für den Konzern Deutsche Bahn) soll die grundgesetzlich verankerte Verantwortung des Bundes für die Eisenbahninfrastruktur bei gleich-

4 Zum Themengebiet der Anreizregulierung im Allgemeinen vgl. *Knieps*, Wettbewerbsökonomie – Regulierungstheorie, Industrieökonomie, Wettbewerbspolitik, Berlin, Heidelberg, New York, 2. Aufl. 2005, sowie im speziellen zur (Anreiz)Regulierung von Eisenbahninfrastruktur vgl. *Knieps*, Wettbewerb in Netzen – Reformpotentiale in den Sektoren Eisenbahn und Luftverkehr, Tübingen 1996 und *Mitusch/Brenck/Peter/Czerny/Beckers*, Ökonomische Grundsatzfragen zur Gestaltung einer Anreizregulierung der Eisenbahninfrastruktur, Gutachten des Fachgebietes Wirtschafts- und Infrastrukturpolitik (WIP) der TU Berlin und des IGES Institut GmbH im Auftrag der Bundesnetzagentur, 2008.

5 Da es sehr viele Zugangspreise gibt, setzt der Regulierer eine Obergrenze für einen mit den bisherigen Verkaufsmengen gewichteten Durchschnitt der Preise, einen sogenannten Preiskorb. Er kann auch verschiedene Gütergruppen (Körbe) bilden und separat regulieren. Im Übrigen wird die Möglichkeit der Ausgestaltung einer Anreizregulierung nach dem Revenue-Cap-Ansatz in diesem Beitrag nicht berücksichtigt, da der Price-Cap-Ansatz für den Bereich der Eisenbahninfrastruktur deutlich geeigneter erscheint; vgl. hierzu *Mitusch/Brenck/Peter/Czerny/Beckers* (Fn. 4).

6 In der Regulierungspraxis anderer Sektoren hat sich eingebürgert, den Preispfad in Form von Wachstumsraten auszudrücken. Grundelemente der Regulierungsformel sind die erwartete Inflationsrate der Inputgüter und die erwartete Produktivitätsfortschrittsrate des Sektors. Die Preisobergrenze verändert sich mit der Rate „Inflationsrate minus Produktivitätsfortschrittsrate" (I-X).

7 Zur LuFV siehe den „Entwurf eines Gesetzes zur Neuorganisation der Eisenbahnen des Bundes" vom 24. Juli 2007, BT-Drs. 16/6294, Art. 4 §§ 4 – 11. Siehe ergänzend dazu auch die Gesetzesbegründung.

zeitiger Teilprivatisierung des integrierten Konzerns sicherstellen. In der LuFV verpflichtet sich der Bund für einen langen Zeitraum (etwa 10 bis 15 Jahre), jährlich eine bestimmte Mindestsumme (im Gespräch sind 2,5 Mrd. €) an die b-EIU für den Erhalt des Bestandsnetzes zu zahlen. Die b-EIU verpflichten sich im Gegenzug, einerseits das Geld für Instandhaltungs- und Ersatzinvestitionsmaßnahmen aufzuwenden und garantieren andererseits die Aufrechterhaltung eines in der LuFV anhand von Indikatoren festgelegten Infrastrukturzustandes. Die Einhaltung der Qualität unterliegt der Überprüfung und bei Unterschreitungen der Kriterien werden Sanktionen verhängt.

Im Gegensatz zu dem bisherigen System aus Einzel- und Sammelvereinbarungen sind also die staatlichen Mittel der LuFV nicht mehr nur für Ersatzinvestitionen vorgesehen, sondern ggf. auch für Instandhaltungsmaßnahmen. Damit soll ein Fehlanreiz der bisherigen Konstruktion beseitigt werden. Denn derzeit haben die b-EIU einen Anreiz, auf Instandhaltungsmaßnahmen (für die sie keine staatlichen Zuschüsse erhalten) zu verzichten und stattdessen die Infrastruktur zunächst „verrotten“ zu lassen und auf den Zeitpunkt der Gewährung von Zuschüssen für die Durchführung von Ersatzinvestition zu warten. Wichtiger ist jedoch, dass sich durch die LuFV die Art der Steuerung ändert. Bei den bisherigen Einzelvereinbarungen muss das EBA Einzelentscheidungen „verifizieren“, wozu es aufgrund erheblicher Informationsasymmetrien kaum in der Lage ist. Nach dem neuen System der LuFV soll die Verwendung der Gelder nur noch summarisch geprüft werden und durch eine Überprüfung des Infrastrukturzustandes ergänzt werden, weshalb die Erstellung eines Infrastrukturkatasters und eines jährlichen Infrastrukturzustandsberichtes vorgesehen bzw. bereits angelaufen ist.

3. Neueste Entwicklungen seit Herbst 2007: Steuerungsinstrumente im Kontext des Holdingmodells der Bahnprivatisierung

Nachdem sich im Herbst 2007 abzeichnete, dass das Eigentumssicherungsmodell i. d. F. des Entwurfes vom Juli 2007 politisch nicht durchsetzbar sein würde, ist auch die geplante Modernisierung der Steuerungsinstrumente für die Eisenbahninfrastruktur fraglich. Das neue, in der Diskussion befindliche Holdingmodell ist nicht mehr auf die LuFV als rechtliches Kernelement (in Hinblick auf Art. 87 e GG) angewiesen, da der Staat stets das volle Eigentum der b-EIU bleibt. Ferner soll die Holding so gestaltet werden, dass zu ihrer Umsetzung möglichst wenige Gesetzesänderungen nötig sind und dementsprechend auch nicht mehr ein umfassender politischer Konsens hergestellt werden muss. Daher ist es auch möglich, dass der bereits angeschobene Prozess der Fortentwicklung der Regulierung wieder eingestellt wird.

Zur Grundkonstruktion des Holdingmodells wurde bisher Folgendes bekannt: Innerhalb der Deutschen Bahn AG wird eine Oberholding und eine Unterholding gegründet. Die Oberholding bleibt zu 100 % im Eigentum des Bundes und besitzt 100 % der Infrastrukturunternehmen (Netz, Station & Service, Energie) sowie die Mehrheit der Anteile an der Unterholding. Die Unterholding besitzt 100 % der Verkehrsunternehmen (Regio, Fernverkehr, Güterverkehr/Logistik). An der Unterholding sollen private Investoren beteiligt werden, wobei die Mehrheit der Anteile stets bei der Oberholding verbleiben soll. Außerdem wird auch eine Personalunion im Hinblick auf Managementpositionen in der Unter- und Oberholding angestrebt; zu diesem Aspekt gibt es jedoch noch keine konkreten Informationen. Dabei ist als Restriktion zu beachten, dass Ideen zur Personalunion den Entflechtungsvorschriften nicht widersprechen dürfen. An diesen Überlegungen lässt sich die Absicht ablesen, die integrierte Struktur des Systems durch Regelungen jenseits des Mehrheitseigentums der Oberholding an der Unterholding abzusichern.

Einerseits wird der staatliche Zuwendungsbedarf für die Infrastruktur vom Grundsatz her bei allen Privatisierungsmodellen vorliegen. Andererseits soll auch eine Infrastrukturgesellschaft in vollständigem Eigentum des Bundes – und muss sogar nach Art. 87 e GG – als Wirtschaftsunternehmen geführt werden. Im Vergleich zu den bisherigen Einzelvereinbarungen für Ersatzinvestitionen hat eine LuFV auch im Rahmen des Holdingmodells das Potenzial zur deutlichen Verbesserung der Steuerung des Infrastrukturerhalts.

Die de lege lata zugewiesene Hauptfunktion des Regulierers, die Sicherung des diskriminierungsfreien Zugangs zum Netz (bei gegebenen Zugangspreisen), wird auch im Holdingmodell aufgrund seiner vertikalen Integration notwendig bleiben. Die vertikale Integration wird durch das Holdingmodell allerdings weniger stark für die Zukunft zementiert als durch das bisher diskutierte Eigentumssicherungsmodell. Sollte es später zu einem vollständigen Verkauf der Unterholding kommen, wären Infrastruktur und Transport getrennt und das Problem der Diskriminierungspotenziale deutlich abgemildert. Es ist jedoch damit zu rechnen, dass die Gefahr von Ineffizienzen im Produktionsprozess der

EIU umso größer wird, je näher die b-EIU dem Staat sind.[8] Tendenziell kann daher davon ausgegangen werden, dass mit abnehmendem Grad der Integration die Gefahr von Diskriminierungen abnimmt, während die von Ineffizienzen zunimmt. Insofern kann die *Anreiz*regulierung auch im Rahmen des Holdingmodells einen sinnvollen Ansatz zur Erhöhung der Kosteneffizienz der EIU darstellen. Auch in anderen Ländern werden nicht privatisierte Infrastrukturunternehmen, die sich im staatlichen Eigentum befinden oder mitgliedergeführte Not-for-Dividend/Not-for-Profit-Unternehmen darstellen, über eine externe Regulierung gesteuert.[9]

IV. Modelle zur Ausgestaltung des Verhältnisses von LuFV und Regulierung

Für eine Steuerung der b-EIU durch eine Kombination aus LuFV und Anreizregulierung bestehen verschiedene Ausgestaltungsoptionen. Folgend werden zwei zentrale Modelle aufgegriffen.

1. Modell der separaten Zuständigkeitsbereiche

Nach diesem Modell wird angestrebt, die Aufgabenbereiche des EIU überschneidungsfrei in zwei Bereiche aufzuteilen und separat den einen durch die LuFV und den anderen durch eine Anreizregulierung zu steuern. Dabei stellt sich zu-

8 Vgl. Booz·Allen·Hamilton/BSL Management Consultants/Fachgebiet Wirtschafts- und Infrastrukturpolitik (WIP) der TU Berlin/Morgan Stanley/ProgTrans AG/Waldeck Rechtsanwälte/Eisenkopf, Privatisierungsvarianten der Deutschen Bahn AG „mit und ohne Netz" („PRIMON-Gutachten"), Gutachten im Auftrag des Bundesministeriums der Finanzen (BMF) und des Bundesministeriums für Verkehr, Bau und Stadtentwicklung (BMVBS), 2006, S. 192 ff. Dort wurden für ein Trennungsmodell, bei dem die EIU in vollem Staatsbesitz bleiben, Ineffizienzen prognostiziert, die weniger auf sog. „Dissynergien" als auf „Disincentives der Staatnähe" zurückzuführen sind. Dementsprechend wurde für das integrierte teilprivatisierte Modell eine höhere Effizienz aufgrund einer besseren Anreizsituation prognostiziert. Dies setzt allerdings echte Finanzinvestoren als Teilhaber voraus, keinen Streubesitz stimmrechtsloser Volksaktien, wie er im Herbst 2007 intensiv diskutiert wurde. Im Fall der Beteiligung echter Finanzinvestoren im integrierten Modell sind allerdings Zweifel angebracht, ob Effizienzgewinne in den EIU letztlich den Nutzern bzw. dem Staat zugute kommen oder im undurchsichtigen Gesamtkonzern „versickern" würden.

9 Beispielhaft kann verwiesen werden auf Network Rail, das die Eisenbahninfrastruktur in Großbritannien bereitstellt (vgl. *Glaister*, British Rail Privatisation: Competition Destroyed by Politics, CRI Occasional Paper 23, Bath 2004 und *Nera Economic Consulting*, Corporate Form, Financial Guarantees and Efficiency Performance: Expectations and Evidence, Untersuchung im Auftrag des ORR, 2006, abgerufen im Internet am 03.01.2008 unter http://www.rail-reg.gov.uk/upload/pdf/pr08-isbp-nera.pdf, und auf das walisische Wasserunternehmen Welsh Water (vgl. *Thomas*, Welsh Water: Role Model or Special Case?, Utilities Policy, Vol. 10, No. 2, 2001, 99 ff.).

nächst die Frage, wie die Separation gestaltet werden soll, und weiterhin sind Auswirkungen auf die Steuerungsziele abzuschätzen.

Dazu könnte angestrebt werden, eine Trennungslinie mit Bezug zur Zweckbindung der LuFV zu konstruieren. Nach derzeitigem Stand sind die LuFV-Mittel für den Infrastrukturerhalt (Instandhaltung und Ersatzinvestitionen) vorgesehen und müssen auch vollständig dafür ausgegeben werden. Die LuFV setzt Kriterien für den Infrastrukturzustand, die von den EIU einzuhalten sind und vom EBA überprüft werden. Ausgehend von der LuFV könnte es daher nahe liegend erscheinen, den Bereich aller Aktivitäten des Infrastruktur*erhalts* mit der LuFV zu steuern und den verbleibenden Bereich des Infrastruktur*betriebs* (Trassenplanung, Zugbetriebsleitung usw.) durch eine Anreizregulierung.

Ein Grundproblem dieser Separierung liegt darin, dass die LuFV-Mittel zu gering sind, um den Infrastrukturerhalt zu finanzieren. Sie reichen noch nicht einmal zur Finanzierung aller Ersatzinvestitionen, so dass der verbleibende Teil der Ersatzinvestitionen und die gesamte Instandhaltung durch Zugangsentgelte finanziert werden müssen. Als zentrales Ziel der LuFV soll jedoch die bisher existierende Trennungslinie zwischen Ersatzinvestitionen und Instandhaltung (erstere werden vom Staat, letztere von den b-EIU selbst finanziert) überwunden werden, indem die bisherige Zweckbindung staatlicher Gelder allein für Ersatzinvestitionen aufgehoben wird. Im Gegensatz zur bisherigen Praxis soll daher die LuFV gerade nicht als Vollfinanzierung der Ersatzinvestitionen, sondern als Teilfinanzierung der gesamten Unterhaltsaufwendungen aufgefasst werden. Wenn aber der Zweck der LuFV eine *Teil*finanzierung ist, lässt sich keine überschneidungsfreie Separierung in Zuständigkeitsbereiche von LuFV und Anreizregulierung mehr vornehmen.

Auch bei der Orientierung an der Idee der Anreizregulierung ist eine sinnvolle Trennungslinie nicht zu identifizieren. Die Anreizregulierung zielt darauf ab, die Zugangsentgelte zur Infrastruktur – unter der Nebenbedingung der Abdeckung der notwendigen Kosten – möglichst niedrig zu halten. Das Anreizelement der Regulierung soll das EIU dazu bewegen, Kostensenkungen (Effizienzsteigerungen) zu realisieren, so dass auch die Zugangsentgelte im Laufe der Zeit weiter gesenkt werden können. Wenn ausgehend von der Idee der Anreizregulierung eine Trennungslinie gesucht wird, so müssten Aufgabenbereiche des EIU identifiziert werden, die ausschließlich bzw. gar nicht durch Zugangsentgelte finanziert werden. Da jedoch sowohl Infrastrukturbetrieb als auch Infrastrukturerhalt zu einem signifikanten Teil aus Zugangsentgelten finanziert werden, können beide Bestandteile nicht aus der Regulierung herausgenommen werden.

Auch aus einem weiteren Grund ist keine vernünftige Trennungslinie auffindbar, wenn man sich an der Grundidee der Anreizregulierung orientiert. Anreizregulierung hat die Aufgabe, *alle* Effizienzfortschritte zu mobilisieren und langfristig für die Senkungen der Zugangsentgelte zu nutzen. Zu diesem Zweck muss der Regulierer auf Ressourcen zurückgreifen, die ihm eine Identifizierung und Quantifizierung von Effizienzpotenzialen ermöglichen. Wenn wichtige Aufgabenbereiche der EIU – etwa der Infrastrukturerhalt – davon ausgenommen werden, sinken die Einsparpotenziale. Wenn umgekehrt auch die LuFV mit einer separaten Organisation bzw. Ressourcen (etwa dem EBA) ausgestattet wird, die ebenfalls Effizienzpotenziale untersuchen sollen, dann würden die Kosten der Unternehmensanalysen und der Aufrechterhaltung von Expertise unnötig verdoppelt. Vielleicht würden sogar widersprüchliche Anforderungen an das Unternehmen gestellt und inkonsistente Ergebnisse erzeugt.

Eine sinnvolle Umsetzung des „Modells der separaten Zuständigkeitsbereiche" scheint folglich nicht erreichbar. Daher wird folgend das integrierte Modell der Anreizregulierung betrachtet.

2. Modell der integrierten Anreizregulierung

Nach dem integrierten Ansatz der Anreizregulierung analysiert der Regulierer die *gesamten* Kosten und Effizienzpotenziale der b-EIU, die für Infrastrukturerhalt *und* -betrieb sowie für weitere Aktivitäten anfallen. Er untersucht die Kosten dabei *kritisch.* Denn nicht alle Kosten, die das EIU veranschlagt, muss der Regulierer in die „Regulatory Base" aufnehmen. Die vom Regulierer als notwendig erachteten Kosten des EIU seien im Folgenden als anerkannte Kosten bezeichnet. Von diesen subtrahiert der Regulierer sodann die Zuwendungen des Staates an das EIU, insbesondere die im Rahmen der LuFV geleisteten Zuwendungen. Nur der Rest der anerkannten Kosten muss langfristig durch Zugangsentgelte gedeckt werden. Der Regulierer wird daher die Zugangsentgelte so regulieren, dass das EIU langfristig in der Lage ist, einen entsprechenden Umsatz zu realisieren. Diese langfristige Zielsetzung kann als Gleichung dargestellt werden:

Zulässige Erlöse aus Zugangsentgelten	=	Gesamte anerkannte Kosten	minus	Gesamte staatliche Zuwendungen

Nach dem Konzept der *Anreiz*regulierung werden – wie bereits dargestellt – die Kosten jedoch nicht jährlich neu geprüft und dann die Zugangsentgelte entsprechend angepasst; dies wäre eine Form der Kostenzuschlagsregulierung.

Vielmehr werden Kosten und Kostenprognosen für eine mehrjährige Regulierungsperiode (etwa fünf bis sieben Jahre) erstellt. Daraus wird ein Zeitpfad für die Obergrenze der Zugangsentgelte bestimmt, so dass die prognostizierten anerkannten Kosten von den erwarteten Erlösen und staatlichen Zuwendungen gedeckt werden können. Dieser Zeitpfad sollte für die ganze Regulierungsperiode bindend sein, denn – wie oben beschrieben – von diesem Fixpreisansatz hängt der Anreizeffekt der Regulierung ab. Nur wenn das EIU davon ausgehen kann, dass die Regulierungsrestriktion in der jeweiligen Periode nicht verändert wird, hat es Anreize zur Kostensenkung. Im Übrigen wird der Regulierer die von einem Unternehmen als erreichbar eingestuften Effizienzsteigerungen in der Obergrenze der Zugangsentgelte antizipieren (als sog. „X-Faktor").

Im Kontext substanzieller staatlicher Förderung sollte der Regulierer auch die Höhe der staatlichen Zuwendungen während der folgenden Regulierungsperiode antizipieren. Im Idealfall werden die staatlichen Zuwendungen schon vor der Festlegung einer Regulierungsrestriktion vereinbart. Genau dies ist mit der LuFV vorgesehen. Der langfristige LuFV-Vertrag hat ebenfalls einen Fixpreischarakter und eignet sich daher sehr gut als Grundlage für eine Anreizregulierung. Der integrierte Ansatz der Anreizregulierung erlaubt ein stimmiges Gesamtgefüge aus politischen Vorgaben und Steuerungsinstrumenten, das in folgender Sequenz zusammengefasst werden kann:

1. LuFV: Politische Vorgaben für einen sehr langen Zeitraum (etwa 15 Jahre)
   a) Eckdaten zum Infrastrukturzustand (Netzgröße, -kapazität und -qualität)
   b) Höhe der staatlichen Zuwendungen
2. Anreizregulierung für Regulierungsperioden (etwa 5 Jahre)
   a) Ermittlung der gesamten anerkannten Kosten zur Erfüllung der Vorgaben aus Schritt 1a
   b) Ermittlung der Obergrenzen für die Zugangsentgelte, um die Differenz aus den gesamten anerkannten Kosten (Schritt 2a) und den staatlichen Zuwendungen (Schritt 1b) zu decken

Die LuFV legt also sowohl Eckdaten zu Netzgröße, -kapazität und -qualität als auch den größten Teil der staatlichen Zuwendungen fest. Für den Regulierer bleiben zwar kleinere Komponenten der staatlichen Zuwendungen unsicher (insbesondere Zuwendungen von Ländern, Kommunen und der EU), über die er Erwartungen bilden muss, dennoch verringern die Vorgaben aus der LuFV die Unsicherheiten des Regulierers signifikant und bilden damit eine wichtige Grundvoraussetzung für eine Anreizregulierung der Eisenbahninfrastruktur.

Um den Fixpreischarakter von LuFV *und* Anreizregulierung zu wahren, sollte die LuFV mindestens so lang wie eine Regulierungsperiode gelten. Empfehlenswert ist eine LuFV-Periode, die einem ganzzahligen Vielfachen einer Regulierungsperiode entspricht. So wäre eine LuFV-Periode von drei fünfjährigen Regulierungsperioden, also 15 Jahren, möglich. Denkbar wäre auch eine LuFV-Periode von zwei siebenjährigen Regulierungsperioden. Tatsächlich sehen die derzeitigen Planungen der LuFV eine Geltungsdauer von etwa 15 Jahren vor, während Regulierungsperioden in anderen Sektoren häufig etwa fünf Jahre betragen. Auch in dieser Hinsicht passen die Konzepte also gut zueinander.

V. Qualitäts- und Kapazitätsregulierung im Rahmen einer integrierten Anreizregulierung

Es stellt sich die Frage, welchen Platz die Qualitätsregulierung in der Architektur der integrierten Anreizregulierung einnehmen sollte. Worauf bezieht sich eine Qualitätsregulierung? Wie bereits in Abschnitt II angedeutet wurde, existiert eine Vielzahl von Qualitätsmerkmalen und mit ihnen verwandten Kapazitätseigenschaften der Infrastruktur:

- Bei gegebener Größe kann die *Kapazität des Netzes* verringert werden, indem zum Beispiel Weichen, Signalanlagen oder Ausweichgleise abgebaut werden. Diese Maßnahmen unterliegen z. T. den Vorschriften des § 11 AEG (Einstellung des Betriebes einer Strecke, eines für die Betriebsabwicklung wichtigen Bahnhofs oder die mehr als geringfügige Verringerung der Kapazität einer Strecke).
- Die *Qualität* einer Strecke umfasst grundlegende Eigenschaften wie zulässige Höchstgeschwindigkeit oder Elektrifizierung, aber auch Eigenschaften wie die Gleisgeometrie und den Zustand von Ober- und Unterbau sowie Kunstbauwerken. Die Servicequalität bei Netz, Bahnhöfen und Zugbildungsanlagen (gegenüber EVU, bei Personenbahnhöfen auch gegenüber Fahrgästen) gehören ebenfalls zum Infrastrukturzustand im weiteren Sinne. Aufgrund der bei adäquater Pflege langen Haltbarkeit vieler Infrastrukturbestandteile ist die Differenzierung zwischen Substanzqualität und Nutzerqualität der Infrastruktur sinnvoll:
  - Die Nutzerqualität umfasst alle Aspekte, die sich bei der Nutzung einer Strecke durch das EVU unmittelbar auswirken können. Beispiele für mangelnde Nutzerqualität sind Langsamfahrstellen, ungenügender Vege-

tationsrückschnitt (der zu Beschädigungen am rollenden Material führt), schlechter Service auf Personenbahnhöfen (der zu Unzufriedenheit der Fahrgäste führt) usw.

- Die Substanzqualität umfasst alle Aspekte, die von den EVU nicht unmittelbar wahrgenommen werden können, aber langfristig zur Sicherung der Infrastruktur notwendig sind, z. B. die Dichtigkeit von Unter- und Oberbau gegen Wassereintritt, die Statik von Brücken und Stützbauwerken usw. Natürlich ist die Zuordnung zu Nutzer- oder Substanzqualität nicht immer eindeutig. So ist die Gleisgeometrie für die Nutzerqualität von Bedeutung und zugleich ein guter summarischer Indikator für die Qualität des darunter liegenden Ober- und Unterbaus. Die Substanzqualität steht in enger Verbindung mit den zukünftig anfallenden Unterhaltungskosten. Ihre Steuerung dient daher letztendlich dazu, (Kosten)Effizienz im Rahmen eines langfristigen und über mehrere Regulierungsperioden hinausgehenden Betrachtungshorizontes zu erreichen.

Die Politik erwartet, dass die b-EIU für die erhaltenen staatlichen Zuwendungen eine Gegenleistung in Form der Aufrechterhaltung einer vereinbarten Infrastrukturqualität und -kapazität leisten. Dies soll in der LuFV vereinbart werden und ist anhand von Indikatoren zu kontrollieren – eine Form der Qualitätsregulierung.

Aber auch aus Sicht der Anreizregulierung ist eine flankierende Qualitäts- und Kapazitätsregulierung notwendig, da die Infrastrukturnutzer nicht nur an günstigen Zugangspreisen, sondern auch an einem guten Infrastrukturzustand interessiert sind. Verschärfend kommt hinzu, dass die Anreizregulierung auf Kosteneinsparungen und Effizienzsteigerungen seitens des Unternehmens zielt, was aber – ungewollt – auch auf eine Qualitäts- oder Kapazitätsminderung hinauslaufen könnte. Es besteht daher weitgehender Konsens, dass eine Anreizregulierung grundsätzlich durch flankierende Maßnahmen zur Sicherung der Qualität – eben eine Qualitätsregulierung – ergänzt werden sollte. In der Regulierungspraxis wird dafür üblicherweise auf zwei Möglichkeiten zurückgegriffen: Zum einen können feste Qualitätsvorgaben aufgestellt werden, deren Einhaltung separat geprüft wird. Zum anderen können monetäre Qualitätsanreize in der Form gesetzt werden, dass als Belohnung für eine hohe, gemessene Qualität die zulässigen Preisobergrenzen erhöht werden.

Eine Qualitäts- und Kapazitätsregulierung steht somit in Verbindung zu den beiden in der Diskussion befindlichen Instrumenten zur Steuerung der b-EIU, der LuFV und der Anreizregulierung. Jedoch bleibt die Frage, wie die Qualitäts- und Kapazitätsregulierung mit ihnen verknüpft werden soll.

1. Modell der integrierten Anreizregulierung mit separierter Qualitätsregulierung

Nach dem vorliegenden Entwurf des Privatisierungsgesetzes soll die Qualitäts- und Kapazitätsregulierung bei der LuFV angesiedelt und vom EBA durchgeführt werden. Damit wäre sie von der Anreizregulierung, die von der Bundesnetzagentur durchgeführt wird, institutionell separiert. Im Zusammenhang mit der LuFV soll jährlich ein Infrastrukturzustandsbericht erstellt werden, der über die Substanzqualität Auskunft erteilt. Allerdings greift die LuFV nur selektive Kriterien auf. Das zentrale Qualitätskriterium der LuFV soll der theoretische Fahrtzeitverlust sein. Diese Statistik misst die in einem definierten Kernnetz im Jahresdurchschnitt angefallenen Beeinträchtigungen (Langsamfahrstellen) durch eingetretene Qualitätsminderungen oder Baustellen. Sie zielt in erster Linie auf die Ermittlung der Nutzerqualität. Darüber hinaus erlaubt sie auch eingeschränkte Rückschlüsse im Hinblick auf Substanzqualität und Kapazität. In der Diskussion ist weiterhin die Aufnahme unabhängiger Messfahrten durch das EBA zur Kontrolle der Gleisgeometrie. Außerdem werden im Hinblick auf die Substanzqualität inputorientierte Vorgaben zur Höhe der Ersatzinvestitionen und Instandhaltungsmaßnahmen aufgestellt. Laut Gesetzentwurf *können* zwar weitere Kriterien in der LuFV vereinbart werden (und die Deutsche Bahn kann bei Nichteinigung zur Akzeptanz einer LuFV gezwungen werden), aber es liegt der Eindruck vor, dass dies nicht intendiert ist.

Insgesamt scheinen durch die im Rahmen der LuFV vorgesehene Qualitätsregulierung einige wenige, aber robuste Eckdaten zur Infrastruktur festgelegt zu werden, die eine grobe Verletzung der Pflicht zur Infrastrukturerhaltung oder eine systematische Zweckentfremdung der Mittel erschweren. Die Kriterien unterschreiten jedoch deutlich das Ausmaß, das zum Schutz der Nutzer – und auch des Eigentümers – bei einer Gesamtbetrachtung geboten erscheint. Wenn die Qualitäts- und Kapazitätsregulierung vollständig im Rahmen der LuFV erfolgen soll, müssten die Anforderungskriterien der LuFV deutlich erweitert werden.

Indes ist fraglich, ob eine vollständige Zuordnung der Qualitäts- und Kapazitätsregulierung zur LuFV sinnvoll ist. Die LuFV ist langfristig angelegt, während bei Qualitätsvorgaben und einem Qualitätsanreizregime frühzeitige Anpassungen nötig sein werden, denn der Wissensstand in Bezug auf Qualitätsindikatoren und Nutzerpräferenzen sowie die Erkenntnisse zur Entwicklung des Infrastrukturzustandes unterliegen einer nicht unerheblichen Weiterentwicklung im Zeitablauf. Dies gilt beispielsweise für den in der Diskussion besonders wichtigen Kapazitätsbegriff. Die Kapazität eines Abschnitts oder Knotenpunktes hängt nicht nur von der vorhandenen Infrastruktur, sondern auch vom geplanten Betriebsprogramm ab. Je nach Betriebsprogramm können einige Weichen wichtig, andere Weichen unwichtig sein. Eine unwichtige Weiche kann aber wichtig werden, sobald andere Weichen abgebaut werden. Umfassende Kriterien zu Netzqualität und -kapazität liegen zurzeit nur sehr begrenzt vor (z. B. das UIC-Merkblatt 406 zur Bestimmung der Kapazität einer Strecke); doch handelt es sich um ein Gebiet, auf dem intensiv geforscht wird. Zweifelhaft bleibt, ob die LuFV mit den vorgesehenen langen Laufzeiten und robusten Kriterien den geeigneten Rahmen für derartige, nicht nur in Ausnahmefällen vorzunehmende Anpassungen der Kriterien bzw. situativ auszulegende Kriterien darstellt.

Des Weiteren ist zu fragen, ob die Beachtung der Nutzerpräferenzen bei der Vorgabe von Qualitätskriterien im Rahmen der LuFV und deren organisatorischer Aufhängung beim EBA auf geeignete Weise erfolgen kann. Den engeren Kontakt zu den EVU und deren Bedürfnissen bezüglich des Netzzugangs und der Netzqualität hat aufgrund seiner übrigen Kompetenzen der Regulierer, also die Bundesnetzagentur. Im Übrigen ist zu berücksichtigen, dass der Regulierer durch seine Prüfungen des diskriminierungsfreien Netzzugangs als auch im Rahmen seiner Kostenanalysen tiefe Einblicke in die Qualität der Infrastruktur erhalten wird. Diese Kenntnisse kann er für eine Qualitätsregulierung nicht effizient nutzen, wenn sie in einer anderen Institution verortet ist. Es erscheint fraglich, ob eine doppelte Vorhaltung solch tiefgreifender Kompetenzen beim EBA sinnvoll wäre.

Insgesamt bestehen also erhebliche Zweifel, ob es überhaupt sinnvoll und angemessen ist, die LuFV mit tiefgreifenden und detaillierten Qualitätskriterien und einer institutionellen Abstützung zur Überwachung und ggf. Anpassung dieser Kriterien auszustatten – dies würde die LuFV überfrachten. Die LuFV ist als langfristig stabile Grundlage konzipiert und hat eine gesetzliche Anbindung (ihre ergänzenden vertraglichen Bestimmungen sollten den gesetzlich vorgegebenen Rahmen nicht stark überschreiten). Insgesamt soll die LuFV – gemeinsam mit den Regelungen zum Neu- und Ausbau – die stabile, langfristige Basis der Beziehungen zwischen Bund und Bahn bilden. Eine Ausdifferenzierung und Flexibilisierung, die nötig wäre, um eine adäquate Qualitätsregulierung bereitzustellen, würde nicht gut funktionieren, zugleich aber den Grundcharakter der LuFV ändern und aufweichen. Im Folgenden wird daher vorgeschlagen, die Qualitätsregulierung in die Anreizregulierung zu integrieren.

2. Modell der integrierten Anreiz- und Qualitätsregulierung

Das Konzept einer integrierten Anreiz- und Qualitätsregulierung kann in folgender Sequenz dargestellt werden:

1. LuFV: Politische Vorgaben für einen langen Zeitraum (etwa 15 Jahre)
   a) Eckdaten zum Infrastrukturzustand (Netzgröße, -kapazität und -qualität)
   b) Höhe der staatlichen Zuwendungen
2. Anreiz- und Qualitätsregulierung für Regulierungsperioden (etwa 5 Jahre)
   a) Auf Basis der Vorgaben aus Schritt 1 a Ausformulierung der Kriterien zu Infrastrukturqualität und -kapazität in Hinblick auf aktuelle Probleme, den Stand der Wissenschaft usw.
   b) Ermittlung der gesamten anerkannten Kosten zur Erfüllung der Vorgaben aus Schritt 2 a
   c) Ermittlung der Obergrenzen für die Zugangsentgelte, um die Differenz aus den gesamten anerkannten Kosten (Schritt 2 b) und den staatlichen Zuwendungen (Schritt 1 b) zu decken

Bezüglich der Qualitätsregulierung wirken LuFV und Anreizregulierung wie folgt zusammen:

- Die Qualitäts- und Kapazitätsvorgaben der LuFV stellen Mindestvorgaben (im Hinblick auf Kriterien und geforderte Mindestausprägungen dieser Kriterien) dar und bilden einen besonderen Schutzmechanismus für den Bund als Eigentümer.
- Im Rahmen der Anreizregulierung werden – analog zum Vorgehen in anderen Sektoren und im internationalen Kontext – nicht nur zu Preisen, sondern auch zur Qualität und Kapazität Restriktionen aufgestellt sowie Anreize gesetzt, um die Nutzerpräferenzen adäquat zu berücksichtigen und langfristig ineffiziente Erhaltungsstrategien zu vermeiden. Dabei könnten einerseits Qualitätsvorgaben im Hinblick auf nicht in der LuFV enthaltene Parameter erfolgen, andererseits könnten Vorgaben aus der LuFV bei einzelnen Kriterien verschärft bzw. expliziert werden. Dabei muss sichergestellt sein, dass keine Anreizkonflikte etabliert werden.

Vorteile eines derartigen Zusammenwirkens von LuFV und Anreizregulierung sind (a) die Möglichkeit zur besseren Berücksichtigung von Nachfragerpräferenzen im Hinblick auf die Qualität, (b) die sinnvoll erscheinende höhere Flexibilität bei der Anpassung der Qualitätsregulierung, (c) keine Verdoppelung tiefgreifender Kompetenzen von zwei Institutionen sowie (d) die institutionelle und organisatorische Vereinheitlichung beim Aufstellen von Regulierungsrestriktionen im Hinblick auf Preise und Qualität, was es *einer* Institution, dem Regulierer, ermöglicht, die Vorteile eines erweiterten Qualitätsstandards den Kosten der Aufrechterhaltung dieses Standards (die im Zweifelsfall durch Zugangsentgelte gedeckt werden müssen) gegenüber zu stellen.

Bezüglich der Kompetenzen des Regulierers und des EBA (Punkt c) ist einzuräumen, dass es hinsichtlich der relativ sparsamen LuFV-Kriterien zu einer doppelten Vorhaltung kommt. Es bestehen aber auch im Rahmen eines solchen Regulierungssystems Möglichkeiten, Doppelarbeiten zwischen den für die LuFV und die Anreizregulierung zuständigen Stellen bei der Qualitätskontrolle zu vermeiden. Die Bundesnetzagentur als Regulierer könnte beispielsweise im Regelfall auf die Qualitätsprüfungen des für die Kontrolle der Einhaltung der LuFV zuständigen EBA zurückgreifen.

Zur Vermeidung von Doppelungen ist es im Übrigen vorstellbar, den Regulierer auch mit der Überprüfung der LuFV-Qualitätskriterien zu betrauen. An der oben dargestellten grundsätzlichen Sequenz des integrierten Ansatzes änderte sich nichts. Der Staat setzte weiterhin in einer LuFV die langfristigen *Eckdaten* zum geforderten Infrastrukturzustand und zu seinem eigenen finanziellen Beitrag (Schritte 1 a und 1 b). Danach wäre der Regulierer am Zug, um aus diesen Vorgaben unter Einbeziehung seiner Expertise die Konsequenzen bezüglich detaillierter Infrastrukturzustandkriterien, Kosten und Zugangsentgelte zu ziehen (Schritte 2 a bis 2 c). Im Laufe einer Regulierungsperiode würde er die Einhaltung aller Kriterien überwachen (Schritt 3, oben nicht gezeigt).

VI. Fazit

Am Rande der aktuellen DB-Privatisierungsdiskussion entwickelt sich seit einigen Jahren eine Reform der Steuerung der bundeseigenen Eisenbahninfrastrukturunternehmen (b-EIU). Diese Reform läuft in der Form zweier großer Projekte, die parallel und bisher weitgehend unkoordiniert voranschreiten, der Entwicklung einer Leistungs- und Finanzierungsvereinbarung (LuFV) und der Entwicklung einer (Anreiz)Regulierung. In diesem Artikel wurde untersucht, wie diese beiden Projekte zusammenpassen, oder besser, wie sie zusammengeführt und zu einem stimmigen Ganzen weiterentwickelt werden sollten.

Grundsätzlich sind zwei Modelle des Zusammenwirkens denkbar, ein separiertes und ein integriertes Modell. Im separierten Modell wird versucht, einzelne Bereiche der b-EIU entweder der LuFV oder einer Anreizregulierung zuzuordnen. Das Problem dieses Ansatzes liegt darin, dass die LuFV nur zur Teilfinanzierung des Infrastrukturunterhalts ausreicht und auch nur dafür konzipiert ist. Die Anreizregulierung sollte hingegen konzeptionell alle Bereiche oder Aktivitäten der b-EIU erfassen. Daher lässt sich ein sinnvolles separiertes Modell nicht konstruieren. Die beiden Elemente können hingegen in einem integrierten Ansatz sinnvoll verbunden werden. Hier wird das b-EIU stets als Einheit betrachtet. Die LuFV leistet einen Teilbeitrag zur Finanzierung und setzt gleichzeitig – neben Vorgaben zur Netzgröße – Mindestanforderungen an den aufrechtzuerhaltenden Infrastrukturzustand. Hieran kann Anreizregulierung sinnvoll anknüpfen und auf Basis von Kostenanalysen eine Obergrenze für die Netzzugangspreise setzen, die eine Kostendeckung (einschließlich angemessener Rendite auf Eigeninvestitionen) zulässt und Anreize zur Kostensenkung setzt.

Wie sollte in diesem Kontext die flankierende Regulierung der Infrastrukturqualität und -kapazität vorgenommen werden? Auch hier sollten die Kriterien und Sanktionen der LuFV nur als ein Teil betrachtet werden. Als langfristige, stabile Basis des finanziellen Verhältnisses von Bund und b-EIU sollte die LuFV nur einige zentrale Parameter festlegen. Diese sind aber nicht ausreichend für die Sicherstellung einer gewünschten Infrastrukturqualität und -kapazität aus Sicht der Nutzer und auch des Eigentümers. Daher sollte der Regulierer nach dem Modell der integrierten Anreiz- und Qualitätsregulierung, ausgehend von der Basis der LuFV und den Anforderungen der Nutzer, die Qualitäts- und Kapazitätskriterien ergänzen, verfeinern und konkretisieren.

Internationale Erfahrungen mit Bahnprivatisierungs- und Bahnregulierungsmodellen

*Prof. Dr. Christian Böttger**

* Der Verfasser ist Professor an der Fachhochschule für Technik und Wirtschaft in Berlin.

I. Problemstellung

Zahlreiche Staaten reformierten in den letzten Jahren den Bahnsektor. War die Eisenbahn in der ersten Hälfte des zwanzigsten Jahrhunderts ein profitables Geschäft, so führte der Aufstieg des motorisierten Individualverkehrs und etwas später der Zivilluftfahrt – in den meisten Staaten hoch subventioniert – zu massiven Rückgängen der Fahrgastzahlen. Im Güterverkehr wirkten mehrere Einflussgrößen. Zum einen erwuchs der Lkw mit seiner größeren Flexibilität als Wettbewerber, zum anderen entwickelte sich die Güterstruktur für die Schiene ungünstig: Die Struktur des Transportbedarfs veränderte sich. Bedingt durch technischen Fortschritt und internationale Arbeitsteilung sank der Bedarf an bahnaffinen Massengütern. In der Folge gerieten die Bahngesellschaften in den sechziger und siebziger Jahren in die Krise. Mit Ausnahme der USA befanden sich die Bahngesellschaften zu diesem Zeitpunkt überwiegend im Eigentum der Öffentlichen Hand. Durch politische Vorgaben eingeengt, erwies es sich für die Bahngesellschaften als schwierig, auf die sich ändernden Marktgegebenheiten zu reagieren. Stilllegung von Strecken und Angebotsreduktionen wurden oft politisch gebremst, Investitionsmittel wurden nicht in angemessenem Umfang bereitgestellt. Personalanpassungen wurden durch öffentliches Dienstrecht unmöglich gemacht. In den achtziger Jahren war in den meisten Staaten eine Situation erreicht, in der eine weitere Verschiebung der Reformen unmöglich war. Die Marktanteile und Umsätze sanken ungebremst, die Mitarbeiter waren demotiviert, der Service oft schlecht, es entstanden jährlich hohe Verluste, die die öffentlichen Haushalte belasteten. Es entstanden riesige Betriebsverluste. Entsprechend begannen die Staaten mit mehr oder weniger fundamentalen Reformen,[1] die im Folgenden ausführlicher dargestellt werden.

---

1 *Pietantronio/Pelkmans*, The Economics of EU Railway Reform, BEEP briefing nr. 8, Brügge 2004; Productivity Commission, Progress in Rail Reform, Melbourne 1999; IBM Business Consulting/Kirchner, Rail Liberalisation Index, o.O 2004; *Thompson*, Changing railway structure and ownership: is anything working? Transport Reviews 2003, S. 311 ff.

II. Darstellung der Entwicklung einzelner Länder

1. Überblick

Während es in einigen Ländern eine große Bahnreform gab (Japan 1987, Neuseeland 1993, Deutschland 1994, Großbritannien 1996), wurden die Veränderungen in anderen Staaten schrittweise realisiert. Es ergibt sich etwa folgende Situation:

Staat	Institut. Trennung Netz – Transport	Freier Netzzugang für Dritte	Ausschreibungen im Personenverkehr	Marktanteil „Incumbent" Betreiber Personenverkehr	Marktanteil „Incumbent" Betreiber Güterverkehr
Dänemark	ja	ja	20 %	95 %	95 %
Deutschland	nein (Konzern)	ja	20 %	85 %	85 %
Estland	in Kürze ja	ja	0 %	100 %	95 %
Frankreich	formal ja	ja	0 %	99 %	99 %
Italien	ja	ja	2 %	100 %	98 %
Niederlande	ja	ja	10 %	90 %	80 %
Österreich	nein (Konzern)	ja	0 %	100 %	95 %
Schweden	ja	ja	100 %	74 %	75 %
Schweiz	nein (Konzern)	ja	0 %	100 %	70 %
UK	ja	ja	100 %	0 %	0 %
Japan	nein	nein	0 %	100 %	100 %
Neuseeland	inzwischen ja	nein	0 %	100 %	100 %

Tabelle 1: Marktstruktur ausgewählter Länder im Vergleich, alle Werte geschätzt auf Basis der jeweils letzten vorliegenden Werte[2]

2 KCW/Uniconsult/HSH/Steer·Davies·Gleave, Privatisierung der Deutschen Bahn AG, Auswirkungen und Alternativen, Studie im Auftrag des BDI und des DIHK, Jan. 2006; IBM Business Consulting, Eisenbahn-Regulierung in Europa, Zürich 2006; IBM Business Consulting/Kirchner (Fn. 1); Steer·Davies·Gleave, Rail-implement – Implementation of EU Directives 2001/12EC, 2001/13EC and 2001/14EC, Studie im Auftrag der Europäischen Kommission, Brüssel 2005; *Suga*, A Bird's-Eye View of World Railway Reform Trends, Japan Railway & Transport Review 2007, S. 6 ff., Banverket, Banverket`s sector report 2006; *Batisse*, Restructuring of Railways in France, A pending process, Japan Railway & Transport Review 2003, S. 32 ff.; Geschäftsberichte von DSB, Banedanmark, DB AG, Eesti Raudtee, SNCF, RFF, Prorail, ÖBB und SBB.

Es zeigt sich, dass das Ausmaß der Reformen stark variiert. Außerhalb Europas sind sehr unterschiedliche Modelle der Marktorganisation getestet worden. In Europa hat die EU mit ihren Richtlinien 91/440 und den Eisenbahnpaketen der letzten Jahre Eckpunkte für die Marktordnung gesetzt (insbesondere freier Netzzugang für Dritte, Trennung von Infrastruktur und Transport). Betrachtet man die Entwicklung der Marktanteile als Kriterium, entsteht – bei aller Unschärfe – der Eindruck, dass sich Märkte, auf denen faktischer, intramodaler Wettbewerb herrscht (freier Netzzugang für Dritte, Ausschreibungen im Personenverkehr), günstiger entwickeln als solche, in denen wenig Marktöffnung zu beobachten ist.

	1995	1996	1997	1998	1999	2000	2001	2002	2003	2004
Großbritannien	7,1	7,8	8,6	8,6	9,3	9,3	10	9,6	9,5	11,2
USA	32,1	33	33,3	34,2	35	35,7	36,7	38,5	36,3	36,8
Schweden	38	36,1	35,3	36,5	36,5	35,3	35,7	34,4	35,5	36,1
Deutschland	18	18,3	18,7	18,1	16,1	17,6	17,1	17,3	17,7	18,4
Japan	4,5	4,5	4,3	4,3	4,1	3,8	3,8	3,9	4	3,9
Niederlande	2,8	2,7	2,8	2,9	3	3,4	3,3	3,1	3,6	3,9
Schweiz	41,9	40	41,7	42,2	43	45,1	44,4	43	42,1	44,1
Österreich	27,2	26,5	26,8	26,5	25,5	26,9	26	25,8	25,4	26,8
Frankreich	18,9	19,2	20,4	19,8	18,6	19,1	17,6	17,6	16,7	15,6

Tabelle 2: Entwicklung der Marktanteile der Eisenbahn im Güterverkehr auf Basis der Beförderungsleistung (in Prozent)[3]

	1995	1996	1997	1998	1999	2000	2001	2002	2003	2004
Großbritannien	100	109,9	121,1	121,1	131	131	140,8	135,2	133,8	157,7
USA	100	102,8	103,7	106,7	109	111,3	114,4	119,9	113,2	114,7
Schweden	100	95	92,9	96,1	96,1	92,9	93,9	90,5	93,4	95
Deutschland	100	101,7	103,9	100,6	89,4	97,8	95	96,1	98,3	102,2
Japan	100	99,8	95,8	95,8	91,8	85,1	84,7	86,2	88,8	88,3
Niederlande	100	96,4	100	103,6	107,1	121,4	117,9	110,7	128,6	139,3

3 Europäische Kommission, EU Rail Market Monitoring Scheme (vgl. http://ec.europa.eu/transport/rail/market/index_en.htm), Bundesamt für Statistik (Schweiz), Verkehrsleistungen im Güterverkehr, (vgl. http://www.bfs.admin.ch/bfs/portal/de/index/themen/11/05.html); Bureau of Transportation Statistics, US ton-miles of freight (1-46a), (vgl. http://www.bts.gov/publications/national_transportation_statistics/html/table_01_46b.html); Japan Statistics Yearbook 2007, Traffic Volume by Type of Transport, Tabelle 12-4 (vgl. http://www.stat.go.jp/data/nenkan/zuhyou/y1204000.xls).

	1995	1996	1997	1998	1999	2000	2001	2002	2003	2004
Schweiz	100	95,5	99,5	100,7	102,6	107,6	106	102,6	100,5	105,3
Österreich	100	97,4	98,5	97,4	93,8	98,9	95,6	94,9	93,4	98,5
Frankreich	100	101,6	107,9	104,8	98,4	101,1	93,1	93,1	88,4	82,5

Tabelle 3: Entwicklung der Marktanteile der Eisenbahn im Güterverkehr auf Basis der Beförderungsleistung – Marktanteile indiziert, 1995 = 100 Prozent

	1995	1996	1997	1998	1999	2000	2001	2002	2003	2004
Großbritannien	4,3	4,6	4,9	5	5,3	5,2	5,2	5,2	5,2	5,5
USA	0,56	0,54	0,55	0,56	0,56	0,56	0,56	0,58	0,57	0,57
Schweden	6,1	6,1	6,6	6,8	6,9	7,4	7,6	7,9	7,9	7,5
Deutschland	7,7	7,8	7,6	7,4	7,3	7,5	7,3	7	6,9	7,1
Japan	28,8	28,8	28,2	27,6	27	27,1	27	26,8	26,9	27,2
Niederlande	9	9	9	9,2	8,7	8,9	8,7	8,5	8,2	8,1
Schweiz	12,5	12,4	12,6	12,6	12,8	13	13,1	13,5	13,6	13,6
Österreich	9,8	9,7	8,2	7,9	7,7	7,9	8	7,9	7,7	7,9
Frankreich	7,4	7,8	8	8,1	8,1	8,5	8,4	8,5	8,4	8,6

Tabelle 4: Entwicklung der Marktanteile der Eisenbahn im Personenverkehr auf Basis der Beförderungsleistung (in Prozent) [4]

	1995	1996	1997	1998	1999	2000	2001	2002	2003	2004
Großbritannien	100	107	114	116,3	123,3	120,9	120,9	120,9	120,9	127,9
USA	100	95,8	98	99,1	99	99,2	100,3	102,9	102,2	102,1
Schweden	100	100	108,2	111,5	113,1	121,3	124,6	129,5	129,5	123
Deutschland	100	101,3	98,7	96,1	94,8	97,4	94,8	90,9	89,6	92,2
Japan	100	99,9	97,7	95,8	93,8	93,9	93,8	93	93,4	94,2
Niederlande	100	100	100	102,2	96,7	98,9	96,7	94,4	91,1	90
Schweiz	100	99,2	100,8	100,8	102,4	104	104,8	108	108,8	108,8

4 Europäische Kommission, EU Energy & Transport in figures, Abschnitt 3.3.3 ff., Brüssel 2006, Quellen für Schweiz, Japan und USA siehe Fn. 3. Die Deutsche Bahn AG nutzt in ihren Darstellungen üblicherweise das Jahr 1994 als Referenzwert. Dazu ist kritisch anzumerken, dass 1994/95 das Berechnungsverfahren für die Verkehrsleistung modifiziert wurde mit der Folge, dass 1995 die Verkehrsleistung um 10 % höher ausgewiesen wurde als 1994.

	1995	1996	1997	1998	1999	2000	2001	2002	2003	2004
Österreich	100	99	83,7	80,6	78,6	80,6	81,6	80,6	78,6	80,6
Frankreich	100	105,4	108,1	109,5	109,5	114,9	113,5	114,9	113,5	116,2

Tabelle 5: Entwicklung der Marktanteile der Eisenbahn im Personenverkehr auf Basis der Beförderungsleistung – Marktanteile indiziert, 1995 = 100 Prozent

Im Folgenden werden die Entwicklungen in Großbritannien, Schweden, Estland, Japan, Neuseeland und Australien ausführlicher betrachtet. Die Auswahl ergibt sich aus der Intensität der realisierten Reformen. Die meisten süd- und osteuropäischen EU-Staaten haben zwar die gesellschaftsrechtliche Trennung von Netz- und Transportgesellschaften realisiert und formal den Netzzugang für Dritte im Güterverkehr umgesetzt, darüber hinaus jedoch nur wenige weitergehende Reformschritte unternommen.[5] In der Folge sind die Marktanteile in diesen Ländern zumeist dramatisch gesunken.[6]

2. Großbritannien

a. Ausgangslage

Großbritannien war der Vorreiter der Bahnliberalisierung in Europa. Deren Ergebnisse werden seit vielen Jahren kontrovers diskutiert. Das Land war nach dem Zweiten Weltkrieg wirtschaftlich massiv geschwächt. Bis in die achtziger Jahre investierte der Staat nur wenig in die öffentliche Infrastruktur. Das betraf auch die Bahngesellschaft British Rail (BR), die nach Kriegsende verstaatlicht worden war. Über vierzig Jahre lag das öffentliche Investment in die Infrastruktur

5 Steer·Davies·Gleave (Fn. 2); CEMT, Railway Reform and the charges for the use of Infrastructure, o.O. 2005 CEMT/CM(2005)6; *Sousek*, Eisenbahnreformen in Europa – Tschechische Republik, in: CER (Hrsg.), Eisenbahnreformen in Europa – Eine Standortbestimmung, Hamburg 2005, S. 203 ff.; *Engelhardt*, Eisenbahnreformen in Europa – Polen, in: CER (Hrsg.), Eisenbahnreformen in Europa – Eine Standortbestimmung, Hamburg 2005, S. 173 ff; *Laskiewicz*, Polnische Eisenbahnen im fünften Jahr der Personenverkehrsreformen, in: Internationales Verkehrswesen 2006, S. 217 ff.; *Gressier*, Eisenbahnreformen in Europa – Frankreich, in: CER (Hrsg.), Eisenbahnreformen in Europa – Eine Standortbestimmung, Hamburg 2005, S. 107 ff.; *Sebastiani*, Eisenbahnreformen in Europa – Italien, in: CER (Hrsg.), Eisenbahnreformen in Europa – Eine Standortbestimmung, Hamburg 2005, S. 125 ff.; Worldbank, Railway Reform in the Western Balkans, o.O. Dez. 2005 (vgl. http://web.worldbank.org/WBSITE/EXTERNAL/COUNTRIES/ECAEXT/EXTECAREGTOPENERGY/0,,contentMDK:20851484~pagePK:34004173~piPK:34003707~theSitePK:511377,00.html).

6 In den zentral- und osteuropäischen Beitrittsstaaten sind die Marktanteile der Schiene im Personen- und im Güterverkehr binnen zehn Jahren um jeweils ein Drittel gefallen. In den südeuropäischen Ländern sowie Belgien und Irland sind die Marktanteile ebenfalls deutlich gesunken, siehe Europäische Kommission (Fn. 3 und Fn. 4).

relativ zum Sozialprodukt bei weniger als der Hälfte des europäischen Durchschnitts.[7] Entsprechend lebte das Unternehmen von der Substanz, der Zustand der Infrastruktur und die Qualität der Fahrzeuge wurden immer schlechter. In den siebziger und achtziger Jahren betrug das Investment stets weniger als 1,5 Mrd. € (in Preisen des Jahres 2000, Wechselkurs 1 £ = 1,50 €). Im Vergleich dazu lagen die Investitionen bei der Bundesbahn zwischen 3,6 und 5,6 Mrd. € (in Preisen des Jahres 2000), wobei das Netz in der Bundesrepublik etwa 50 % größer war als in Großbritannien.

b. Die Privatisierung von 1996/97

Die konservative Regierung Thatcher begann in den achtziger Jahren, Teile der öffentlichen Infrastruktur (Gas, Wasser, Strom, Telekommunikation) zu privatisieren. Nach den Erfolgen in diesen Branchen und aufgrund der EU-Richtlinie 91/440 beschloss die Regierung die Privatisierung der British Rail bei gleichzeitiger Trennung von Transport und Infrastruktur. In einem „White Paper" vom Juli 1992 stellte die Regierung die Eckpunkte der geplanten Bahnreform vor.[8] Danach sollte sich der Güterverkehr ohne öffentliche Zuschüsse selbst tragen. Der Personenverkehr sollte als öffentliche Aufgabe über konkurrierend ausgeschriebene Betreiberverträge als Franchise vergeben werden. Eine Gesellschaft für die Infrastruktur sollte sich über die Trassenpreise finanzieren. Dieses Strategiepapier bildete die Grundlage für die Gesetzgebung und die Umstrukturierung im darauf folgenden Jahr.[9]

Die Regierung vertrat die Auffassung, dass bis auf wenige Ausnahmen der Privatsektor Aufgaben effizienter lösen könne als der Staat. Die Gewinnanreize motivierten die Betreiber wirtschaftlich zu arbeiten und damit Kosten zu senken. Weiterhin könnten sie durch Serviceverbesserungen und Innovationen die Einnahmen steigern. Als Ergebnis sollte eine Eisenbahn entstehen, die den überwiegenden Teil ihrer Kosten selbst decken und die Investitionen privat fi-

7 Railtrack: Railtrack Group Interim Result for the six months ended 30.9.2001 (Halbjahresbericht), 2001, S. 9.

8 Department of Transport (UK), New Opportunities for the Railways, Weißbuch 1992.

9 Zu dem gesamten Abschnitt siehe auch KCW/Uniconsult/HSH/Steer · Davies · Gleave (Fn. 2), *Wolmar*, On the Wrong Line, London 2005; *Schoeller*, Zu den Folgen einer neoliberalen Deregulierungsstrategie, Internationales Verkehrswesen 2003, S. 26 ff.; *Murray*, No Way to Run a Railway – Lessons from the British Rail Privatization, London 2005; *Peter/Brenck*, Bahnprivatisierung in Großbritannien, Vortrag beim Dritten Greifswalder Forum Umwelt und Verkehr, im Band, S. 147 ff.; *Merkert*, Die Reorganisation und Zukunft des Eisenbahnwesens in Großbritannien, Potsdam 2005; *Schnöbel*, Vertikale Desintegration des britischen Eisenbahnsektors, in: Internationales Verkehrswesen 2006, S. 136 ff.; *Thompson*, Privatizing British Railways – Are there lessons for the World Bank and its borrowers?, Washington 2004.

nanzieren würde. Als Ergebnis könnte der Bedarf an staatlichen Subventionen zurückgehen. Als Zusatzvorteil entstünden zudem einmalige Privatisierungserlöse. Diese Strategie war zuvor in anderen restrukturierten und privatisierten Industriezweigen, wie der Strom- und Telekommunikationswirtschaft erfolgreich umgesetzt worden. Es war gelungen, den „Kern“ natürlicher Monopole zu isolieren und getrennt zu regulieren. Die so geschaffenen Strukturen erwiesen sich insgesamt als tragfähig. Die Regierung war davon überzeugt, dass die Eisenbahn ein aussterbendes Verkehrsmittel ohne Bedarf an Neuinvestitionen sei. Entsprechend waren mit der Reform keine verkehrspolitischen Ziele verknüpft, vielmehr ging man von einer weiter sinkenden Bedeutung der Eisenbahn aus. Die längerfristige Vision sah vor, dass die Politik – bis auf wenige Regulierungen oder die Bestellung einzelner gemeinwirtschaftlicher Leistungen – die Eisenbahn vollständig dem Privatsektor überlässt.

Mit dem 1993 beschlossenen Railways Act setzte Großbritannien die Bahnreform um. Dabei wurden für den Personenverkehr 25 Netze (Franchise) gebildet, deren Betrieb über einen Zeitraum von etwa sieben Jahren ausgeschrieben und über ein Auktionsverfahren vergeben wurden. Die 25 Franchise wurden an dreizehn verschiedene Unternehmen (Train Operating Companies = TOCs) vergeben, die Ende 1996 bzw. Anfang 1997 den Betrieb übernahmen. Vertragsgemäß mussten die TOCs definierte Mindestverkehrsleistungen („Passenger Service Requirement“) anbieten. Fahrpreise und Servicequalität unterlagen behördlicher Aufsicht. Die TOCs erhielten für ihre Leistungen staatliche Subventionen. Diese bewegten sich anfangs auf dem Niveau derjenigen Zahlungen, die zuvor British Rail für den Personenverkehr erhalten hatte, und schmolzen über die Laufzeit deutlich ab. Da die Fahrzeuge und Ausbesserungswerke zuvor in mehreren Teilen verkauft worden waren, mussten die TOCs anfangs ihre Fahrzeuge bei den Rolling Stock Companies (ROSCOs) leasen und die Instandhaltung durch selbständige Ausbesserungswerke durchführen lassen.

Die Güterverkehrssparte von British Rail sollte ursprünglich in mehreren Teilen an verschiedene Private verkauft werden. Da jedoch nur English Welsh & Scottish Railway (EWS) – ein Unternehmen im Eigentum von Wisconsin Central Railroad (jetzt Canadian National) und Berkshire Partners – als Kaufinteressent auftrat, konnte die EWS alle Gesellschaften erwerben. Inzwischen sind weitere Unternehmen in den Markt eingetreten, EWS ist jedoch nach wie vor Marktführer.

Der Netzzugang ist seit Beginn der britischen Bahnreform offen. Voraussetzungen sind lediglich die Einhaltung der Sicherheitsstandards, eine Abstimmung mit Railtrack (bzw. mit dem Nachfolger „Network Rail"), das sog. „Track Access Agreement" sowie die Zahlung der Trassenpreise.

Die Eisenbahninfrastruktur übertrug man auf die eigens gegründete Gesellschaft Railtrack. Auf Basis des bereits erwähnten Railways Act erhielt Railtrack im März 1994 eine „Network Licence" unter der Annahme, dass Railtrack eine Organisation in staatlichem Eigentum mit direkter Durchgriffsmöglichkeit des Verkehrsministers bliebe. Dabei war vorgesehen, dass Railtrack sich weitgehend auf Steuerung und Projektmanagement konzentrieren und über entsprechende Steuerungs- und Beurteilungskompetenzen verfügen sollte. Die Detailplanung und Durchführung von Arbeiten sollte der Privatsektor übernehmen. Entsprechend wurden die Bereiche Gleisbau, Planung und Infrastrukturinstandhaltung in mehrere regionale Einheiten aufgeteilt und einzeln aufgrund eines Ausschreibungsverfahrens verkauft. Um einen reibungslosen Übergang zu gewährleisten, waren die Verträge von Railtrack mit diesen Unternehmen beim Verkauf bereits abgeschlossen.

Anfang 1996 entschied die Regierung kurzfristig, Railtrack nicht, wie ursprünglich geplant, in öffentlichem Eigentum zu belassen, sondern vollständig zu privatisieren.[10] Hintergrund war, dass die konservative Regierung ihre Abwahl bei den bevorstehenden Wahlen befürchtete und zuvor die begonnene Privatisierung der Bahn unumkehrbar machen wollte.[11] Im Mai 1996 brachte die Regierung Railtrack vollständig an die Börse, der Verkaufserlös betrug 1,95 Mrd. £. Die gesamte Privatisierung stand unter der Annahme, dass Railtrack den Betrieb vollständig selbst finanzieren und keine staatliche Unterstützung benötigen würde.

Für die Regulierung der privatisierten Eisenbahn wurden zwei Behörden geschaffen. Der „Rail Regulator" war zuständig für alle Fragen des Wettbewerbs in der Eisenbahnbranche (Marktmachtmissbrauchskontrolle, Schutz vor Diskriminierung [insbesondere bei der Festlegung der Nutzungsentgelte für die Infrastruktur] etc.). Der „Franchising Director" war als Leiter des „Office of Passenger Rail Franchising" (OPRAF) für die Gestaltung und Abwicklung der Franchiseverträge mit den TOCs verantwortlich. Themen der Bahnsicherheit verblieben im Zuständigkeitsbereich der existierenden „Health and Safety Executive" (HSE).

Obwohl sich mit dem Börsengang die Ziele von Railtrack fundamental änderten, wurde die Regulierung des Infrastrukturbetreibers im Vorfeld des

10 Office of the Rail Regulator: Railtrack's stewardship of the network, 1999, S. 3. (http://www.rail-reg.gov.uk/server/show/nav.56).

11 O. V., The rail billionaires, in: Economist, 3.7.1999.

Börsengangs nicht verändert. Trassenpreise und Access Agreements unterlagen weiterhin der Genehmigungspflicht durch den Rail Regulator.

Die Privatisierung schien zunächst eine Erfolgsgeschichte zu werden: Nicht nur die Fahrgastzahlen und Beförderungsmengen stiegen an, auch der Abwärtstrend der Marktanteile konnte nachhaltig umgekehrt werden (siehe Tabellen 2 – 5). Der Marktanteil der Bahn im Personen- wie im Güterverkehr stieg von 1996 bis 2005 stetig an – kein anderes Land weist eine so günstige Entwicklung des Modal Split auf. Die wirtschaftliche Lage aller Unternehmen in der Bahnindustrie verbesserte sich deutlich. Nach Berechnungen des Economist erzielte die gesamte Bahnbranche (TOCs, ROSCOs, Railtrack, Instandhaltungsunternehmen) im Geschäftsjahr 1997/1998 eine durchschnittliche Umsatzrendite von 19 %. Railtrack erzielte in den ersten Jahren nach dem Börsengang Umsatzrenditen von 12 bis 15 %. Es wurden von 1996 bis 2001 jährlich Dividenden von insgesamt fast 700 Mio. £ ausgeschüttet. Der Aktienkurs von Railtrack stieg von 390 Pence (Ausgabepreis) auf bis zu 1768 Pence im November 1998. Allerdings stellte sich auch heraus, dass bei der Privatisierung einige Gesellschaften deutlich unter Wert verkauft worden waren. Viele Gründer von Unternehmen (Betreiber, Instandhalter, ROSCOs) verkauften ihre Anteile nach kurzer Zeit und erzielten dabei bemerkenswerte Renditen.[12]

c. Krise und Korrekturen

In der britischen Öffentlichkeit nahm ab etwa 1999 die Unzufriedenheit sukzessive mit der Erkenntnis zu, dass zwar die Gewinne der Branche exzellent waren, sich jedoch die Qualität im Personenverkehr nicht besserte. Die neue Labour-Regierung reagierte zügig. Ein neu berufener Rail Regulator versuchte, Railtrack einer schärferen Regulierung zu unterwerfen. Zugleich kündigte die Regierung an, das OPRAF aufzulösen und die Funktionen in die neue „Strategic Rail Authority“ (SRA) zu überführen. Die SRA sollte neben den Funktionen der OPRAF auch den staatlichen Teil der Finanzierung von Neubauprojekten abwickeln. Zwar wurde die neue Behörde erst 2001 formell mit Kompetenzen betraut, war jedoch schon zuvor als „Shadow Strategic Rail Authority“ aktiv, so dass in dieser Zeit drei Aufsichtsbehörden agierten, die ihrerseits vom Verkehrsministerium (DTLR) überwacht wurden.

Nach zwei schweren Unfällen (Paddington 1999, Hatfield 2000) verschärfte sich die öffentliche Kritik am Bahnsystem. Als unmittelbare Unfallursache

12 O.V., The rail billionaires, Economist, 3.7.1999; o.V. The gravy train, Economist, 3.7.1999.

wurde jeweils grob fahrlässiges Verhalten der Mitarbeiter festgestellt. In beiden Fällen haben Untersuchungen gravierende Mängel in den Managementprozessen als eigentliche Ursache identifiziert. Entgegen der verbreiteten öffentlichen Meinung ist allerdings festzuhalten, dass insgesamt die Sicherheit der Eisenbahn in Großbritannien durch die Privatisierung nicht geringer geworden ist. Tatsächlich ist die Zahl der Unfälle und der Unfallopfer, einem langfristigen Trend folgend, gesunken. Auch das absolute Niveau der Unfallopfer lag und liegt im europäischen Vergleich im unteren Bereich.[13]

Bei den Betreibern zeigten sich zunehmend finanzielle Probleme. Sie hatten bei der Vergabe stark sinkende Zuschüsse vereinbart. Dies beruhte auf der Annahme, dass die Fahrgelderlöse deutlich steigen würden. Diese Ziele wurden nicht erreicht. Dies lässt sich teilweise mit zu optimistischen Prognosen, teilweise aber auch mit mangelnder Kapazität der Eisenbahninfrastruktur erklären, die eine Ausweitung des Angebots verhinderte.

Es ließen sich folgende Ursachen für die Probleme herausarbeiten:[14]

- Mangelhafte Methoden der Qualitätsmessung: Bestimmte Leistungsparameter (z. B. Pünktlichkeit) vereinbarte der Aufgabenträger mit den TOCs. Allerdings erwiesen sich die Regeln bald als nicht hinreichend präzise, vieles wurde auf dem (Nach)Verhandlungsweg gelöst. Die Weiterbelastung von Verspätungspönalen an Railtrack und von Railtrack weiter an andere Betreiber oder Instandhalter führte zu erheblichem Aufwand bei der Erfassung und Beurteilung.
- Falsches Anreizsystem für die Infrastruktur: Da bei der Reform die Annahme vorherrschte, dass die Nachfrage sinken würde, waren die Trassenpreise weitgehend zeitabhängig gestaltet; nur weniger als 10 % waren mengenabhängig. Die Betreiber hatten auf steigende Fahrgastzahlen gesetzt, die aufgrund des geringen variablen Anteils in den Trassenpreisen kostengünstig befördert werden sollten. Allerdings erwies sich, dass das Netz die zusätzliche Nachfrage technisch und betrieblich nicht absorbieren konnte. Da die Verspätungspönalen linear anstiegen, das Verspätungsrisiko aber mit zunehmender Zugzahl wächst, hatte Railtrack weder einen Anreiz, zusätzliche Züge in den Fahrplan aufzunehmen, noch kapazitätserweiternde Investitionen durchzuführen.[15]

13 *Evans*, Railway Risks, Safety Values and Safety Costs, London 2004.

14 *Böttger*, Das Insolvenzverfahren der Railtrack, Internationales Verkehrswesen 2002, 276 ff.

15 Office of the Rail Regulator: Periodic review of Railtrack's access charges: The incentive framework, 1999, insb. S. 1 und 5 (http://www.rail-reg.gov.uk/server/show/nav.56).

Vor dem Hintergrund, dass die TOCs auf einen Fahrgastzuwachs angewiesen waren, um die sinkenden Subventionen auffangen zu können, erwies sich der fehlende Anreiz an Railtrack, die Kapazität des Netzes zu erweitern, als das Kernproblem des Regulierungsrahmens. Railtrack war zwar vertraglich zu bestimmten Investitionen gezwungen, allerdings wies es diese Investitionen teilweise durch die Umbuchung von Instandhaltungsaufwand nach.

- Investitionsanreiz für die Betreiber: Für die TOCs bestand kein Anreiz, Neufahrzeuge zu beschaffen, da ihre Franchise auf sieben Jahre begrenzt waren.
- Kompetenzdefizite: Besonders in der Infrastruktur hatten viele Fachleute und Führungskräfte eigene Unternehmen gegründet. Entsprechend hatte Railtrack ein Kompetenzproblem, besonders im Ingenieurbereich.[16] Bei den TOCs fehlte die langfristige Perspektive, so bildete niemand mehr Lokführer aus, sondern warb sie beim Wettbewerber ab. Dies führte zu Knappheit und stark steigenden Löhnen.
- Regulierung: Die Aufgaben der Regulierer und ihre Schnittstellen waren nicht hinreichend scharf definiert. Die Beziehungen zwischen den Behörden galten als zerrüttet. Im Jahr 2000 wurde bekannt gegeben, dass eine neue Behörde die Aufgaben des OPRAF übernehmen sollte. Zwei Jahre existierten beide Behörden nebeneinander, bis der Transfer der Kompetenzen abgeschlossen war.

Der Ersatz des OPRAF durch die „Strategic Rail Authority" (SRA) sollte einen stärkeren strategischen Zugriff auf das System der Bahn ermöglichen, ohne fundamental die Regulierung zu ändern. Die SRA schnitt die Franchise neu zu, verlängerte die Laufzeiten der Franchise, präzisierte die Incentiveregelungen und verpflichtete die TOCs zum Einsatz neuer Fahrzeuge.

In einem weiteren Reformschritt leitete der Verkehrsminister Oktober 2001 ein Insolvenzverfahren gegen Railtrack ein. Das Vorgehen war juristisch zweifelhaft, jedoch bestand Einigkeit darüber, dass die Krise von Railtrack ein staatliches Einschreiten erforderte. Die „Financial Community" verlangte allerdings eine Entschädigung für die wertlos gewordenen Aktien. Aufgrund der Befürchtung, ohne die Unterstützung der Kapitalmärkte bei weiteren Privatisierungsprojekten massive Schwierigkeiten zu bekommen, lenkte die Regierung hier ein und zahlte den Aktionären eine Entschädigung von ca. 1,5 Mrd. £. Die Regie-

16 Booz·Allen·Hamilton, Railtrack's Performance in the Control Period 1995 – 2001, 1999 (http://www.rail-reg.gov.uk/upload/pdf/rt95-01cont.pdf); ein unveröffentlichter Report von Ove Arup kritisierte Durchführung und Management von Instandhaltung durch Railtrack vernichtend, siehe hierzu Bericht im „Guardian" 31. Dez. 2001 (Guardian-Website).

rung befand nach den negativen Erfahrungen, dass die Eisenbahninfrastruktur nicht mehr als gewinnorientiertes Unternehmen geführt werden sollte. So wurde Railtrack in das neue Unternehmen Network Rail (NR) überführt. Formal gilt dieses Unternehmen nicht als Staatsunternehmen, damit seine Verbindlichkeiten nicht als Staatsschulden gerechnet werden müssen. Ein unabhängiges Aufsichtsgremium kontrolliert die Firma, Gewinnausschüttungen sind nicht mehr vorgesehen.[17]

d. Aktuelle Entwicklungen

Anfang 2004 führte die Regierung eine erneute Überprüfung der bisherigen Eisenbahnpolitik durch.[18] Die neue Strategie beinhaltet ein klares Bekenntnis dazu, dass Leistungen zwar bei Privaten eingekauft werden sollten, die Regierung jedoch eine verkehrspolitische Verantwortung hat.

- Entsprechend übernahm das Verkehrsministerium die Rolle des Aufgabenträgers, die SRA wurde aufgelöst. NR erhielt die klare Verantwortlichkeit für das Funktionieren der Infrastruktur, einschließlich der Wahrnehmung der Infrastrukturbewirtschaftung. Zur Reduktion der Schnittstellen werden die Regionalstrukturen der Franchise und der Infrastruktur angepasst.
- Die Zusammenarbeit zwischen NR und den Betreibern soll verbessert werden. Die Zahl der Franchise soll reduziert werden. Zudem soll der Zuschnitt der Franchise und die Regionalstruktur von NR harmonisiert werden.
- Die Regulierung wird auf eine Behörde, den Rail Regulator konzentriert. Dieser übernimmt auch die Sicherheitsaufsicht der Health and Safety Executive (HSE).
- Der Staat stellt zweckgebunden investive Mittel für den Infrastrukturausbau des Schienenverkehrs bereit, NR verantwortet die Durchführung der Maßnahmen.

Zuletzt wurden Überlegungen kolportiert, dass die Betreiber des Personenverkehrs auch wieder die Verantwortung für die Infrastruktur übernehmen sollten.

17 *Merkert,* Network Rail – Britische Lehre für die deutschen Schieneninfrastruktur-Manager?, Internationales Verkehrswesen 2007, 189 ff.

18 Department of Transport: The Future of Rail – White Paper CM 6233, 2004 (http://www.dft.gov.uk/pdf/about/strategy/whitepapers/rail/thefutureofrailwhitepapercm6233).

e. Lerneffekte

Das britische Modell der Bahnprivatisierung wird in der öffentlichen Diskussion immer als Beispiel für ein gescheitertes Modell herangezogen. Bei nüchterner Betrachtung stellt sich die Bilanz deutlich positiver dar. Zwar sind im Privatisierungsprozess Fehler gemacht worden, diese wurden aber teilweise zügig korrigiert. Als Schwachpunkte sind zu nennen:

- fehlende vertragliche Regelungen zum Zustand der Infrastruktur ermöglichten Desinvestment bei gleichzeitiger Gewinnausschüttung,
- fehlende Anreize zur Investition in Fahrzeuge und Infrastruktur,
- mangelhaftes Anreizsystem ermöglichte den Unternehmen anfangs hohe Gewinne ohne angemessene Leistung,
- überkomplexes Pönalensystem zwischen den Akteuren,
- Kompetenzwirrwarr zwischen den Regulierungsbehörden verhinderte effiziente Aufsicht,
- die materielle Privatisierung der Eisenbahninfrastruktur hat sich als grundlegender Fehler der britischen Bahnreform herausgestellt. Er konnte nur mit großem Aufwand (Kosten + „politisches Kapital“) rückgängig gemacht werden.

Trotz dieser Schwächen sind die Erfolge der Bahnprivatisierung ermutigend:

- steigende Verkehrsleistung und steigende Marktanteile im Personen- und im Güterverkehr, Umkehr des Abwärtstrends beim Verkehrsträger Bahn,
- Diskriminierungsfreiheit durch neutralen Infrastrukturbetreiber und starke, unabhängige Regulierung,
- sämtliche Schienenpersonenverkehre werden in einem durchgängigen Verfahren vergeben und bei Bedarf bezuschusst, d. h. keine prinzipielle Differenzierung zwischen eigenwirtschaftlichem Fern- und gemeinwirtschaftlichem Nahverkehr,
- hohe Transparenz der Prozesse und der Finanzierung (Vergabekriterien, Finanzierung, Marktentwicklung, Organisation etc. sind für jedermann verfügbar),
- Einstieg in Qualitätssteuerungs- und Anreizsysteme (Bonus-Malus-Regelungen, Veröffentlichung der Leistungen der TOCs in sog. „Public Performance Measures“, Tabellen mit genauen Angaben über Zuverlässigkeit und Pünktlichkeit).

3. Schweden

a. Ausgangslage

Schweden ist mit rund 9 Mio. Einwohnern auf einer Fläche von knapp 450.000 km² dünn besiedelt. Der größte Teil der Bevölkerung lebt im Dreieck Stockholm, Göteborg, Malmö. Das Bahnnetz ist außerhalb dieser Zentren entsprechend weitmaschig. Die Marktstellung der Bahn ist im Personenverkehr entsprechend schwach.[19] Im Güterverkehr stellt die Schifffahrt einen starken Wettbewerber dar, für den Verkehr nach Mitteleuropa besteht nur eine Brückenverbindung. Fast ein Viertel der Verkehrsleistung im Güterverkehr entfällt auf den Erztransport von den nordschwedischen Minen zu den Verladehäfen.

Auch in Schweden geriet die Eisenbahn in den fünfziger Jahren in die Verlustzone. Die ersten Reformschritte reichen bis in die siebziger Jahre zurück, als Schweden ein Zielnetz für die Eisenbahn beschloss und alle anderen Strecken stilllegte oder den Kommunen und Landkreisen übergab. 1988 bereits erfolgte eine gesellschaftsrechtliche Trennung der Staatsbahn in eine Gesellschaft für den Transportbetrieb („SJ neu“) und eine staatliche Infrastrukturbehörde (Banverket). SJ zahlt seither für die Nutzung der Infrastruktur Trassenpreise. Die Trassenpreise berechnen sich auf Basis der Grenzkosten und decken nur etwa 15 % der Kosten. Die restlichen Mittel sowie Investitionen werden aus dem Staatshaushalt finanziert.[20]

b. Reformschritte seit 1988

Mit der Neuordnung 1988 erhielten die zwanzig Provinzen die Verantwortung für den Regionalverkehr, so dass sie ab 1990 Leistungen im Wettbewerb vergeben konnten. Die Ausschreibungen liefen meist nur über wenige Jahre und die Fahrzeuge wurden von SJ an die Provinzen übertragen. In der ersten Runde der Ausschreibungen setzte sich SJ weitgehend durch. Dabei wurde der Vorwurf geäußert, dass SJ unter Kosten angeboten habe, um den Markteintritt von Wettbewerbern zu verhindern. Im Fernverkehr hatte SJ seit der Reform von 1989 für bestimmte unprofitable Strecken Zuschüsse erhalten.

---

19 Modal-Split-Anteil 4 % im Regionalverkehr und 15 % im Fernverkehr, siehe Banverket, Banverket`s sector report 2006, S. 63 (http://www.banverket.se/pages/1493/BV_Sektor_06_ENG_L_x.pdf).

20 Zu dem ganzen Abschnitt siehe auch KCW/Uniconsult/HSH/Steer · Davies · Gleave (Fn. 2), S. 146 ff.; Alexandersson/Hulten, Eisenbahnreformen in Europa – Schweden, in: CER (Hrsg.), Eisenbahnreformen in Europa – Eine Standortbestimmung, Hamburg 2005, S. 43 ff.

Ende der neunziger Jahre entwickelte sich etwas mehr Dynamik im Wettbewerb. Die Provinzen begannen flächendeckend mit der Ausschreibung der Regionalverkehre in ihren Regionen. Zudem wurde 1999 eine neue Behörde „Rikstrafiken" gegründet, die die Aufgabe erhielt, zuschussbedürftige Verkehrsleistungen im Bahn- und Flugverkehr wettbewerblich zu vergeben. Bahnverkehre wurden allerdings nur dann ausgeschrieben, wenn sie von der SJ als „nicht eigenwirtschaftlich" eingestuft wurden.

Die Resultate der Liberalisierung sind gemischt. Einerseits sind die Marktanteile des Schienenverkehrs im Personenverkehr in Schweden deutlich gestiegen (siehe Tab. 4) und die öffentlichen Zuschüsse für die Verkehre deutlich gesunken (auch wenn teilweise bei der zweiten oder dritten Ausschreibung leichte Preissteigerungen auftraten).[21] Andererseits zeigten sich bei den Vergaben auch Probleme und Misserfolge: So hat Rikstrafiken den Verkehr der Strecke Malmö – Göteborg 1999 ausgeschrieben, nachdem SJ sie als zuschussbedürftig eingestuft hatte. Der siegreiche Betreiber Sydvästen (ein Konsortium aus Keolis, Go-Ahead und BK Tåg) übernahm den Betrieb – ohne Zuschuss – Anfang 2000 auf Basis eines Jahresvertrags. Wenige Tage nach Betriebsaufnahme erklärte SJ, den Verkehr auf dieser Linie doch eigenwirtschaftlich durchführen zu können. Rikstrafiken kündigte daraufhin an, die Leistungen nach Ablauf des Ein-Jahres-Vertrages an SJ zurückzugeben. Sydvästen geriet in der Folge in Schwierigkeiten und musste nach vier Monaten Insolvenz anmelden. Weiter musste der andere Betreiber BK Tåg im Frühjahr 2005 Insolvenz anmelden. Das Unternehmen hatte den Regionalverkehr im Raum Linköping/Jonköping übernommen. Nach Angaben des Unternehmens hatte SJ nach dem Verlust der Strecke die Anschlüsse Richtung Stockholm so umgelegt, dass für viele Fahrgäste andere Routen günstiger waren und BK Tåg deutlich geringere Fahrgastzahlen erreichte als prognostiziert. Eine weitere Vergabe, die erhebliche Probleme verursachte, war die Vergabe des Stockholmer Regionalverkehrs 1999 an Citypendeln (ein Konsortium aus Keolis, Go-Ahead und BK Tåg, wobei Go-Ahead 2001 ausstieg). Citypendeln kämpfte von Beginn an mit Qualitätsproblemen, 2005 wurde der Betrieb neu vergeben.

Folgende Probleme mit dem Vergabesystem in Schweden wurden bislang identifiziert:

21 *Alexandersson/Hulten*: Competetive tendering of regional and interregional rail services, Vortrag bei CEMT, Paris, 12. Jan. 2006 (http://www.cemt.org/topics/rail/Paris06/Alexandersson.pdf).

- SJ wurde verpflichtet, Wettbewerbern Fahrzeuge zur Verfügung zu stellen. Regelungslücken bezüglich Überlassungsentgelten, Restwert und Verantwortung für den Unterhalt führten jedoch zu Konflikten und Unsicherheit. Eine abschließende Lösung wurde erst im Januar 2004 gefunden, als ein wettbewerbsneutraler staatlicher Wagenpool für gemeinwirtschaftlichen Fernverkehr eingerichtet wurde.
- Anfangs betrug die Laufzeit der Verträge oft nur ein Jahr. Inzwischen werden viele Verträge für fünf Jahre vergeben.
- Das unklare Risikoprofil führt dazu, dass nur eine geringe Zahl von Bietern im Markt aktiv ist. Durchschnittlich gehen bei SPNV-Vergaben nur etwa zwei Angebote ein.[22]

Seit 2002 werden im schwedischen Eisenbahnsektor neben Verkehrsleistungen auch Leistungen im Bereich der Infrastruktur (Wartung und Unterhalt) ausgeschrieben. Bis Ende 2006 wurden für 53 % des Eisenbahnnetzes entsprechende Serviceleistungen im Wettbewerb vergeben. Die eigene Instandhaltungsorganisation von Banverket hat zwar 72 % der Leistungen erhalten, aber es wurden binnen 5 Jahren fast 30 % der Leistungen an Wettbewerber vergeben. Nach ersten Auswertungen sind durch die Ausschreibungen die Kosten und die Verspätungsstunden gesunken.[23]

Parallel zur Neuordnung des Marktrahmens wurde der SJ-Konzern umstrukturiert. Nach der Überführung der Infrastruktur in eine eigene Gesellschaft 1988 wurden Mitte der Neunziger Randaktivitäten verkauft (z. B. Swebus, Anteile an Scandlines, Hotels und Restaurants).

Im Januar 2001 wurde die SJ in sechs Gesellschaften aufgeteilt, dabei verblieben die Transportbereiche SJ AB (Personenverkehr) und Green Cargo (Güterverkehr) vorerst als eigenständige Unternehmen, die anderen (Jernhusen AB – Immobilien, EuroMaint AB – Schienenfahrzeugreparatur und -wartung, TraffiCare AB – Rangierdienste und Stationsservice und Unigrid AB – Datenverarbeitung) sollten verkauft werden. TraffiCare und Unigrid wurden tatsächlich verkauft, die Veräußerungspläne für EuroMaint und Jernhusen wurden zurückgestellt. Ebenfalls gestoppt wurden Pläne, die Frachtgesellschaft Green Cargo zu verkaufen. SJ AB stand 2004 vor der Insolvenz, nach einer Rekapitalisierung durch die Regierung scheinen die Reformschritte jetzt langsam zu wirken. Mitte 2007

22 *Alexandersson/Hulten* (Fn. 12).

23 Banverket (Fn. 10), S. 36 f.

wurde EuroMaint, inzwischen profitabel, an eine schwedische Private-Equity-Gesellschaft verkauft.[24]

c. Lerneffekte und Ausblick

Schweden hat relativ früh mit der Reform des Bahnsektors begonnen. Im deutlichen Gegensatz zu Großbritannien wurden die einzelnen Schritte sehr bedächtig vorgenommen. Entsprechend hat sich der Markt organischer, aber auch deutlich langsamer entwickelt. Strukturelle Fehler wurden sukzessive korrigiert. Als weitere Schritte sind der Verkauf der noch beim Staat befindlichen Transportgesellschaften und die vollständige Ausschreibung aller Personenverkehrsleistungen im Gespräch.

4. Estland

a. Ausgangslage

Estland ist der nördlichste der drei baltischen Staaten, die 1991 ihre Unabhängigkeit von der UdSSR erklärten. Mit 1,3 Mio. Einwohnern auf einer Fläche von 45.000 km² ist das Land dünn besiedelt. Das Land verfügt über ein breitspuriges Bahnnetz von ca. 1.500 km Länge. Die Hauptachse verläuft in Ost-West-Richtung entlang der Küste von der russischen Grenze zu den Häfen bei Tallinn und in die Stadt selbst. Von Tallinn, bzw. von Tapa aus, verlaufen vier Strecken Richtung Süden zur Erschließung der Region. Ein weiterer Grenzübergang Richtung Russland und einer nach Lettland werden kaum bzw. gar nicht genutzt.

Im Personenverkehr besteht ein S-bahnartiger Vorortverkehr auf vier Strecken um Tallinn (knapp 1 Mio. Zugkilometer [zkm]). Der staatliche Betreiber, Elektroraudtee, erhält jährlich einen Zuschuss von ca. 60 Mio. Kronen (ca. 4 Mio. €). Die Regionalverkehrsgesellschaft Edelaraudtee wurde 2000 an ein von GB Rail geführtes Konsortium verkauft. Sie betreibt mit DMU den Verkehr auf den Hauptachsen (ca. 1,5 Mio. zkm p. a.). Zwei der Strecken im Südwesten des Landes (von Tallinn nach Parnu und Viljandu) gehören ihr. Das Unternehmen erhält jährlich 130 Mio. Kronen (ca. 8 Mio. €) Zuschuss, wobei dieser jährlich neu verhandelt wird. Der Fernverkehr besteht aus einem täglichen Zugpaar eines privaten Betreibers nach St. Petersburg. Insgesamt liegt der Modal-Split-Anteil der Eisenbahn bei 1,6 %. Wirtschaftlich deutlich relevanter ist der Güter-

24 Ratos, Ratos to acquire EuroMaint, Pressemeldung vom 29. Juni 2007.

verkehr, wobei 90 % des Geschäfts aus Ganzzügen mit (Schwer)Öl besteht, die aus russischen Raffinerien in die Häfen in und um Tallinn transportiert werden. Der Modal-Split-Anteil der Bahn am Güterverkehr liegt bei knapp 70 %.

b. Privatisierung

1998 entschied die Regierung, die Eisenbahn zu privatisieren. Der regionale Personenverkehr wurde zusammen mit den beiden südwestlichen Streckenästen an ein von GB Rail geführtes Konsortium verkauft.[25] Das Privatisierungsverfahren für die Güterverkehrsgesellschaft Eesti Raudtee (incl. der Infrastruktur) war deutlich komplexer und kontroverser: Der erste Bieter bot 2,6 Mrd. Kronen (ca. 165 Mio. €), erwies sich aber als gesuchter Mafiosi aus den USA. Daraufhin erhielt der zweite Bieter den Zuschlag für 1,0 Mrd. Kronen (ca. 63 Mio €). Ein britischer Consulter erhielt für eine – offenbar als mäßig empfundene – Unterstützungsarbeit 75 Mio. Kronen Honorar. Ein Rechnungshofbericht kritisierte anschließend das intransparente Verfahren, insbesondere aber, dass die Privatisierungsagentur im Rahmen der Vergabe finanzielle Verpflichtungen übernahm, zu denen sie nicht berechtigt war.

Der schließlich erfolgreiche Bieter war das BRS-Konsortium, an welchem mehrere Banken und Investmentgesellschaften sowie der US-Bahngesellschaft RRDC beteiligt sind. BRS übernahm Anfang 2001 66 % der Anteile an Eesti Raudtee. In dem Vertrag wurde eine Betriebspflicht für die Infrastruktur festgelegt sowie eine Verpflichtung, bestimmte Beträge für Investitionen und Instandhaltung der Infrastruktur bereit zu stellen. Der Staat als Minderheitsaktionär behielt Sonderstimmrechte bei bestimmten gesellschaftsrechtlichen Fragen.[26]

Im Jahre 2005 gerieten der Staat und das BRS-Konsortium in heftigen Streit: Der Staat warf BRS vor, die Vorgaben zu Investitionen und Instandhaltung von Infrastruktur nicht eingehalten zu haben. BRS hingegen behauptete, der Infrastrukturzustand sei gut, die geringeren Kosten ergäben sich aus effektiveren

25 Die heutigen Eigentumsverhältnisse können nicht sicher geklärt werden. Auf der Website von Edelraudtee wird GB Rail noch immer als Eigner genannt, im Geschäftsbericht von First Group, der Nachfolgegesellschaft von GB Rail, taucht die Beteiligung nicht auf.

26 *Vare*, Eisenbahnreformen in Europa, in: CER (Hrsg.), Eisenbahnreformen in Europa – Eine Standortbestimmung, Hamburg 2005, S. 186 ff.; *Aadnesen*, Case Study – The Story so far, Pioneering vertically integrated Privatization in Europe and experience of rail freight liberalization in a private verticalle integrated company, Präsentation, Tallinn 2006; Riigikontroll (Estnischer Rechnungshof), Legitimacy of the agreement for privatizing 66 % of the shares of AS Eesti Raudtee and the shareholder's agreement, Tallinn 2005; TERA, Best practices for private sector investment in railways, Studie im Auftrag der Weltbank und der Asian Development Bank 2006, Anhang 8.

Arbeitstechniken. Die Regierung hat daraufhin BRS wegen Vertragsverletzung verklagt. Unter Ausnutzung ihrer Sonderstimmrechte verhinderte die Regierung zudem die Ausschüttung von Gewinnen. Dies veranlasste BRS zu einer Klage gegen die Regierung, da die Sonderstimmrechte nicht EU-konform seien. Schließlich wurde in Umsetzung des zweiten EU-Eisenbahnpakets ein Gesetz zur unabhängigen Trassenvergabe und Preisfestsetzung der Trassenpreise geschaffen.

Ein besonderer Aspekt in dem Konflikt ist das Verhältnis Estlands zu Russland. Historisch ist dieses schwierig, die Regierung bemüht sich offiziell um Abgrenzung und Autonomie. Brancheninsider berichten allerdings, dass sich alle Regierungen seit der Unabhängigkeit stets dafür eingesetzt hätten, dass die russischen Öltransporte günstige Konditionen durch die estnische Bahn erhielten. Mit den Gesetzen zum Trassenzugang für Dritte erhielten die russischen Ölunternehmen die Gelegenheit, über eigene Gesellschaften Trassen zu erhalten (die Hafenanlagen befinden sich bereits in russischem Eigentum). Hierdurch geriet das Kerngeschäft der privatisierten Bahngesellschaft weiter unter Druck.

Nach einem langen, teilweise öffentlich geführten Streit einigten sich BRS und der estnische Staat Ende 2006 auf einen Vergleich: Die von BRS gehaltenen Anteile an der Bahngesellschaft Eesti Raudtee kaufte der Staat für 2,35 Mrd. EK (ca. 135 Mio. €) zurück.[27] Der Kaufpreis betrug damit mehr als das Doppelte dessen, was der Staat bei der Privatisierung eingenommen hatte. Weiter zogen die Parteien die gegenseitigen Klagen zurück. Der estnische Staat plant die Trennung von Netz und Betrieb und anschließend den Verkauf der Transportsparte. Die Infrastruktur soll dauerhaft in staatlicher Hand bleiben. Der Wert des Transportunternehmens wird vor dem Hintergrund des freien Netzzuganges eher gering ausfallen – die russischen Ölfirmen beantragen zunehmend Trassen für eigene Eisenbahnverkehrsunternehmen.

c. Lerneffekte

Die integrierte Privatisierung der Eisenbahn wird in Estland inzwischen flächendeckend als Misserfolg angesehen, geschuldet der neoliberalen Verblendung in den neunziger Jahren. Es herrscht die Überzeugung vor, dass die Infrastruktur sinnvollerweise im Eigentum der Öffentlichen Hand verbleiben sollte. Bei der Übertragung der Lerneffekte aus Estland ist allerdings Vorsicht geboten. Insbe-

27 Ministry of Economic Affairs and Communications (Estland), Estonian Government and BRS sign the Share transfer agreement, end privatization, Pressemeldung 17. Nov. 2006.

sondere die geostrategischen Aspekte, die bei den estnischen Entscheidungen eine Rolle spielen, schaffen einen Bezugsrahmen, der Vergleiche eigentlich ausschließt.

5. Japan

a. Ausgangslage

Aufgrund der dichten Besiedlung der Hauptinseln spielt der Personenverkehr für die japanischen Eisenbahnen eine dominierende Rolle (Marktanteil ca. 30 %). Der motorisierte Individualverkehr ist durch hohe Abgaben (Zulassung gekoppelt an Nachweis eines Parkplatzes, Pkw-Maut auf Autobahnen von ca. 0,2 €/km usw.) eingeschränkt. Deshalb ist – trotz vergleichsweise hoher Fahrpreise – der Marktanteil der Bahn im Personenverkehr höher als in allen anderen Industrieländern. Im Gegensatz dazu hat die Bahn im Güterverkehr eine geringe Bedeutung, da alle Wirtschaftszentren Japans gut auf dem Seeweg zu erreichen sind. Der Marktanteil der Bahn liegt deshalb unter 5 %. In den siebziger und achtziger Jahren litt die nationale japanische Bahngesellschaft JNR unter deutlich sinkenden Marktanteilen in beiden Transportsegmenten und geriet zunehmend in eine wirtschaftliche Schieflage. Drei Hauptgründe sind zu nennen: Der Personalbestand war mit ca. 400.000 Mitarbeitern deutlich überhöht, Vergleiche zu den zahlreichen privaten Bahnen zeigten einen massiven Produktivitätsrückstand. Die Motivation und Disziplin der Mitarbeiter waren gering, es herrschte eine hohe Streikbereitschaft. Zum zweiten tätigte JNR hohe Investitionen. Diese dienten vor allem dem Netzausbau auf der dicht besiedelten Hauptinsel Honshu. Ein Teil der Mittel floss allerdings auch in Strecken im ländlichen Raum, die aus politischen Erwägungen gebaut werden sollten. Abschreibungs- und Zinsbelastung für diese Projekte erwiesen sich als nicht tragbar. Der Verkehr im ländlichen Raum lässt sich als dritter Problemkreis benennen: Trotz sinkender Fahrgastzahlen aufgrund der Konkurrenz durch den Straßenverkehr wurden die Verkehre aufrechterhalten. Dadurch stiegen die Verluste in diesem Marktsegment besonders stark an. Mitte der achtziger Jahre erwirtschaftete die JNR jährliche Verluste von ca. 2 Billionen ¥ (ca. 14 Mrd. €).[28] Der Schuldenberg inkl. Pensionsverpflichtungen, der 1987 aufgelaufen war, betrug 37 Bio. ¥ (ca. 260 Mrd. €).

28 100 Yen entsprechen derzeit ca. 0,60 €, 1987 entsprachen 100 Yen 1,24 DM (0,63 €). Der Kurs schwankte in den letzten Jahren stark. Alle Umrechnungen in diesem Abschnitt erfolgen zu einem Kurs von 100 Yen = 0,70 €.

b. Bahnreform von 1987

Nachdem mehrere Versuche zur Sanierung der JNR seit den späten sechziger Jahren gescheitert waren, wurde Mitte der achtziger Jahre eine weitere Reform durchgeführt.[29] Da in Japan zahlreiche privatwirtschaftliche Eisenbahngesellschaften existierten, lag es nahe, diese bei der Neustrukturierung als Vorbild zu nutzen. Kern der Reorganisation war die Aufspaltung von JNR in sechs regional abgegrenzte, vertikal integrierte Unternehmen, die alle Vermögensgegenstände und das notwendige Personal für den Personenverkehr übernahmen.[30] Zugleich wurden unprofitable Strecken mit insgesamt 1.900 km (ca. 7 % des Netzes) in 31 „Third-Sector-Gesellschaften" überführt.[31] Das waren Aktiengesellschaften, deren Anteile überwiegend von den Gebietskörperschaften übernommen wurden. Sie erhielten bei der Ausgründung einmalig 30 Mio. Yen je Strecken-km (ca. 200 T€) als Kapitalstock zur Abdeckung ihrer Verluste. Der Güterverkehr wurde in einer separaten Gesellschaft ohne Infrastruktur zusammengefasst. Diese erhielt günstige Konditionen für den Infrastrukturzugang. Die Bahngesellschaften erhielten eine Grundkapitalausstattung (insgesamt 460 Mrd. Y, ca. 3,2 Mrd. €, davon alleine JR East 200 Mrd. Y) und eine Zuweisung der Schulden nach dem Tragfähigkeitsprinzip. Sie mussten ferner nur diejenigen Mitarbeiter übernehmen, die sie für ihren Betrieb benötigten. Die Managementpositionen wurden überwiegend extern neu besetzt.

Die Schulden des Bahnsystems (Schulden JNR, Pensionsverpflichtungen, Kredite für den Bau der Shinkansen-Strecke) betrugen 1987 etwa 37 Billionen Y (ca. 260 Mrd. €). Der überwiegende Teil der Schulden (ca. 159 Mrd. €) wurde von der JNR-Settlement Corporation übernommen – einer Abwicklungsgesellschaft, die auch die nicht benötigten Mitarbeiter übernahm und weitervermittelte. Die Verbindlichkeiten aus dem Bau der Shinkansen-Strecke (ca. 60 Mrd. €) wurden in eine neue Gesellschaft, die Shinkansen Holding Corporation (SHC) überführt. Neben dem Buchwert der Shinkansen-Infrastruktur (ca. 40 Mrd. €) übernahm die SHC im Rahmen der Neuordnung weitere 20 Mrd. € Schulden. Geplant war, dass die Schulden der Settlement Corporation zu etwa 40 % durch den Börsengang der Bahngesellschaften und den Verkauf von Immobilien gedeckt werden

29 Zu dem Abschnitt siehe *Fukui*, Japanese National Privatization Study, World Bank Discussion Paper Nr. 172, 1992; Fukui/Nakamura/Ozaki/Sakamati/Mizutani, Japanese National Privatization Study II, CFS Discussion Paper Series 1994; KCW (Fn. 11), S.163 ff; TERA, Best practices for private sector investment in railways, Studie im Auftrag der Weltbank und der Asian Development Bank 2006, Anhang 13.

30 Die Infrastruktur für die Shinkansen-Strecken wurde erst vier Jahre später den Gesellschaften zugeordnet.

31 Transport Committee des House of Commons, Report of the briefing on rural railways in Japan, Okt. 2004.

sollte. Der Rest sollte über den Staatshaushalt langfristig getilgt werden. Etwa 40 Mrd. € Schulden wurden den JR-Gesellschaften nach dem Tragfähigkeitsprinzip zugeordnet. Im Gegensatz dazu war absehbar, dass die drei kleinen Bahnen (Hokkaido, Kyushu und Shikoku), die überwiegend in dünner besiedelten Gebieten tätig sind, wirtschaftliche Probleme haben würden. Hierfür wurde ein „Management Stabilization Fund" mit einem Volumen von 1,3 Billionen ¥ (ca. 9 Mrd. €) geschaffen. Er stellt eine Forderung der drei Bahnen gegenüber der Settlement Corporation dar. Die Bahnen erhalten daraus jährliche Zinseinnahmen, die die erwartete operative Unterdeckung ausgleichen sollen.

Die sieben Bahngesellschaften hielt der Staat über eine Holding. Ziel war der Börsengang der Gesellschaften. Für diesen wurden bereits bei der Reform 1987 mehrere Bedingungen formuliert:

- Net Assets > zweifaches Grundkapital
- Operativer Gewinn in den beiden Jahren vor Börsengang mindestens 30 % des Grundkapitals
- Gewinn vor Steuern in den beiden Jahren vor Börsengang mindestens 30 % des Grundkapitals
- Operativer Gewinn in dem Jahr vor Börsengang mindestens 40 % des Grundkapitals
- Gewinn vor Steuern in dem Jahr vor Börsengang mindestens 40 % des Grundkapitals
- Dividendenzahlung im Jahr vor dem Börsengang

Die drei großen Gesellschaften erfüllten die Bedingungen bald. 1993 wurde die erste Tranche der JR East-Aktien auf den Markt gebracht, die Pakete von JR West und JR Central folgten 1996 und 1997. Inzwischen hat sich der Staat vollständig von seinen Anteilen getrennt. Ein Börsengang der drei kleinen Gesellschaften und von JR Freight ist nicht in Sicht.

c. Ergebnisse der Neuordnung

Das Ziel der Reform lag in der finanziellen Stabilisierung des Systems. Das ist nicht uneingeschränkt gelungen. Die drei großen Bahngesellschaften sind vollständig privatisiert worden. Sie erzielen seit der Reform weitgehend stabile Gewinne und schütten Dividenden aus. Umsatz und Gewinn aus dem Transportgeschäft haben sich nicht nachhaltig verändert. Allerdings haben sie begonnen, ihr Geschäft außerhalb des Verkehrsbereiches zu diversifizieren. JR East erzielt inzwischen nahezu ein Drittel des Umsatzes in anderen Branchen. Die Performance der drei anderen Betreiber und der Frachtgesellschaft bewegt sich im Rahmen der Erwartungen. Service und Mitarbeiterproduktivität haben sich deutlich verbessert, die politische Einflussnahme hat abgenommen.

Die Schulden der Settlement-Gesellschaft JNRSC haben sich allerdings, anders als geplant, weiter erhöht. Geplant war, dass von den ca. 159 Mrd. € Verbindlichkeiten ca. 63 Mrd. € durch Immobilienverwertung und Aktienverkäufe abgelöst werden könnten. Besonders das Ende des Immobilienbooms machte diese Planungen zunichte. Hinzu kam allerdings auch ein erhöhter Bedarf an Pensionsrückstellungen. Bis 1997 waren die Schulden auf 161 Mrd. € angestiegen, während die noch möglichen Privatisierungserlöse mit ca. 35 Mrd. € angesetzt wurden. Damit ist die ursprüngliche Planung um etwa 29 Mrd. € verfehlt worden.[32] Die Lösung dieses Problems ist weiter offen. Die für den „Third Sector" bereit gestellten Mittel sind inzwischen weitgehend verbraucht worden, ein erheblicher Teil der Strecken ist bereits stillgelegt oder steht vor der Stilllegung.

Verkehrspolitisch war die Privatisierung nicht besonders erfolgreich (siehe Tabellen 2 – 5): Im Güterverkehr konnte JR Freight den Abwärtstrend im Transportvolumen und den Leistungsrückgang nicht aufhalten. Im Personenverkehr stieg die Verkehrsleistung in den ersten Jahren nach der Privatisierung der JNR-Gesellschaften weiter an. Dieser Anstieg lässt sich weitgehend mit der Inbetriebnahme neuer Hochgeschwindigkeitsstrecken und mit der guten wirtschaftlichen Lage erklären. Seither sind die absoluten Verkehrsleistungen der Bahn leicht gesunken, während der Gesamtmarkt weiter wächst. Der Marktanteil der Bahn nimmt also ab. Diese Entwicklung betrifft die privaten Bahngesellschaften Japans ebenso wie die JR-Gesellschaften. Entsprechend gibt es keine Anhaltspunkte dafür, dass die Bahnreform verkehrspolitisch positive Effekte generiert hat.[33]

d. Lerneffekte

Neben der Entschuldung der alten Bahngesellschaft ist die vertikale Aufteilung der JNR das dominierende Merkmal der Reform. Allein aus diesem Grund sind das Privatisierungsmodell und der Börsengang nicht mit deutschen Verhältnissen vergleichbar.

32 *Tamamura*, The Actual State and Effect of Privatization in Japan, Vortrag JFTC/JICA-Seminar, Osaka/Tokio, Sep. 2002 (http://www.jftc.go.jp/eacpf/03/privatization.pdf).

33 *Suga*, 2007 (Fn. 2).

Die Übertragbarkeit wird weiterhin durch die völlig unterschiedlichen verkehrlichen Strukturen erschwert: Auf der Hauptinsel Honshu ist die Marktstellung der Bahn im Personenverkehr aufgrund der hohen Siedlungsdichte und der politisch induzierten hohen Kosten des Individualverkehrs sehr gut. Es ist gelungen, die drei dort tätigen Gesellschaften in stabile, börsennotierte Unternehmen zu verwandeln und den politischen Einfluss weitgehend zurückzudrängen. Allerdings befinden sich die drei strukturell wenig profitablen, kleinen Gesellschaften und die Frachtsparte weiterhin in öffentlichem Eigentum und bedürfen der Unterstützung. Die Finanzziele der Reform sind, wie die unplanmäßig steigenden Schulden der Settlement-Gesellschaft belegen, nicht erreicht worden. Der Rückgang der Marktanteile der Bahn konnte nicht aufgehalten werden.

Unzutreffend ist es deshalb auch, die Entwicklung von JR East alleine als Beleg für den Erfolg eines integrierten Börsenganges heranzuziehen. JR East übernahm die attraktivsten Teile des japanischen Bahnnetzes, die zu übernehmende Schuldenlast wurde nach dem Tragfähigkeitsprinzip ermittelt. JR East hat die fiskalischen Ziele etwa erreicht. Das vollständige Bild der japanischen Bahnreform erfordert jedoch, die finanzielle und verkehrliche Entwicklung für alle Bestandteile des japanischen Netzes zu betrachten. Unter Einbeziehung aller beteiligten Unternehmen zeigt sich eine gemischte Bilanz. Insbesondere ist nicht erkennbar, dass die vertikale Integration einen dominierenden Erfolgsfaktor bei der Privatisierung darstellt.

6. Neuseeland

a. Ausgangslage

Neuseeland besteht aus zwei dünn besiedelten Inseln. Von den etwa vier Millionen Einwohnern lebt fast die Hälfte in den Großstädten Auckland und Wellington. Die knapp 4.000 km Eisenbahn waren seit der Errichtung in staatlichem Eigentum (NZ Rail Corporation). Die Bahn befördert im Güterverkehr überwiegend Rohstoffe (Kohle, Erz, Holz). Es gibt keine offiziellen Statistiken zum Modal Split, nach Schätzungen lag der Marktanteil 1980 bei etwa 30 % und ist kontinuierlich leicht gesunken. Im Personenverkehr ist die Bedeutung der Bahn gering. Aufgrund der geringen Siedlungsdichte dominiert der Pkw, der nationale Flugverkehr gewinnt zunehmend Marktanteile. Heute liegt der Marktanteil der Bahn unter einem Prozent. Der verbliebene Fernverkehr dient fast ausschließlich touristischen Zwecken, lediglich in Wellington gibt es ein kleines, intensiv genutztes S-Bahnnetz. Der Verkehrssektor in Neuseeland unterliegt nur wenigen regulatorischen Eingriffen. Die Kosten für Pkw liegen recht niedrig. Die Regulierung der Frachtraten wurde in den frühen achtziger Jahren abgeschafft.

In den achtziger Jahren erzielte die staatliche Bahngesellschaft hohe Verluste. Der Umsatz sank von nahezu 1 Mrd. NZ $ (ca. 500 Mio. €) auf etwa 650 Mio. NZ $ (ca. 325 Mio. €)[34]. Trotz Subventionen von über 100 Mio. NZ $ jährlich für den Personenverkehr erzielte das Unternehmen jährlich Verluste von über 200 Mio. NZ $. Zudem waren für große Projekte (insbes. Elektrifizierung) hohe Investitionen getätigt worden, der Schuldenstand stieg 1988 auf über 1 Mrd. NZ $ an.

b. Bahnreform in den frühen Neunzigern

Ende der achtziger Jahre bestand keine Aussicht auf fundamentale Besserung der Situation. Die Marktbedingungen (Anstieg des motorisierten Individualverkehrs, der Liberalisierung Frachtraten) ließen eine weitere Verschärfung der Situation für die Bahngesellschaft erwarten. Entsprechend strebte die Regierung eine finanziell tragfähige Lösung für die Eisenbahn an, verkehrspolitische Aspekte spielten keine Rolle.[35]

1989/90 wurde eine neue, privatrechtliche Gesellschaft (NZ Rail Ltd.) gegründet, in die die betriebsnotwendigen Anlagen und Personal überführt wurden. Der Rest verblieb in der alten, abzuwickelnden Gesellschaft. Um das neu geschaffene Bahnunternehmen von seinen Altlasten zu befreien, kam es zu einer Neukapitalisierung, die Schulden übernahm der Staat. Es erhielt keine Subventionen mehr für den Personenverkehr und stellte entsprechend einen großen Teil des Betriebes ein. Die so verkleinerte Gesellschaft erzielte nach Abschluss der Restrukturierung ein etwa ausgeglichenes Ergebnis.

1993 wurde als Ergebnis eines Bietverfahrens das Unternehmen für 328 Mio. NZ $ (zzgl. 71 Mio. NZ $ Schuldenübernahme) an ein Konsortium verkauft. Neben der US-Bahngesellschaft Wisconsin Central bestand es aus Finanzinvestoren (WC 27,3 %, Fay Richwhite 31,8 %, Berkshire Partner 27,3 % und andere 15,4 %). Das Konsortium finanzierte 220 Mio. NZ $ des Kaufpreises mit Fremdkapital.

34 1 NZ $ = ca. 0,5 € (pragmatischer Durchschnittswert der letzten Jahre 1996 – 1998 Schwankungen von 0,4 – 0,6 €).

35 Zu dem ganzen Abschnitt siehe auch: New Zealand Institute for the Study of Competition and Regulation Inc., The Privatization of New Zealand Rail, New Zealand Treasury Working Paper 99/10, 1999; New Zealand Treasury Report, National Rail – How to progress the options, Okt. 2002; New Zealand Ministry of Economic Development, Infrastructure Stocktake – Infrastructure Audit Rail, 2004; Productivity Commission (Fn. 1); KCW (Fn. 11).

Die neue Gesellschaft erzielte vom ersten Jahr an Gewinne. Im Juni 1996 erfolgte der – deutlich überzeichnete – Börsengang in Auckland und New York, dazu wurde das Kapital so erhöht, dass die neuen Aktionäre 25 % der Anteile erhielten. Käufer waren überwiegend institutionelle Anleger aus der Region, etwa 2 bis 3 % gingen an Privatanleger. Der Ausgabekurs betrug 6,19 NZ $, daraus errechnet sich eine Marktkapitalisierung von ca. 920 Mio. NZ $.

In den ersten Jahren nach der Privatisierung entwickelten sich alle Kennzahlen positiv. Entsprechend stieg auch der Börsenkurs weiter an. Ende 1997 sank allerdings der Kurs von einem Maximum von nahe 8 NZ $ und schwankte bis Anfang 2002 zwischen 3 und 4 NZ $. Die Verkehrsleistungen entwickelten sich etwa stabil.

c. Krise und erneute Reform

Im Jahr 2000 beschloss Tranzrail, den Betrieb einiger Strecken einzustellen, wenn sich nicht die Anliegerkommunen an den Betriebskosten beteiligen würden. Die Strecken waren teilweise essentiell für örtliche Betriebe, entsprechend führten die Forderungen zu erheblichem Unmut in der Öffentlichkeit.[36] Als die Regionalverwaltung von Auckland beschloss, einen S-Bahn-Betrieb aufzubauen, stellte Tranzrail für die Trassennutzung sehr hohe Forderungen (eine Einmalzahlung von ca. 80 Mio. NZ $ für die Mitnutzungsrechte einer Infrastruktur mit Buchwert von 20 Mio. NZ $ zzgl. jährlicher Nutzungsgebühr). Der Staat erfüllte diese Forderungen[37] und der Unwillen über Tranzrail steigerte sich dadurch weiter.

Nachdem die ursprünglichen Investoren bereits jahrelang ihre Anteile reduziert hatten, verkauften sie Anfang 2002 den verbliebenen Rest. In der Folge kam es zu Veränderungen im Management, und es offenbarte sich, dass Tranzrail in eine Liquiditätskrise geraten würde. Entsprechend wurden die Alteigentümer in den Medien beschuldigt, ihren Informationsvorsprung unerlaubt zum rechtzeitigen Ausstieg genutzt zu haben. Inzwischen haben die Betroffenen in Vergleichsverfahren etwa 27,5 Mio NZ $ Schadensersatz an die neuseeländische Börsenaufsicht gezahlt.[38]

36 Z. B. North Shore City Council, Government asked to get Tranzrail back on track, Pressemeldung, 26. Okt. 2000; Fitzsimons, Log-jam looms unless rail reclaimed by state, Zeitungsbeitrag NZ Herald 30. März 2001.

37 New Zealand Government, Exchange of Letters on Auckland Rail Corridor negotiations, 1. Sept. 2001.

38 Securities Commission New Zealand: Securities Commission settles insider trading case with Midavia and Richwhite, Pressemeldung vom 18. Juni 2007.

In der Folge geriet auch die Bilanzierungspolitik des Unternehmens in die Schlagzeilen.[39] Es stellte sich heraus, dass Tranzrail nach der Privatisierung die bilanzielle Behandlung von Instandsetzungsmaßnahmen umgestellt hatte, um höhere Gewinne ausweisen zu können. Zudem wurden mehrere große Sale-&-Lease-Back-Geschäfte durchgeführt, die Buchgewinne aus mehreren Verkäufen wurden als Umsatz ausgewiesen. Mitte 2002 stürzte der Kurs auf unter 1 $ ab, es drohte eine Herabstufung durch Ratingagenturen auf „Junk" (Ramsch). Nach einem längeren Übernahmepoker, bei dem es auch um das Ausmaß der staatlichen Unterstützung ging, erwarb der australische Transportkonzern Toll die Anteilsmehrheit von Tranzrail.

Vor der Übernahme wurde eine Vereinbarung mit dem Staat geschlossen, wonach der Staat zeitgleich das Schienennetz zum Preis von 1 NZ $ (zzgl. 50 Mio. NZ $ für Nebenanlagen) zurückkaufen würde. Tranzrail/Toll erhielt exklusive Nutzungsrechte für die Infrastruktur, die allerdings bei Nichtnutzung bzw. deutlichem Volumenrückgang verfallen („use it or lose it"). Der Staat verpflichtete sich, in den folgenden vier Jahren 200 Mio. NZ $ in die Infrastruktur zu investieren. Die Trassennutzungsgebühren richten sich nach den laufenden Kosten einer neuen Infrastrukturgesellschaft (das einmalige Investment von 200 Mio. NZ $ ist ausdrücklich nicht enthalten). Tranzrail/Toll verpflichtet sich zum Investment in Fahrzeuge in Höhe von 100 Mio. NZ $.[40]

d. Diskussion der Erfolge – Lerneffekte

Die Privatisierung der neuseeländischen Bahngesellschaft samt Börsennotierung als vertikal integriertes Unternehmen ist klar als Misserfolg zu beurteilen. Die vernachlässigte Infrastruktur wurde in das Eigentum der öffentlichen Hand zurücktransferiert. Die Erwartung des Staates, zukünftig eine sich selbst finanzierende Bahn zu haben, hat sich nicht erfüllt. Die Gesellschaft wurde mit ihrer Gründung ohne Altlasten verkauft. Sie war nicht in der Lage, nachhaltig positive Ergebnisse zu erzielen, die anfangs positiven Zahlen sind weitgehend über zulässige, aber sehr kreative Bilanzgestaltung zustande gekommen.

---

39 Die genannten Maßnahmen waren – nach heutiger Kenntnis – nach neuseeländischem Recht legal und wurden auch korrekt in den Jahresabschlüssen ausgewiesen. Trotzdem wurden vom neuen Management 2003 erhebliche Restatements vorgenommen.

40 The Treasury, New Zealand Rail Transaction Release, Juli 2004 (http://www.treasury.govt.nz/publications/informationreleases/rail/transaction), (Website enthält Pressemeldung, Zusammenfassung und vollständige Vertragstexte).

Eine wichtige Lehre liegt darin, dass der Staat eine Zugriffsmöglichkeit auf die Eisenbahninfrastruktur haben sollte. An mehreren Stellen hat sich gezeigt, dass Tranzrail als privater Eigner über eine große Verhandlungsmacht verfügt, die er finanziell zu Lasten der Öffentlichen Hand ausnutzen konnte.

7. Australien

a. Ausgangslage

Australien ist ein Flächenstaat mit über 7 Mio. km², auf denen sich die ca. 20 Mio. Einwohner an der Süd- und Ostküste des Landes konzentrieren. Siedlungsschwerpunkte sind vor allem die Ballungsräume Sydney und Melbourne mit je ca. 4 Mio. Bewohnern, aber auch Brisbane, Perth und Adelaide haben je über eine Million Einwohner. Das Eisenbahnnetz von ca. 40.000 km hat sich aufgrund der recht unabhängigen Entwicklung der einzelnen Bundesstaaten in drei unterschiedlichen Spurweiten untergliedert. Der Güterverkehr spielt aufgrund der Produktionsstrukturen (große Kohle- und Erzvorkommen, Getreide, Fleisch) eine große Rolle. Die Bahn ist im Güterverkehr mit ca. 38 % der Tonnenkilometer (tkm) Marktführer.[41]

Mit Ausnahme des Ballungsraumverkehrs ist der Personenverkehr in den vergangenen Jahrzehnten durch die Konkurrenz von Pkw und Flugzeugen weitgehend verdrängt worden. In den australischen Großstädten gibt es keine ernsthaften Maßnahmen zur Begrenzung des Pkw-Verkehrs. In der Folge werden dort (vor allem in Sydney und Melbourne) die Nachteile des Individualverkehrs deutlich sichtbar. Einzig in den Zentren dieser Ballungsräume hat der Schienenpersonenverkehr in den letzten Jahren seine Stellung behaupten oder leicht ausbauen können. Modal Splits für den Personenverkehr werden nicht offiziell gemessen, der Anteil der Bahn wird auf 2 bis 3 % geschätzt.

Historisch waren die Bahnen Australiens weitgehend im Eigentum der einzelnen Bundesstaaten. Zusätzlich gab es eine nationale Bahngesellschaft, die ein bundesstaatenübergreifendes Netz betrieb, eine Gesellschaft für den Personenverkehr und eine Frachtgesellschaft. Die großen Minengesellschaften betreiben, vor allem in Westaustralien, vollständig isolierte Strecken. Der Güterverkehr, vor allem der Kohlentransport, war stets profitabel. Hingegen erwirtschaftete der Personenverkehr durchgängig Verluste, vor allem außerhalb der Ballungs-

41 Bureau of Transport and Regional Services: Australian Transport Statistics 2006.

räume. Zudem gab es wirtschaftliche Probleme auf etlichen Nebenstrecken, die vor allem für die Agrarindustrie von Bedeutung waren.

b. Reformen

Das Problembewusstsein in Australien ist seit den achtziger Jahren gestiegen. Die starke Stellung der Bundesstaaten führte dazu, dass keine zentral organisierte Bahnreform stattfand. Vielmehr haben die nationale Regierung und die Bundesstaaten eigenständige Reformen durchgeführt. Dabei folgten sie in vielen Punkten einer Kommission, die im Laufe der neunziger Jahre die Situation der Bahn sehr gründlich untersuchte und 1999 folgende Empfehlungen vorlegte:[42]

- Umwandlung aller Bahngesellschaften in private Rechtsformen (corporatisation)
- „Community Services" (Gemeinwohlaufgaben) sollten nur auf Basis vertraglicher Vereinbarungen erbracht werden. Diese Verträge sind zu veröffentlichen.
- Verhinderung von Monopolgewinnen im Güterverkehr
- Einführung von Straßenbenutzungsgebühren
- freier Netzzugang für Dritte
- Aufhebung aller bahnbezogenen Regulierungen mit Ausnahme von sicherheitsrelevanten Bestimmungen.

In der Folge wurden etliche dieser Empfehlungen umgesetzt. Der freie Netzzugang wurde national per Gesetz festgeschrieben, die weiteren Empfehlungen wurden – teilweise mit Zwischenschritten – von den einzelnen Bundesstaaten umgesetzt:[43]

- Die nationale Bahngesellschaft National Rail wurde in ein Unternehmen umgewandelt und in die Netz- und Transportgesellschaften aufgespalten. Ein großer Teil des Personenverkehrs wurde stillgelegt. Der verbliebene, überwiegend touristische Personenfernverkehr, wurde an Great Southern Railroad (Serco) verkauft. Die Güterverkehrssparte wurde – im Paket mit der Gütersparte des Bundesstaates New South Wales – 2003 für 936 Mio. A $ (ca. 650 Mio. €) an ein Konsortium der Transportfirmen Toll/Patrick verkauft. Die

42 Productivity Commission (Fn. 1).

43 Zu den Details der Reformen siehe Productivity Commission (Fn. 1); KCW (Fn. 11).

Infrastruktur wurde in eine staatliche Gesellschaft ARTC überführt. Das Unternehmen vermarktet neben ihrem eigenen, vor allem bundesstaatenübergreifenden Netz auch Trassen, die anderen Unternehmen gehören, und bewirtschaftet seit 2004 auch das regionale Netz des Staates New South Wales.

- In New South Wales wurden die Infrastruktur- und die Frachtsparte in ein Unternehmen umgewandelt, nicht jedoch die Personenverkehrsbehörde. Die Güterverkehrssparte wurde – im Paket mit der nationalen Gütergesellschaft – 2003 an ein Konsortium der Transportfirmen Toll/Patrick verkauft. 2004 wurde das Netz außerhalb des Großraumes Sydney an ARTC verleast. Die Infrastruktur im Großraum Sydney wurde mit der Personenverkehrsbehörde in ein neues Unternehmen überführt.
- Im Inselbundesstaat Tasmanien wurde das Unternehmen, das auf ca. 800 km Güterverkehr betreibt, 1999 für 22 Mio. A $ (ca. 15 Mio. €) an das selbe Konsortium verkauft, das auch die neuseeländische Bahn übernommen hatte (Berkshire, Fay/Richwhite, Wisconsin Central).
- Der Bundesstaat South Australia hat seine Güterverkehrsgesellschaft mit ca. 1.300 km Netz für 20 Mio. A $ (ca. 14 Mio. €) an ein Konsortium aus Westfarmers und der US-Gesellschaft Genesee & Wyoming verkauft. Der geringe Personenverkehr im Großraum Adelaide verblieb als kommunaler Betrieb.
- Der Bundesstaat Western Australia hat seine Güterverkehrsgesellschaft mit ca. 5.000 km Netz für 585 Mio. A $ (ca. 400 Mio. €) an ein Konsortium aus Westfarmers und der US-Gesellschaft Genesee & Wyoming verkauft. Die S-Bahn in Perth verblieb inklusive Infrastruktur als kommunaler Betrieb.
- Der Bundesstaat Victoria hat in einem ersten Schritt seine Bahngesellschaft in ein Unternehmen umgewandelt und horizontal aufgespalten: zwei Firmen für die S-Bahn Melbourne (ein 500 km Netz mit ca. 20 Mio. zkm), eine für Güterverkehr und eine Gesellschaft ohne Infrastruktur für Regionalverkehr (ca. 6 Mio. zkm). Im zweiten Schritt wurde die Güterverkehrsgesellschaft 1999 für 163 Mio. A $ (ca. 110 Mio. €) an ein Konsortium mit RailAmerica, Fluor Daniel und Macquairie Bank verkauft, dabei wurde die Infrastruktur (4.000 km) als langfristiges Leasing mit bestimmten öffentlichen Eingriffsrechten vergeben. Die beiden Teilnetze der S-Bahn Melbourne wurden mit Infrastruktur als 15 -Jahres-Franchise vergeben, der regionale Bahnverkehr ohne Infrastruktur als 10-Jahres-Franchise.[44]
- Queensland hat seine Bahngesellschaft in ein Unternehmen umgewandelt, aber integriert belassen.

44 *Böttger*, Privatisierung auf australisch, Der Nahverkehr 2002, S. 54 ff.

- Die 1.400 km lange Strecke von Alice Springs nach Darwin, die erste transkontinentale Nord-Süd-Verbindung, wurde als BOT[45] errichtet. Etwa zwei Drittel der Baukosten von 1,3 Mrd. A $ wurden von dem privaten Konsortium aufgebracht, das für 50 Jahre die Betriebsrechte erhält. Der Betrieb wurde 2004 aufgenommen.[46]

c. Ergebnisse der Reformen

Verkehrlich ist die Reform im Prinzip erfolgreich gewesen. Die Eisenbahn hat im Güterverkehr ihren Marktanteil behaupten können, die Frachtraten sind stabil. Langsam zeichnet sich eine Konzentration des Marktes ab. Im Personenverkehr ist das Bild heterogen: Die Bahnen mit Behördenstruktur in Perth, Adelaide und Queensland funktionieren problemlos. Erhebliche Qualitäts- und Managementprobleme gibt es bei der staatlichen Bahn in New South Wales (insbesondere Sydney). Die Vergabe des Personenverkehrs in Melbourne hat nicht die erwarteten Einsparungen erzielt, nachdem ein Franchisenehmer seine Franchise zurückgab und diese mit veränderten Konditionen neu vergeben wurden. Insgesamt ist der Marktanteil in den Großstädten stabil, im Regionalverkehr sinkt er weiter. Nach wie vor erzielt der Personenverkehr jedoch nur einen Kostendeckungsgrad von etwa 30 %.

Deutlich wird allerdings, dass sich das Konzept der integrierten Privatisierung von Betrieb und Infrastruktur in Australien nicht bewährt hat. In zwei der vier Bundesstaaten, in denen Güterverkehr und Infrastruktur gemeinsam an privatwirtschaftliche Unternehmen verkauft worden sind (dabei die Infrastruktur weitgehend als langjähriges Leasing), ist die Infrastruktur inzwischen wieder vom Staat übernommen worden, in einem weiteren Bundesstaat wird zurzeit verhandelt:

- In Tasmanien drohte 2006 der Eigentümer mit der Stilllegung des Netzes, wenn nicht der Staat Unterstützung für die Modernisierung bereitstellen würde. Pacific National (PN) – ein Joint Venture von Toll und Patrick, das auch die nationale Frachtgesellschaft übernommen hatte – hatte die Gesellschaft 2004 für 40 Mio. A $ übernommen, die ursprünglichen Investoren hatten fünf Jahre zuvor 22 Mio. A $ investiert. Nach langen Verhandlungen erklärten

45 BOT = Built – Operate – Transfer, ein Strukturmodell, bei dem ein privatwirtschaftliches Konsortium eine Infrastruktur errichtet, betreibt und nach einer definierten Betriebsphase an die öffentliche Hand übergibt, die im Gegenzug einen Teil der Baukosten und Risiken des Projektes übernimmt.

46 *Böttger*, Von Alice Springs nach Darwin, PPP Infrastructure 2006, 16.

sich die Bundesregierung und der Bundesstaat Tasmanien bereit, die Infrastruktur zu übernehmen und binnen zehn Jahren 118 Mio. A $ zu investieren. PN verpflichtet sich zu Investitionen von 38 Mio. A $ in die Modernisierung der Fahrzeugflotte.[47]

- Der australische Bundesstaat Victoria hat Ende 2006 die Eisenbahninfrastruktur im Bundesstaat durch vorzeitige Ablösung des Franchise zurück übernommen. 2004 hatte PN auch dieses Franchise übernommen. Der Staat zahlt für die Ablösung 133,8 Mio. A $ (ca. 85 Mio. €) und verpflichtet sich zu Investitionen in Höhe von 25 Mio. A $. Die ursprünglichen Investoren hatten incl. des Betriebes 1999 insgesamt 163 Mio. A $ bezahlt und es für 190 Mio. A $ weiterverkauft.[48]
- Die Regierung von Western Australia verhandelt derzeit mit den Eignern des Bahnnetzes, um die Stilllegung großer Teile des regionalen Schienennetzes zu verhindern. Die Eigentümer der Infrastruktur drohen mit der Stilllegung von einem Viertel des 4.000 km langen Netzes, wenn nicht der Staat Subventionen für den Streckenbetrieb zahlt. Die Ursprungsinvestoren hatten ihr Franchise 2006 weiterverkauft an ein Konsortium aus Queensland Rail (Betrieb) und Babcock & Brown (Infrastruktur).
- Zwei der Personenverkehrsfranchise in Melbourne waren 2003 von dem Betreiber National Express vorzeitig zurückgegeben worden. Das 1999 vergebene Franchisemodell gilt heute als klarer Fehler. Das Franchise im Regionalverkehr wird seit 2003 von einer staatlichen Organisation betrieben, das gesamte S-Bahnnetz durch Connex/Veolia. Es gibt allerdings Streit um den Zustand der Infrastruktur. Die detaillierten Regelungen zum Zustand der Infrastruktur waren im Rahmen der Neuvergabe 2003 ersatzlos gestrichen worden.[49]

Bei der Bewertung der Reformergebnisse sind einige Besonderheiten auf dem australischen Markt zu berücksichtigen. Zum einen war bereits bei dem Verkauf bzw. der Vergabe 1999 bekannt, dass ein freier Netzzugang gesetzlich verankert werden sollte. Dieses ist jedoch offenbar in seinen Auswirkungen unterschätzt worden. Dadurch sind die Businesspläne einiger Beteiligter unter Druck geraten. Zudem wird Australien seit einigen Jahren von einer Dürreperiode heimgesucht,

47 Minister of Transport and Regional Services (Tasmania), Australian and Tasmanian Government agree on rail rescue package, Pressemeldung 16. Dez. 2005.

48 Minister of Public Transport (Victoria), Pacific National freight network return to public hands, Pressemeldung 16. April 2007.

49 Victorian Auditor – General's Office, Franchising Melbourne's tram and train system, Melbourne 2005.

die die Erträge im Agrarverkehr massiv reduziert hat. Das fallende Transportaufkommen führt dazu, dass bestimmte Strecken unrentabel werden (insb. Victoria und Westaustralien). Die Streckenstilllegung ist betriebswirtschaftlich logisch, erhöht jedoch den ökonomischen Druck auf die Farmer weiter. Entsprechend besteht bei den Regierungen große Bereitschaft, den Streckenerhalt zu subventionieren.

Als weitere Entwicklung zeichnet sich eine deutliche Marktkonzentration ab. PN erwarb 2003 die nationale Güterverkehrsgesellschaft sowie die von New South Wales. Anschließend wurden die Betriebe in Victoria und Tasmanien, ursprünglich inkl. Infrastruktur, übernommen. Damit beherrschte PN etwa ein Drittel der Verkehrsleistung sowie einen Teil der Infrastruktur. 2006 übernahm Toll Patrick, bis dahin hatten beide Unternehmen je 50 % an PN gehalten. Da Toll auch im Bereich Lagerhaltung, Lkw und Hafenumschlag aktiv ist, wurde die Marktmacht als bedrohlich angesehen. Die Kartellbehörde erteilte die Auflage, 50 % der Anteile an PN weiter zu verkaufen. Statt dessen beschloss Toll im April 2007, seine Bahn- und Hafenbetriebe unter dem Namen Asciano abzuspalten. Zum zweiten relevanten Player auf dem Markt entwickelt sich Queensland Rail. Das Unternehmen befindet sich integriert im Eigentum des Bundesstaates und hat den Betrieb in West Australia übernommen.

d. Diskussion der Erfolge – Lerneffekte

Insgesamt ist die Lage der australischen Bahngesellschaften nicht mit den europäischen Verhältnissen vergleichbar: Die Stellung der Bahn im Güterverkehr ist sehr stark, im Personenverkehr sehr schwach. Aus der Fülle der unterschiedlichen Privatisierungsmodelle zeichnet sich keines ab, das unmittelbar als Referenz verwendet werden kann. Wie in Neuseeland zeichnet sich ab, dass die integrierten Privatisierungen als Misserfolg einzuschätzen sind. Die privaten Eigentümer erhalten durch den Zugriff auf die Infrastruktur ein Drohpotenzial gegenüber der öffentlichen Hand, das nicht beherrschbar scheint. Hervorzuheben ist die Entwicklung der ARTC als separate Gesellschaft zur Bewirtschaftung und Vermarktung von Eisenbahninfrastrukturen. Die in Deutschland geäußerte Befürchtung, dass die Rad/Schiene-Schnittstelle sich aus technischen Gründen nicht zu einer Bewirtschaftung durch getrennte Unternehmen eigne, kann aus den Erfahrungen in Australien bislang nicht bestätigt werden.

III. Zusammenfassung der Erfahrungen

Wie die Analyse gezeigt hat, ist jeder Vergleich von Bahngesellschaften und des Erfolgs von Reformbemühungen grundsätzlich problematisch. Die geo- und topographischen, verkehrlichen und wirtschaftlichen Voraussetzungen zwischen den Ländern sind derart unterschiedlich, dass sich die Erfahrungen mit einem bestimmten Organisationsmodell nur sehr eingeschränkt und mit großen Vorbehalten auf andere Länder wie Deutschland übertragen lassen.

Ein Zerrbild entsteht dann, wenn einzelne Bausteine herausgegriffen werden, die als positiv angesehen werden, aber nur im Gesamtzusammenhang mit anderen Rahmenbedingungen ihre Wirkung entfalten können. Gleichwohl kann es sinnvoll sein, einzelne Elemente oder Aspekte der Reformen anderer Staaten als Anhaltspunkte für Überlegungen in Deutschland heranzuziehen.

Verkehrlich deutet sich an, dass die Modelle mit vertikaler Trennung (z. B. Großbritannien, Schweden) offenbar erfolgreicher sind als integrierte Modelle. Dabei ist allerdings zu bedenken, dass die vertikale Trennung oft einher geht mit weiteren wettbewerbsfördernden Elementen wie Ausschreibung von Personenverkehrsleistungen und faktischem, freien Netzzugang für Dritte im Güterverkehr.

Strukturell haben sich die Modelle einer vertikal integrierten Privatisierung nicht bewährt. Das von der Deutschen Bahn AG häufig als Erfolgsmodell angeführte Beispiel der East Japan Rail ist, wie gezeigt wurde, irreführend. Das Unternehmen selbst ist zwar wirtschaftlich stabil, die anderen Elemente der Bahnreform haben jedoch nicht funktioniert, die wirtschaftlichen Ziele im Gesamtsystem wurden klar verfehlt und die Marktanteile der Eisenbahn sinken kontinuierlich. Hingegen findet sich eine ganze Reihe von Modellen, bei denen die integrierte Privatisierung nicht funktioniert hat und nach einigen Jahren mit hohen Kosten für den Staat revidiert werden musste (Großbritannien, Neuseeland, Australien, Estland). Dieser Befund wird auch nicht dadurch geschmälert, dass das Volumen dieser Unternehmen deutlich kleiner ist als das der Deutschen Bahn AG. Es haben sich Mechanismen gezeigt, die durchaus übertragbar sind. Hierzu gehört die Praxis, im Anschluss an die Privatisierung den Instandhaltungsaufwand zu reduzieren und dadurch die Investition zügig zu refinanzieren, teilweise verschleiert durch Änderungen in der Bilanzierungspraxis. Daneben besteht die Gefahr, dass der Infrastruktureigentümer mit der Stilllegung des Betriebes auf Strecken droht, wenn er keine zusätzlichen Mittel erhält.

IV. Schlussfolgerungen

Vor dem Hintergrund der Erfahrungen liegt es nahe, eine integrierte Privatisierung aus verkehrlichen wie aus wirtschaftlichen Gründen abzulehnen. In jedem Fall sollte eine Reform so angelegt werden, dass sie revidierbar ist, sollte sich der ursprüngliche Ansatz als korrekturbedürftig erweisen. Das richtige Organisationsmodell muss in Rückkopplung mit Erfahrungen aus der Umsetzung auch Modifikationen zulassen. Dies hat sich in allen betrachteten Modellen als erforderlich erwiesen. Die Beispiele aus Neuseeland und Großbritannien zeigen, dass es besonders zeit- und kostenaufwändig ist, eine Korrektur vorzunehmen, wenn das Unternehmen erst einmal an der Börse notiert ist. Vor allem bei der Wiederverstaatlichung von Railtrack hat sich gezeigt, das die institutionellen Investoren neben den aktienrechtlichen Interventionsmöglichkeiten auch informell großen Druck auf den Staat ausüben können und damit die Kosten einer Revision nach oben treiben können. Positiv ist in diesem Zusammenhang der schwedische Ansatz zu bewerten. Hierbei wurden viele kleine Reformschritte, zeitlich versetzt, realisiert. Fehler konnten so ohne große Schwierigkeiten korrigiert werden. Wichtig erscheint auch eine sorgfältige Regulierung. Besonders in Europa steht das Thema des diskriminierungsfreien Netzzuganges – nicht zu Unrecht – im Mittelpunkt der Betrachtung. Allerdings wird aus den Beispielen deutlich, dass die Eisenbahninfrastruktur auch hinsichtlich ihres Zustandes einer Regulierung bedarf, um einen schleichenden Verfall der Infrastruktur zu vermeiden. Zu hoffen bleibt, dass diese Aspekte bei der anstehenden Reform in Deutschland berücksichtigt werden.

Eisenbahnprivatisierung in Großbritannien: Regulierung des britischen Schienennetzbetreibers

Dr. Andreas Brenck und Benedikt Peter***

* Dr. Andreas Brenck ist am IGES Institut GmbH in Berlin tätig.

** Benedikt Peter ist wissenschaftlicher Mitarbeiter am Fachgebiet für Wirtschafts- und Infrastrukturpolitik der Technischen Universität Berlin.

I. Einleitung

Die Privatisierung des britischen Eisenbahnsektors begann im Jahr 1993, zeitgleich mit der Bahnreform in Deutschland. In Großbritannien wurde die Privatisierung im Jahr 1996 abgeschlossen. Während hierzulande noch im Jahr 2008 über die vermeintlich letzte, noch fehlende Stufe der Bahnreform beraten wird, hat Großbritannien bereits eine weitere fundamentale Reform realisiert.

Das Land ist ein gern betrachtetes Experimentierfeld für die Deregulierung von Netzsektoren. Dies gilt auch für den Eisenbahnbereich. Die 1993 eingeleitete Reform führte in kurzer Zeit nicht nur zu einer Privatisierung und kommerziellen Ausrichtung einer Institution, die zuvor fast 50 Jahre lang einer staatlichen Führung unterworfen war. Vielmehr wurde gleichzeitig eine Marktstruktur geschaffen, die aus ca. 100 Einzelunternehmen bestand. Insbesondere wurde ein Infrastrukturanbieter geschaffen, der von den Transportunternehmen unabhängig war.

In diesem Beitrag werden die Restrukturierungen analysiert, die im britischen Bahnsektor seit 1993 stattfanden. Besondere Aufmerksamkeit gilt dabei der Regulierung des Schienennetzes. In Kapitel II steht die Reform der Jahre 1993 bis 1996 im Vordergrund. Im Kapitel III wird die Schaffung von Network Rail im Jahr 2001 dargestellt und bewertet.

II. Die Privatisierung von British Rail 1994 und das Ende von Railtrack

1. Die neue Marktstruktur

British Rail war der letzte große Staatsbetrieb, der in Großbritannien privatisiert wurde. Der zu Grunde liegende British Railway Act wurde 1993 verabschiedet.[1] Der Eisenbahnsektor wurde danach in den Jahren von 1994 bis 1996 grundlegend reformiert. Anlass waren einerseits die zum Ende der 1980er Jahre stark

1 Ähnlich wie in Deutschland gab es in Großbritannien eine langjährige Diskussion möglicher Marktstrukturen für den Fall einer Deregulierung. Es wurden sechs unterschiedliche Varianten geprüft. Darunter waren zwei, die lediglich eine Restrukturierung von British Rail vorsahen (also keine Privatisierung). Auch eine Privatisierung als integriertes Unternehmen wurde geprüft. Dies war die vom damaligen Management des Unternehmens bevorzugte Variante; vgl. *Glaister*, British Rail Privatisation: Competition Destroyed by Politics, CRI Occasional Paper 23, Bath, 2004, S. 7. Den deutschen Beobachter wird dies ex post genauso wenig verwundern wie die Beobachtung, dass die britische Regierungspartei Ende der 1980er Jahre keine deutliche Mehrheit für eines der Modelle finden konnte.

gestiegenen Subventionen und staatlichen Kredite von insgesamt 2,5 Mrd. € im Jahr 1993 (Zahl in Preisen von 2002).[2] Andererseits war die Reform auch durch die ablehnende Haltung der konservativen Regierung unter John Major gegenüber Staatsunternehmen bedingt.

Das staatliche Monopolunternehmen British Rail wurde in mehr als 100 private Unternehmen aufgeteilt. Die britische Regierung verfolgte das Ziel, einen möglichst intensiven Wettbewerb auf allen Wertschöpfungsstufen zu erzeugen, um dadurch Anreize zu Innovationen und Kostensenkungen zu setzen. Bei allen Veränderungen sollte das Serviceniveau jedoch aufrechterhalten bleiben.[3] Die Privatisierung der Infrastruktur selbst war dagegen kein primäres Ziel der Reform. Die wesentlichen Elemente der Reform waren die Schaffung eines regulierten, privaten Infrastrukturunternehmens (Railtrack plc), die Definition des Schienenpersonentransports in Form von regionalen Franchise und die Etablierung des offenen Netzzugangs für den Schienengüterverkehr.

Eine Kernidee der Reform war, dass staatliche Gelder nur auf einem Weg in das Eisenbahnsystem fließen sollten. Das Eisenbahninfrastrukturunternehmen (EIU) finanzierte sich anfänglich fast ausschließlich über Trassenpreise, die die Gesamtkosten des Netzes decken mussten. Die zum Netzerhalt und -ausbau notwendigen staatlichen Mittel sollten über öffentlich nachgefragte und ausgeschriebene Personentransporte an das Infrastrukturunternehmen fließen. Die Verkehrsleistungen wurden zunächst durch die Konzessionsbehörde (Office of Passenger Rail Franchising) spezifiziert und anschließend versteigert. Demnach gibt es in Großbritannien kaum Wettbewerb zwischen Personenverkehrsunternehmen auf der Schiene.[4] Vielmehr konkurrieren die Eisenbahnverkehrsunternehmen *um* das Recht, Verkehre auf einem bestimmten Teilnetz als Alleinanbieter erbringen zu dürfen. Die EVU als Franchisenehmer zahlen Trassenpreise an das EIU.

Die ersten Teile, die von British Rail verkauft wurden, waren drei Fahrzeugvermietungsgesellschaften (Rolling Stock Operating Companies) im Jahr 1995 (siehe Abbildung 1). Sie sollten den Wettbewerb fördern, indem sie rollendes Material für Schienenpersonentransporte an die entsprechenden EVU vermieteten. Die Fahrzeugvermietungsgesellschaften ermöglichten den Unternehmen den Zugang zu wichtigen Produktionsfaktoren ohne die Notwendigkeit spezi-

2 Vgl. *Nash*, Großbritannien, in: Community of the European Railways (Hrsg.), Eisenbahnreformen in Europa – Eine Standortbestimmung, Hamburg 2005, S. 63 f.

3 Vgl. *Glaister* (Fn. 1), S. 17.

4 Ausnahmen bilden z. B. der Heathrow Express und Hull Trains.

fischer Investitionen. Jedoch erschwerten die Teilnetze mit unterschiedlichen technischen Anforderungen die Schaffung eines Marktes für Fahrzeugvermietung in Großbritannien.[5]

In welchem Maße diese drei Gesellschaften zur Entstehung von Wettbewerb im Schienenpersonenverkehr beigetragen haben, ist unklar. Von verschiedener Seite wird regelmäßig unterstellt, dass die Bedeutung von rollendem Material zu Beginn der Neuorganisation des Sektors hoch ist.[6] Allerdings gibt es keinen Nachweis darüber, inwieweit die – unregulierten – Vermietungsgesellschaften konkurrierten.[7] Die EVU erhielten jedoch in wachsendem Umfang die Möglichkeit zur Beschaffung von Zügen auf anderen Wegen, z. B. direkt von den Herstellern.

Die ersten drei der insgesamt 25 Gebietskonzessionen wurden ebenfalls 1995 ausgeschrieben. Die Franchise orientierten sich an der Struktur der Profit Center von British Rail. Zu Beginn wurden 23 der 25 Franchise subventioniert, allerdings sanken die Subventionen über die Jahre in allen Fällen. 13 verschiedene Unternehmen erhielten Franchise, 15 gingen an Busunternehmen.[8] Die EVU behielten die Einnahmen aus den Ticketverkäufen und trugen damit das Erlösrisiko.

Ebenfalls wurde die Güterverkehrssparte von British Rail veräußert, wobei der Massenguttransport an North and South Railways (später English Welsh Scottish Railways) und der Containertransport an Freightliner ging.

Im Gegensatz dazu sollte die Infrastruktur die einzige Wertschöpfungsstufe ohne Wettbewerb bleiben. Zu diesem Zweck wurde das Eigentum an der Infrastruktur an Railtrack übertragen. Railtrack wurde zunächst als Unternehmensbereich der British Rail organisiert und 1995 in ein privatrechtlich organisiertes Unternehmen im Eigentum des britischen Staates umgewandelt. 1996 wurde das Unternehmen im Wege eines Börsengangs privatisiert. Dieser war zwar schon vorher geplant, kam zu diesem Zeitpunkt trotzdem recht unerwartet. Marktbeobachter sehen die Gründe der schnellen Privatisierung einerseits im Anraten der Investmentbanken und andererseits im Bestreben der konservativen Regierung, vor der sich abzeichnenden Wahlniederlage im Jahr 1997 unumkehrbare Verhältnisse im Eisenbahnsektor zu schaffen.[9]

5 Vgl. *Ménard/Yvrande-Billon*, Institutional Constraints and Organizational Changes: The Case of the British Rail Reform, Journal of Economic Behavior and Organization, Vol. 56(4), 2005, 675 ff.

6 Vgl. beispielsweise *Ludwig*, Fahrzeugpool für den SPNV- Segen oder Fluch?, Der Nahverkehr, 10/2002, 6 f.

7 Vgl. *Glaister* (Fn. 1), S. 28.

8 Vgl. *Glaister* (Fn. 1), S. 19, dabei gab es zwischen den Franchisegruppen Überschneidungen.

9 Vgl. *Bartle*, Britain's Railway Crisis – A Review of the Arguments in Comparative Perspective, Occasional Paper No. 20 of the Centre for the Study of Regulated Industries at the University of Bath, 2004, S. 51 f.

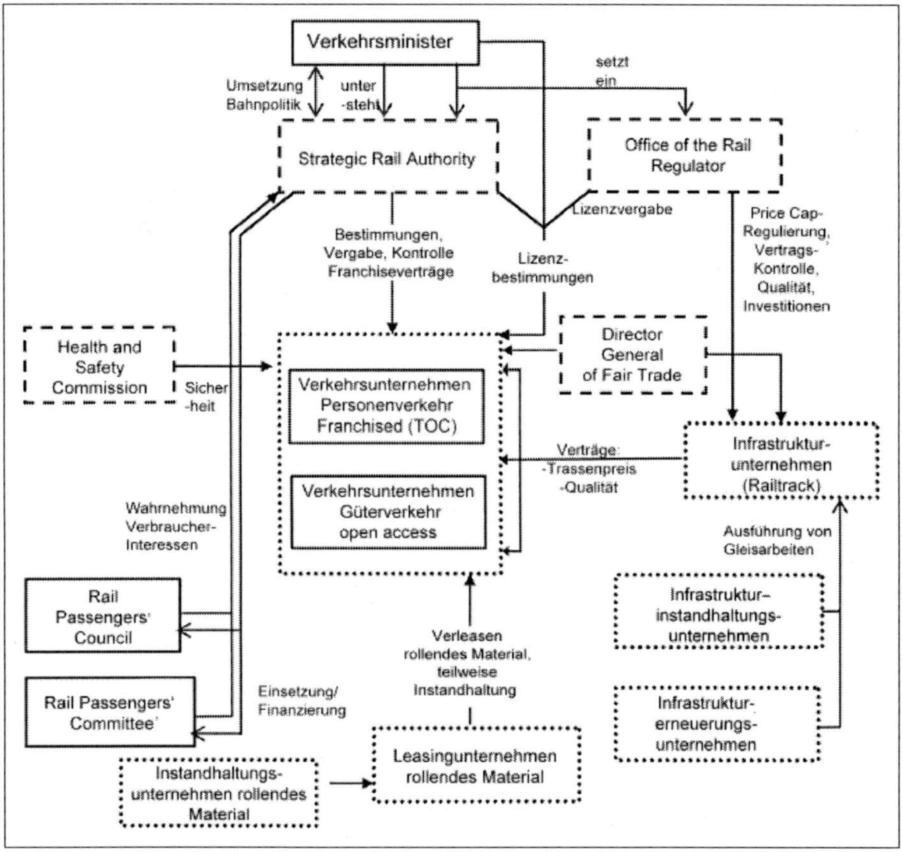

Abbildung 1: Die Marktstruktur nach der britischen Bahnreform von 1994[10]

Bei der Schaffung der neuen Marktstruktur wurde eine weitgehende vertikale Trennung der verschiedenen Wertschöpfungsstufen angestrebt. Ferner wurde die Durchführung von Instandhaltungs- und Investitionsmaßnahmen im Infrastrukturbereich ausgegliedert. Die mit diesen Tätigkeiten betrauten Unterneh-

10 Eigene Darstellung in Anlehnung an *Thompson*, Privatizing British Railways, The International Bank for Reconstruction and Development/The World Bank – Transport Papers TP-2, Washington D.C. 2004. Unternehmen, die vor der Reform zu British Rail gehörten, sind mit Punkten umrandet. Die Strategic Rail Authority ersetzte im Jahr 2001 das Office of Passenger Rail Franchising als Konzessionsbehörde. Regulierungsinstitutionen sind mit Strichen umrandet. Neben den im Text erwähnten Institutionen zählen dazu die damals für die Sicherheit zuständige Health and Safety Commission sowie der Director General of Fair Trade, dessen Aufgaben mit denen des deutschen Kartellamtes vergleichbar sind.

mensbereiche von British Rail wurden, abhängig von der Art der Gleisbautätigkeit und der regionalen Zuständigkeit, in insgesamt 13 Einheiten zusammengefasst. Der Verkauf dieser Einheiten erfolgte zumeist an große Bauunternehmen.[11] Die Netzplanung war von der Ausgliederung zunächst nicht direkt betroffen.

Die durch den British Railway Act vorgeschriebene Ausgliederung war bemerkenswert, da sie einen wesentlichen Teil der Aktivitäten – und damit der Kosten – des EIU betraf, dem Unternehmen jedoch keine Gelegenheit gegeben wurde, selbst über die optimale Organisation dieses Segments zu entscheiden.

2. Schaffung neuer Regulierungsbehörden

Im Zuge der Restrukturierung wurden mehrere neue Regulierungsinstanzen geschaffen. Zu nennen ist zunächst die Konzessionsbehörde (Office of Passenger Rail Franchising), die für die Spezifikation, Ausschreibung und Finanzierung der regionalen Personenverkehrsfranchise zuständig war. Diese wurde mit den ab 2001 folgenden Reformen zunächst durch die Strategic Rail Authority ersetzt, der zusätzlich die strategische Planung der Netzentwicklung oblag, bevor die Aufgabe an das Department for Transport verwiesen wurde.[12] Sicherheitsfragen wurden der Health and Safety Commission anvertraut.

Im Mittelpunkt steht jedoch das 1994 gegründete Office of the Rail Regulator (ORR). Es war zunächst ausschließlich für die ökonomische Regulierung der Infrastruktur zuständig, nicht aber für Sicherheitsfragen. Seine Rechte und Pflichten wurden im Abschnitt 4 des Railway Acts von 1993 festgelegt und im Jahr 2000 durch den Transport Act ergänzt.[13] Sie beziehen sich auf die Regulierung des EIU und der EVU.

Die Regulierungskompetenzen des Railway Acts sind sehr allgemein gehalten. Der Regulierer hat die Interessen der Öffentlichkeit zu wahren und soll die Nutzung und den Ausbau des Schienennetzes unter Berücksichtigung der

11 Vgl. *Glaister* (Fn. 1), S. 40.

12 Die wechselhafte Geschichte dieser Instanz spiegelt einerseits Unzufriedenheit mit den im Folgenden dargestellten Entwicklungen wider, vor allem aber auch die Änderung der politischen Ziele, die mit dem Regierungswechsel 1997 einhergingen. Die Labour-Regierung vertritt einen Ansatz, der insbesondere die Aufgabe der strategischen Entwicklung des Bahnsektors als politische Aufgabe versteht. Generell ist weniger die institutionelle Umgestaltung als bedeutsam einzuschätzen – sowohl die Konzessionsbehörde als auch die SRA waren stets sehr regierungsnah (Weisungsgebundenheit, Budgetzuweisung) – als die Übernahme strategischer Aufgaben. *Helm*, A Critique of Rail Regulation, Beesley Lectures: Lectures On Regulation Series X, London 2000 und *Glaister* (Fn. 1) diskutieren die institutionellen Aspekte ausführlich.

13 Im Jahr 2003 fand eine Erweiterung der Kompetenz des Regulierers im Rahmen des Railways and Transport Safety Acts statt. Er ist nun auch für die Sicherheit des Schienenverkehrs zuständig.

damit verbundenen Kosten fördern. Der Begriff „Öffentlichkeit" wird dahingehend spezifiziert, dass insbesondere die Interessen der Nutzer der Schienen und der Verkehrsdienste zu beachten sind. Weiterhin werden einige zu berücksichtigende Randbedingungen genannt, wie finanzielle Situation des EIU und die Planungssicherheit des gesamten Sektors. Der Regulierer muss zudem bei seinen Entscheidungen die Rückwirkung auf die Konzessionsbehörde und deren Haushalt beachten.

Die wesentliche Aufgabe des Office of the Rail Regulator bei der Regulierung des EIU besteht in der Festlegung der Zugangsentgelte. Damit bestimmt der Regulierer einen Großteil der Finanzströme im Schienenverkehrsmarkt und hat so einen weitreichenden Einfluss auf den gesamten Sektor.

Ein zweiter Schwerpunkt seiner Arbeit besteht in der Durchsetzung der Pflichten, die dem EIU in seiner Lizenz auferlegt wurden. Lizenzen werden in den britischen Netzsektoren als Regulierungsinstrument eingesetzt. Diese wird vom Verkehrsminister für das Schienennetz erteilt und enthält die Rechte und Pflichten des EIU. Zu letzteren gehören beispielsweise die Verpflichtung, das Netz zu unterhalten und zu erweitern. Dies soll auf der Basis von jährlich zu veröffentlichenden Kapazitätsanforderungen geschehen. Das EIU muss die den Investitionsentscheidungen zugrunde gelegten Kriterien veröffentlichen und jährlich den Fortschritt von Investitionsprojekten dokumentieren.

Über die Frage, ob das EIU eine Lizenzbedingung verletzt hat, entscheidet der Regulierer. Mit deren Feststellung ist der Regulierer zur Durchsetzung der Bestimmungen verpflichtet. Sofern er der Auffassung ist, dass die Lizenz des EIU im Interesse der Öffentlichkeit erweitert werden muss, kann er dies im Einvernehmen mit dem Unternehmen veranlassen. Stimmt das EIU der Erweiterung nicht zu, so kann er die Wettbewerbskommission einschalten. Diese ist ermächtigt, auch gegen den Willen des regulierten Unternehmens eine Lizenzerweiterung durchzuführen.[14]

Das Office of the Rail Regulator übernahm überdies Aufgaben bei der Regulierung des Schienenpersonenverkehrs, wobei die wesentlichen Bedingungen durch den Vertrag zwischen den EVU und der Konzessionsbehörde festgelegt wurden. Ziel der Regulierung war entsprechend dem Railway Act die Schaffung von Wettbewerb. Der im Jahr 2000 unter der Labour-Regierung verabschiedete Transport Act milderte diese Forderung ab: Wettbewerb auf der Schiene soll im Personenverkehr nunmehr nur noch in Ausnahmefällen realisiert werden. Der

14 Vgl. *Lawrence*, Who Regulates the Regulators? Occasional Paper No. 16 of the Centre for the Study of Regulated Industries at the University of Bath, 2002, S. 8.

Regulierer vergibt die Betriebslizenzen an die EVU und muss den Netzzugangsverträgen zwischen EVU und EIU zustimmen. Er kann so auf das Anreizsystem, das auf der Zugpünktlichkeit basiert, Einfluss nehmen. Außerdem soll der Regulierer die Durchtarifierung von Verbindungen sicherstellen.[15] An dieser Stelle gibt es jedoch Kompetenzüberschneidungen mit der Konzessionsbehörde.

Der Regulierer genießt eine weitgehende Unabhängigkeit.[16] Er wird vom Verkehrsminister für eine Periode von maximal fünf Jahren ernannt, wobei seine Amtszeit beliebig verlängerbar ist.[17] Der Regulierer ist weder gegenüber dem Verkehrsminister bzw. der Regierung noch gegenüber dem Parlament direkt zur Rechenschaft verpflichtet. Eine Amtsenthebung kommt nur bei Unfähigkeit oder Fehlverhalten in Frage. Eine Besonderheit im Eisenbahnsektor liegt seit dem Inkrafttreten des Transport Act 2000 in der Pflicht zur Berücksichtigung von Vorgaben des Verkehrsministeriums. Weiter wird der Einfluss des Regulierers dadurch beschränkt, dass seine Entscheidungen von bestimmten Institutionen kontrolliert und gegebenenfalls rückwirkend aufgehoben werden können. *Lawrence* nennt in diesem Zusammenhang insbesondere die Wettbewerbskommission und den Verkehrsminister. Die Wettbewerbskommission fungiert einerseits als Instanz für Berufungen gegen Entscheidungen des Regulierers. Andererseits kann sie in bestimmten Fällen die Höhe der vom Regulierer genehmigten Infrastrukturzugangspreise ändern. Sie spielt darüber hinaus – genauso wie der Verkehrsminister – eine wichtige Rolle bei der Erweiterung der Lizenz des EIU. Beide können die Änderung der Lizenz durch den Regulierer verhindern, der Verkehrsminister kann von sich aus auch bestimmte Lizenzänderungen vornehmen. Ferner können die Entscheidungen des Regulierers natürlich von Gerichten überprüft werden. Letztlich muss auch die Möglichkeit zur Verlängerung der Amtszeit eines Regulierers sowie die Finanzierung der Regulierungsbehörde als Einflussnahmemöglichkeit durch das Verkehrsministerium beachtet werden.[18]

---

15 Vgl. *Bolt*, Railway Privatisation and Regulation in Britain, in: CesIFO Dice Report 4/2005, 19.

16 Vgl. zum Folgenden *Lawrence* (Fn. 14), S. 4.

17 Im Jahr 2004 wurde das Office of the Rail Regulator umbenannt in Office of Rail Regulation, da eine Art Vorstandsgremium eingeführt wurde. Die Mitglieder des Gremiums werden vom Verkehrsminister ernannt. In diesem Artikel behalten wir die Bezeichnung „Regulierer" bei.

18 Empirische Untersuchungen zeigen jedoch, dass ein hoher Grad an Unabhängigkeit erreicht wurde, vgl. *Thatcher*, Independent Regulators in Europe, Deliverable im Rahmen des EU-Projekts "New Modes of Governance", London 2006.

3. Railtrack

Nach seiner vollständigen Privatisierung verfügte Railtrack über eine Monopolstellung im Eisenbahninfrastrukturbereich. Zu seinen Anlagen zählten die Schieneninfrastruktur und die betreffenden Grundstücke, Leit- und Sicherungstechnik, Bahnhöfe, Verwaltungsgebäude sowie Abstellgleise und Instandhaltungswerke. Viele Bahnhöfe und Instandhaltungswerke wurden an die in der jeweiligen Region tätigen Personen-EVU vermietet, allerdings blieben 14 große Bahnhöfe unter der direkten Kontrolle von Railtrack.[19]

Railtracks wesentliche Aufgaben bestanden in der Erstellung des Fahrplans, im Infrastrukturbetrieb sowie im Erhalt und Ausbau der Infrastruktur. Wegen der weitgehenden Ausgliederung von Aktivitäten war Railtrack mit anfänglich ca. 12.000 Beschäftigten ein vergleichsweise kleines Unternehmen.[20]

Railtrack sollte als privates Unternehmen wirtschaften und unterlag daher anfänglich keinen besonderen gesetzlichen Beschränkungen bei seinen Investitionen. Seine Haupteinnahmequelle bestand in den Zugangsentgelten für die Infrastruktur, die, wie erwähnt, seit 1994 unter der Überwachung durch die Regulierungsbehörde, dem Office of the Rail Regulator, standen.

Wie in anderen Netzindustrien auch wurde das Infrastrukturunternehmen Railtrack einer Anreizregulierung unterworfen. Das Unternehmen unterlag einer Price-Cap-Regulierung, die aufgrund der speziellen Preisstruktur jedoch eher einer Regulierung der Erlösobergrenze ähnelt (Revenue-Cap-Regulierung). Für eine festgelegte Periode werden dabei auf der Basis von Kostenprognosen, inklusive erwarteter Produktivitätssteigerungen, die notwendigen Erlöse respektive Preise geschätzt und festgeschrieben. Produktivitätssteigerungen, die über das erwartete Ausmaß hinausgehen, führen bei dem Unternehmen zu Gewinnsteigerungen. Innerhalb der Planperiode verbleiben diese Gewinne beim Unternehmen.

Die Bestimmung der Trassenpreise erfolgt nach der Identifikation der relevanten Kosten. Die Gesamtkosten des Netzbetriebs setzen sich zusammen aus Betriebskosten,[21] Abschreibungen[22] und Kapitalkosten. Zu Beginn der ersten Regulierungsperiode im Geschäftsjahr 1994/95 wurde Railtrack eine Kapital-

19 Vgl. *Glaister* (Fn. 1), S. 9.

20 Vgl. *Glaister* (Fn. 1), S. 9.

21 Die gesamten Betriebsausgaben von Railtrack betrugen ca. 1,86 Mrd. € (1 £ = 2,3 DM = 1,24 €, 1. Jan. 1995), ungefähr die Hälfte davon fiel für Instandhaltung an, Office of the Rail Regulator (Hrsg.), Framework for the Approval of Railtrack's Track Access Charges for Franchised Passenger Services, London 1994, S. 23.

22 Die Abschreibung erfolgte auf den Wiederbeschaffungswert der Anlagen (modern equivalent value).

verzinsung i. H. v. real 5,1 % zugestanden. Die Zielkapitalverzinsung betrug real 8 %. Diese Verzinsung sollte Railtrack bis zum Ende der ersten Regulierungsperiode am 1. April 1998 erreichen. Diese Rentabilitätssteigerung sollte ausdrücklich nicht durch Preiserhöhungen erfolgen. Vielmehr erwartete der Regulierer von Railtrack eine Senkung der Betriebskosten.[23] Die Preise wurden real konstant gehalten.

Nachdem die Kosten für den Zeitraum 1994/95 bis 1997/98 festgestellt waren, erfolgte in einem zweiten Schritt die Umlegung dieser Kosten auf die Nutzer. Zunächst wurde geschätzt, wie hoch die Einnahmen Railtracks durch Verkauf von Trassen an Güterverkehrsunternehmen und weitere Einnahmequellen sein würde. Dann wurden die Zugangspreise für die Personenverkehrsunternehmen festgelegt. Dies geschah anhand einer vorher festgelegten Struktur. Im Durchschnitt waren etwa 8 % der gesamten Zugangspreise kurzfristig variabel. Diese 8 % waren im Wesentlichen auf die Kosten des Traktionsstroms zurückzuführen. Der Rest der Trassenpreise, die die Personenverkehrsunternehmen zahlen mussten, war für die Regulierungsperiode fix. Die Zusammensetzung der fixen Preiskomponente wurde mit der Kostenstruktur der Infrastruktur begründet:[24]

- 37 % zur Deckung der langfristigen inkrementellen Kosten der Infrastruktur
- 43 % zur Deckung von Gemeinkosten (die Hälfte wurde auf der Basis von geplanten Zugkilometern verteilt, die andere Hälfte auf der Basis vom erwarteten Umsatz der EVU)
- 12 % für die Nutzung von Bahnhöfen und Abstellgleisen, zugeschlüsselt anhand einer Outputgröße.

Ungefähr die Hälfte der Kosten wurde demnach aufgrund von Outputgrößen – und damit letztlich willkürlich – verteilt. Im Jahr 2000 reagierte der Regulierer auf Beschwerden von Railtrack und erhöhte den variablen Teil des Preises auf durchschnittlich 17 %. Ferner findet seitdem eine Differenzierung dieser variablen Komponente anhand des rollenden Materials statt.[25]

Ein zentraler Aspekt der Regulierung sind die Investitionsanreize. Eine direkte Verwendungskontrolle der Investitionsmittel – wie bislang in Deutsch-

23 Vgl. Office of the Rail Regulator (Fn. 21), S. 18.

24 Vgl. *Nash* (Fn. 2), S. 2 und Office of the Rail Regulator (Fn. 21), S. 18 f.

25 Vgl. *Thomas*, EU Task Force on Rail Infrastructure Charging: Summary Findings on Best Practice in Marginal Cost Pricing, Beitrag auf der IMPRINT-Konferenz am 22. Oktober 2002 in Brüssel 2002, S. 8 ff.

land – fand nicht statt. Vielmehr wurde erwartet, dass das Anreizsystem effiziente Investitionen fördert. Somit konnte Railtrack über Aus- und Neubauinvestitionen im Wesentlichen allein entscheiden bzw. mit EVUs Investitionspläne vereinbaren. Tatsächlich ging auch die Regulierung von Railtrack mit einer Art Investitionskontrolle einher: Da die Höhe des betriebsnotwendigen Kapitals entscheidend für die Festlegung der zulässigen Preise und Erlöse des Unternehmens ist, findet im Rahmen der Regulierung regelmäßig eine Art Ex-Ante-Genehmigung größerer Investitionsprojekte statt. Zusätzlich hatte und hat das EIU die Möglichkeit, weitere Investitionen

- während der laufenden Regulierungsperiode allein zu finanzieren, falls die zusätzlichen Einnahmen (zusätzliche Trassenentgelte und wegfallende Maluszahlungen) für die Refinanzierung ausreichen,
  oder
- gemeinsam mit einem EVU zu finanzieren. Diese Finanzierungsmöglichkeit wurde bislang nur einmal gewählt.[26] Die Investition wird mit dem Franchisegeber abgesprochen. Der Regulierer muss wiederum die Investitionskosten beim Festsetzen der Trassenpreise berücksichtigen, da sie das anerkannte betriebsnotwendige Kapital erhöhen. Da die meisten EVU allerdings über lang laufende Verträge mit fest zugesicherten Trassenpreisen verfügen, muss der Franchisegeber für induzierte Trassenpreissteigerungen aufkommen. Eine Alternative ist die Identifikation der Investitionen zu Beginn einer Franchiseperiode.

Eine Eigentümlichkeit der Railtrack-Regulierung war die dominante Rolle vertraglicher Anreizelemente.[27] Zwischen Railtrack und den Personen-EVUs mussten laut Lizenzbedingung Malus-Zahlungen für das Auftreten von Zugverspätungen und -ausfällen vereinbart werden. Diese Vertragsstrafen, die der Genehmigung durch das Office of the Rail Regulator unterlagen, waren bis 1997 das zentrale Element zur Qualitätssteuerung. Da die Anreizregulierung bekanntermaßen mit Qualitätsproblemen einhergehen kann, wird dem Regulierer zur Abwehr stets die Ermächtigung zur Festsetzung direkter Qualitätsvorgaben eingeräumt; zudem kann er Verstöße gegen diese ggf. mit Sanktionen belegen.[28]

26 Vgl. *Nash/Smith*, Passenger Rail Franchising – British Experience, in: European Conference of Ministers of Transport (Hrsg.): Competitive Tendering of Rail Services, Paris 2007, S. 7, 16.

27 Vgl. hierzu insbesondere *Glaister* (Fn. 1), S. 31 ff.

28 Vgl. hierzu und zum Wirken der vertraglichen Anreize NAO – National Audit Office, Ensuring that Railtrack Maintain and Renew the Railway Network, London 2000, S. 30 ff.

Zwar hatte Railtrack die Qualität seiner Leistungen, gemessen an Zugverspätungen, -ausfällen und Langsamfahrstellen, deutlich gesteigert, es bestanden aber Zweifel, ob Ersatzinvestitions- und Instandhaltungsniveau ausreichend waren, um die Qualität der Infrastruktur dauerhaft zu erhalten. Erst mit dem Regulierungsbericht 2000 wurde der Einblick des Regulierers in diesen Bereich und seine Steuerungsfähigkeit adäquat ausgebaut.

Die Bilanz des ersten Regulierungsberichtes aus dem Jahr 2000 fiel für die vorangegangenen fünf Jahre gemischt aus. Es gab deutliche Verbesserungen bei der Verkehrsleistung der Transportunternehmen. Zwischen 1994 und dem Jahr 2000 stiegen die Personenkilometer um ca. 33 %. Wie Tabelle 1 zeigt, stieg der Marktanteil des Bahnsektors im Personenverkehr von 4,1 auf 5,1 %.[29] Im gleichen Zeitraum wuchs die Verkehrsleistung im Gütertransport um ca. 39 %. Dies bedeutete eine Steigerung des Marktanteils von 5,9 % auf 7 %.[30] Auch bei der Pünktlichkeit konnten Verbesserungen erzielt werden (Abbildung 2). Die Quote der pünktlichen Züge stieg zwischen 1994 und 1999 von 89,5 % auf 91,9 %.

		1994	2000	Veränderung
Schienenpersonenverkehr	Verkehrsleistung [Mrd. Pkm]	28,7	38,2	+ 33,1 %
	Marktanteil	4,1 %	5,1 %	+ 24,4 %
Schienengüterverkehr	Verkehrsleistung [Mrd. Tkm]	13,0	18,1	+ 39,2 %
	Marktanteil	5,9 %	7,0 %	+ 18,6 %

Tabelle 1: Entwicklung der Verkehrsleistung von 1994 bis zum Jahr 2000[31]

Der starke Anstieg der Verkehrsleistung wurde dabei durch das Trassenpreissystem begünstigt. Die EVU im Personentransport unterlagen einem zweiteiligen Tarif, der aus einer fixen und einer variablen Komponente bestand. Die variable Komponente betrug in der ersten Regulierungsperiode ca. 8 % des gesamten Trassenpreises. Somit konnten die EVU zu niedrigen Preisen zusätzliche Züge aufs Netz bringen.

Gleichzeitig erhöhte sich die Zahl der Gleisbrüche pro gefahrenen Zugkilometer stark. Dies veranlasste den Regulierer im Jahr 1997 zu einer Erweiterung

29 Vgl. Department for Transport, Transport Statistics Great Britain 2007 Edition, London 2006, S. 97.

30 Vgl. Department for Transport (Fn. 29), S. 62.

31 Quelle: Strategic Rail Authority, National Rail Trends Yearbook 2004-2005, London 2005, S. 3, 28 sowie Department for Transport (Fn. 29), S. 14, 66.

der Lizenzbedingungen von Railtrack. Hatte er sich zuvor im Wesentlichen auf die steuernde Wirkung des auf Pünktlichkeit basierenden Anreizregimes verlassen, so konnte er nun auch Vorgaben für den Zustand bestimmter Infrastrukturbestandteile festlegen. Dieses Instrument fruchtete und führte ab 1998 zu einer starken Abnahme der Gleisbrüche.

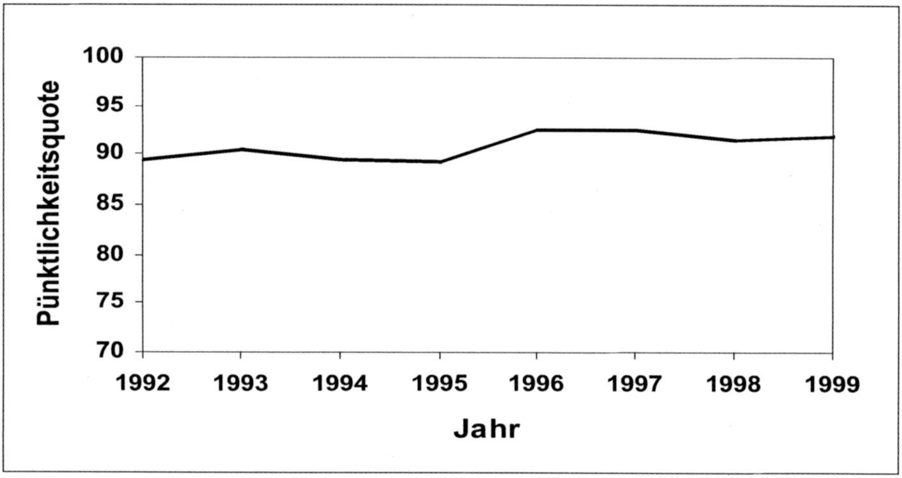

Abbildung 2: Entwicklung der Pünktlichkeitsquote von 1992 bis zum Jahr 1999[32]

Die Sicherheit des Schienenverkehrs war vor und nach der Privatisierung gestiegen. Nach der Reform blieb die Zahl der signifikanten Unfälle pro Zugkilometer sogar unter dem Trend der Vorjahre, der in der folgenden Abbildung 3 als gestrichelte Linie dargestellt ist. Trotzdem blieb die Sicherheit des Systems in der öffentlichen Wahrnehmung gering. Dazu trugen neben den bereits erwähnten Gleisbrüchen insbesondere einige Unfälle bei. In Southhall/London starben 1997 nach dem Überfahren eines Haltesignals sieben Personen. Eine ähnliche Unfallursache führte 1999 bei Paddington zu 31 Toten.[33] Als schließlich im Oktober 2000 nach einem Gleisbruch bei Hatfield vier Menschen starben, stieg der öffentliche Druck auf die Verantwortlichen im Eisenbahnsektor stark. Railtrack stellte weite Teile des Schienennetzes unter Geschwindigkeitsbegrenzung.

32 Quelle: Department for Transport (Fn. 29), S. 106 und *Nash* (Fn. 2), S. 75.

33 Vgl. *Brenck/von Hirschhausen/Holzhey/Hübner/Peter/Schulin/Schultz/Siegmann*, SYNETRA: Synergien zwischen Bahnnetz und -transport: Praxis, Probleme, Potentiale, Studie im Auftrag des Bundesforschungsministeriums (19M1076), Berlin 2003, S. 228.

Gleichzeitig wurden weitreichende Instandhaltungs- und Erneuerungsarbeiten an der Infrastruktur gestartet.

Dadurch stiegen die Infrastrukturkosten (Betrieb und Investitionen) vom Finanzjahr 1999/2000 bis zum Finanzjahr 2001/02 von 4,8 Mrd. € auf 7,3 Mrd. € bzw. um 53 %,[34] so dass Railtrack in eine finanzielle Krise geriet. Diese wurde durch die Strafzahlungen verstärkt, die Railtrack infolge der durch Bauarbeiten gestiegenen Verspätungen an die EVU leisten musste. Diese Strafzahlungen betrugen allein im Finanzjahr 2000/01 rund 750 Mio. €.[35] Darüber hinaus stiegen die veranschlagten Kosten des wichtigsten Investitionsprojektes von Railtrack, der West Coast Main Line; sollten sie nach ersten Schätzungen im Jahr 1996 noch 3,6 Mrd. € betragen, waren es im Jahr 2000 bereits 9,3 Mrd. €.

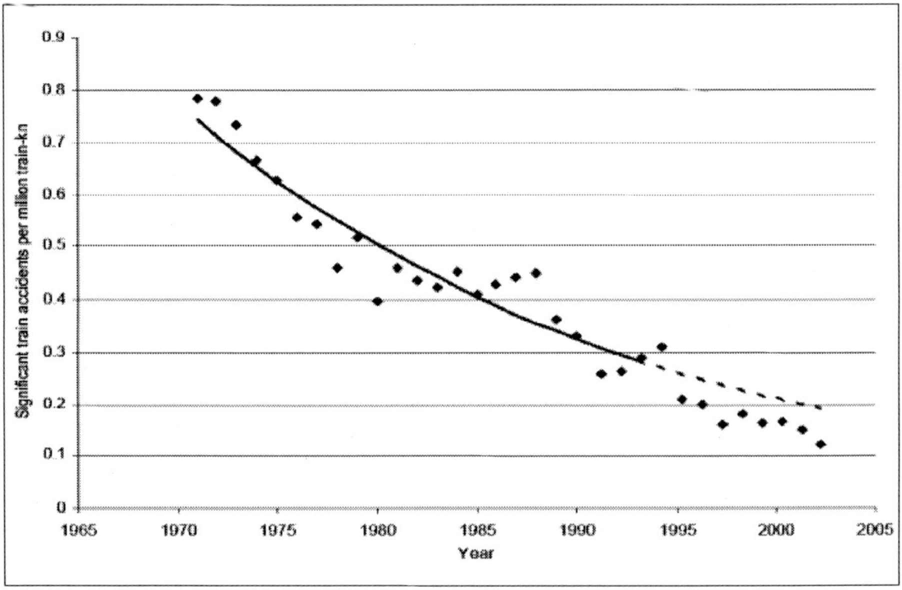

Abbildung 3: Signifikante Zugunfälle pro Millionen Zugkilometer[36]

34 Vgl. *Smith*, Are Britain's Railways Costing Too Much?, in: Journal of Transport Economics and Policy, Vol. 40, Part 1, 2004, 19.

35 Vgl. *Nash* (Fn. 2), S. 74.

36 Quelle: *Evans*, Railway Risks, Safety Values, And Safety Costs, London, http://www.cts.cv.imperial.ac.uk/documents/publications/iccts00417.pdf, 2004, S. 7.

Der periodische Regulierungsbericht des Jahres 2000 war weitgehend vor dem Unfall von Hatfield fertig gestellt. Er identifizierte bereits einen erhöhten Mittelbedarf für Railtrack, aber auch erhebliche Kostensenkungspotenziale.[37] Nach den Unfällen war klar, dass die Kosten nicht gesenkt werden konnten. Gleichzeitig befürchtete die Regierung, dass die direkten ohnehin für die folgenden Jahre angesetzten Subventionen erheblich gesteigert werden mussten. In dieser Situation entschloss sich die britische Regierung, Railtrack im Oktober 2001 unter staatliche Verwaltung zu stellen.

4. Bewertung der Reform von 1994

Die Neustrukturierung des britischen Eisenbahnsektors, die im Jahr 1994 begonnen wurde, wird häufig als Beispiel für eine misslungene Reform dargestellt. Dies wird regelmäßig mit der hohen Unzuverlässigkeit und Unsicherheit des Systems begründet. Die harte Strafe, die Railtrack im Oktober 2001 durch die britische Regierung erhielt, wird quasi als Kronzeuge angeführt.

Ein Blick auf die Leistungskennzahlen zeigt jedoch ein differenziertes Bild. Wie in Abschnitt II.3. dargestellt, gab es bis zum Jahr 2000 erhebliche Verbesserungen bei der Verkehrsleistung im Personen- und Gütertransport; in diesen Segmenten konnten Marktanteile hinzugewonnen werden. Die Pünktlichkeit der Personenzüge verbesserte sich nach der Privatisierung und blieb dann bis 1999 ungefähr konstant.

Da sich die erbrachten Leistungen (gemessen in Pkm und Tkm) bei gestiegener Qualität zumindest bis zum Jahr 1999 erhöht haben, würde man zunächst auch gestiegene Kosten erwarten. *Pollitt* und *Smith* kommen aber zu dem bemerkenswerten Ergebnis, dass die Kosten des gesamten Eisenbahnsektors (Transport und Infrastruktur) in den Finanzjahren 1993/94 und 1999/2000 ungefähr gleich hoch waren.[38] Aufgrund der in diesem Zeitraum gestiegenen Outputmenge ergibt sich so eine starke Stückkostensenkung. Angesichts dieser Daten gelangen einige Beobachter – entgegen der oben genannten Mehrheitsmeinung – zu der Schlussfolgerung, dass die neue Marktstruktur „realisierbar, aber schlecht im-

37 Vgl. *Nash* (Fn. 2), S. 73.

38 Vgl. *Pollitt/Smith*, The Restructuring and Privatisation of British Rail: Was it Really that Bad?, Fiscal Studies, Vol. 23, Nr. 4, 2002.

plementiert" war.[39] Andere wiederum bezeichnen selbst die Implementierung als erfolgreich.[40]

Die Bewertung muss jedoch vorsichtig getroffen werden:

- Im Regulierungsbericht aus dem Jahr 2000 wird deutlich, dass die Infrastrukturkosten für die vorangegangene Regulierungsperiode zu niedrig angesetzt waren. Dies deutet darauf hin, dass nach der Reform das Schienennetz zunächst „auf Verschleiß" gefahren wurde. Ein Infrastrukturunternehmen, dessen Anlagen eine hohe Lebensdauer haben, kann mit dieser Vorgehensweise ohne weiteres über einige Jahre seine Kosten senken. Möglicherweise war dieses Vorgehen eine der Ursachen für die später steigenden Kosten.
- Es ist nicht klar, wie sich der Output und die Kosten ohne Reform oder bei der Wahl einer anderen Sektorstruktur entwickelt hätten.

Auch wenn man der generellen Bewertung von *Nash* und *Glaister* folgt, bleibt festzuhalten, dass bei der britischen Bahnreform Fehler unterlaufen sind. Zu diesem Thema gibt es eine Vielzahl von Publikationen, etwa von *Bartle* und *Thompson*.[41] Im Folgenden konzentriert sich der Beitrag auf den Regulierungsrahmen.

Zum Zeitpunkt der Bahnreform konnte der britische Gesetzgeber auf die Erfahrungen aus anderen, bereits deregulierten Netzsektoren zurückgreifen. Dies geschah auch bei der Festlegung der Rechte und Pflichten des Regulierers und des regulierten Unternehmens. Allerdings weist der Bahnsektor in Großbritannien die Besonderheit auf, dass die Dienstleistungen im Personenverkehr fast ausschließlich vom Staat in Auftrag gegeben werden. Um diese Aufgabe wahrzunehmen, wurde mit der Konzessionsbehörde eine Institution geschaffen, die aus Haushaltsmitteln finanziert wurde und ebenfalls hoheitlichen Einfluss auf das Geschehen im Sektor nahm. Zusammen mit dem Office of the Rail Regulator und der Sicherheitsbehörde (Health and Safety Executive) gab es somit drei Regulierungsbehörden. Es zeigte sich, dass das Regulierungsdesign der anderen Sektoren nicht ohne Anpassungen auf den Bahnsektor übertragen werden konnte:

- Entscheidungen der Sicherheitsbehörde hatten Wechselwirkungen mit denen des Regulierers und der Konzessionsbehörde. So konnten Sicherheitsvorkeh-

39 Vgl. *Nash* (Fn. 2), S. 83.

40 Vgl. *Glaister* (Fn. 1), S. 53.

41 Vgl. *Bartle* (Fn. 9), *Thompson* (Fn. 10).

rungen sowohl für die Infrastruktur als auch für die EVU hohe finanzielle Belastungen mit sich bringen. Dieses Problem wurde erkannt und 2006 die Zuständigkeit für die Sicherheit dem Regulierer übertragen.
- Von erheblicher politischer Bedeutung waren die möglichen Auswirkungen der Entscheidungen des Regulierers auf den Staatshaushalt. Insbesondere nach dem Unfall von Hatfield kam es zu einer deutlichen Steigerung der veranschlagten Infrastrukturkosten (siehe Abschnitt III.5. unten). Der Regulierer genehmigte die veranschlagten Kosten und setzte die Trassenpreise in dem entsprechenden Ausmaß fest: er erhöhte sie nach dem Hatfield-Unfall um 50 % und im Jahr 2003 um weitere 50 %.[42] Da die Trassenpreise bei laufenden Verträgen von der Konzessionsbehörde getragen werden müssen, hatte dies Auswirkungen auf den Staatshaushalt. Diese Wechselwirkung war zwar zu Beginn des Reformprozesses absehbar. Damals wurde jedoch nicht eine solche Kostensteigerung erwartet, wie es nach Hatfield geschah.[43]

Ein weiterer Fehler im Regulierungsdesign beruhte auf der Annahme, dass das auf Pünktlichkeit basierende Anreizsystem ausreichen würde, um Investitionen und Instandhaltung in hinreichender Höhe sicherzustellen. Dies war nicht der Fall, wie oben bereits anhand der steigenden Zahl von Gleisbrüchen pro Zugkilometer dargestellt wurde. Der Regulierer reagierte 1997 mit der Erweiterung der Netzwerklizenz und schließlich mit direkten Vorgaben zum Infrastrukturzustand.

Ein handwerklicher Fehler unterlief dem Regulierer bei der Abstimmung der zwei Anreizinstrumente. Er konnte sowohl mit den Trassenpreisen als auch mit dem Performance-Regime in den Netzzugangsverträgen Einfluss auf die Verkehrsmenge nehmen. Beide Instrumente betrafen direkt das EIU und die EVU. In der ersten Regulierungsperiode zeigte sich jedoch, dass einerseits die Zusatzkosten, die die EVU für zusätzliche Züge zahlen mussten, kaum Auswirkungen auf ihre Nachfrage hatten. Die Trassenpreise waren zu ca. 92 % fix und die Strafzahlungen für Verspätungen so gering, dass die Zusatzeinnahmen durch Ticketverkäufe diese Kosten überstiegen. Railtrack hingegen hatte keine Anreize zur Attrahierung von Mehrverkehren, da die Zusatzeinnahmen gering waren und die Fahrplanstabilität und somit die Pünktlichkeitsquote gefährdet wurde. An-

42 Vgl. *Winsor*, British Rail Franchising: An Experience in Choppy Seas, in: European Conference of Ministers of Transport: Competitive Tendering of Rail Services, 2007, S. 41.

43 Vgl. *Nash* (Fn. 2), S. 86.

dererseits konnte das EIU mit dieser Argumentation nicht die Trassenbestellungen ablehnen.

Viele Kritiker werfen zudem der Railtrack-Führung Missmanagement vor, beispielsweise der damalige Regulierer *Tom Winsor*.[44] Die Vorwürfe beziehen sich insbesondere auf Fehler bei der West Coast Main Line, bei Instandhaltungsverträgen, auf eine angeblich zu hohe Risikoaversion nach dem Hatfield-Unfall und auf das fehlende Infrastrukturkataster. Wahrscheinlich beging das Management diesbezüglich tatsächlich Fehler und die Vorwürfe sind gerechtfertigt. Diese Fehler können jedoch nicht zu dem Schluss führen, dass die Sektorstruktur und die Regulierung funktionsfähig waren, Managementfehler jedoch zu einem Scheitern geführt hätten. Vielmehr muss das institutionelle Umfeld bei einer Restrukturierung, die ein Monopolunternehmen schafft, robust genug sein, um Managementfehler zu erkennen und zu beseitigen. In Großbritannien scheute sich die Regierung im Jahr 2001 davor, einen solchen Robustheitstest überhaupt durchzuführen. Sie setzte den Regulierer unter Druck und verhinderte eine Erhöhung der Trassenpreise und dadurch die erforderlichen, höheren Einnahmen für Railtrack.[45] Es bestand keine unmittelbare Notwendigkeit, Railtrack unter öffentliche Verwaltung zu stellen, da marktkonforme Alternativen bestanden (z. B. eine höhere Verschuldung und ein Austausch des Managements). Eine Lehre aus der britischen Bahnreform ist daher auch, dass im Bahnsektor politische Risiken – und damit eventuelle politische Fehler – nicht ausgeschlossen werden können. Man muss vielmehr eine Sektororganisation wählen, die die Wahrscheinlichkeit diskretionärer politischer Eingriffe minimiert.

III. Die aktuelle Regulierung des britischen Schienennetzes

1. Network Rail als neuer Netzbetreiber

Nachdem Railtrack ein Jahr lang unter öffentlicher Verwaltung stand, wurde die Infrastruktur Ende 2002 an ein speziell zu diesem Zweck gegründetes Unternehmen, Network Rail, veräußert. Der Verkauf fand ohne Ausschreibung und damit ohne wettbewerbliches Element statt, obwohl es zwei weitere Interessenten gab. Die Begründung wird darin gesehen, dass die Regierung die Infrastruktur kei-

44 Vgl. *Winsor* (Fn. 42).

45 Vgl. *Glaister* (Fn. 1), S. 37.

ner privaten Aktiengesellschaft überlassen wollte. Deshalb nahmen die beiden anderen potenziellen Bieter ihre Interessensbekundungen zurück.[46]

Formell ist Network Rail, die auch die Netzwerklizenz erhielt, eine Company Limited by Guarantee, und damit ein not-for-profit Unternehmen, das seinen ca. 115 Mitgliedern Rechenschaft schuldig ist, aber keine Dividenden zahlt.[47] Erwirtschaftete Überschüsse müssen vollständig in das Netz investiert bzw. zur Bildung finanzieller Rücklagen verwendet werden. Zu den Mitgliedern zählen die EVUs, staatliche Institutionen (insbesondere das Department for Transport, aber auch Local Government Authorities, u. a.), Fahrgastverbände, Gewerkschaften, weitere Träger öffentlicher Belange sowie Einzelpersonen.

Network Rail wurde anfangs ausschließlich über staatlich abgesicherte Kredite finanziert. Daher sprechen manche Beobachter – entgegen den anders lautenden offiziellen Bekundungen – von einer neuen Form der staatlichen Infrastrukturbereitstellung. Indes ist der staatliche Einfluss gering genug, um die Schulden von Network Rail nicht im Staatshaushalt führen zu müssen. Dies war eines der Ziele bei der Schaffung von Network Rail.

Das britische Verkehrsministerium ist als besonderes Mitglied mit weitreichenden Rechten ausgestattet. Werden bestimmte Kreditschwellen überschritten, kann es den Chairman und Vorstandsvorsitzenden entlassen. In schwerwiegenderen Fällen können alle anderen Mitglieder entlassen werden und die Kontrolle kann komplett übernommen werden. Dies verdeutlicht den potenziell hohen Einfluss der Regierung auf das Infrastrukturunternehmen. Unklar ist, inwieweit der staatliche Einfluss im Tagesgeschäft tatsächlich ausgeübt wird, da die Regierung offiziell die Unabhängigkeit von Network Rail nicht in Frage stellt.

2. Die Finanzierung von Network Rail

Bei seiner Gründung ist Network Rail mit einer Staatsbürgschaft ausgestattet worden. Zu diesem Zeitpunkt war es ausschließlich kreditfinanziert. Die Kreditaufnahme von Network Rail sollte durch Einnahmen bedient und getilgt werden. Ferner sollte das EIU eine finanzielle Rücklage zur Absicherung gegen

46 Vgl. *Glaister* (Fn. 1), S. 37.

47 Die britische Regierung orientierte sich bei der Wahl dieser Vorgehensweise am walisischen Wasserversorger, Glas Cymru.

Risiken erwirtschaften – eine Funktion, die üblicherweise durch Eigenkapital erfüllt wird.[48]

Die Einnahmen von Network Rail bestehen, wie bereits bei Railtrack, im Wesentlichen aus Trasseneinnahmen. Hinzu treten in Ausnahmefällen – mit Genehmigung der Regulierungsbehörde – weitere Kredite sowie direkte Subventionen. Der Regulierer stimmte im Jahr 2004 direkten Subventionen für Network Rail für die folgende Regulierungsperiode zu. Damit wurde die dargestellte Systematik durchbrochen, die eine Subventionierung des Schienenverkehrs nur über die Franchisemittel vorsieht (siehe Abbildung 4). Die direkten Subventionen mit einer Gesamthöhe von 14,3 Mrd. € stellen fast die Hälfte der notwendigen Einnahmen dar (siehe Tabelle 2). Sie werden in der Regulierungsperiode 2004/05-2008/09 gezahlt.

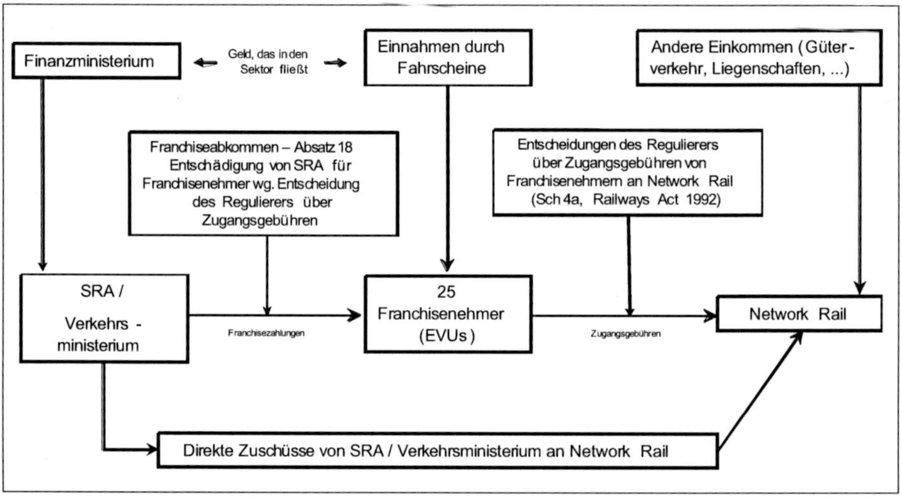

Abbildung 4: Finanzierung des britischen Eisenbahnsystems[49]

Als der Regulierer Ende 2003 seinen Interim-Review für die laufende Regulierungsperiode fast abgeschlossen hatte, zeichnete sich ab, dass der Finanzbedarf für die Infrastruktur deutlich höher ausfallen würde als in der Vergangenheit. Dies hätte einen starken Anstieg der Trassenpreise und damit Ausgleichszah-

48 Vgl *Glaister* (Fn. 1), S. 37.

49 Quelle: Office of Rail Regulation, Rail Industry Money Flows, 2006 (www.rail-reg.gov.uk/upload/pdf/money_flows.pdf).

lungen der Strategic Rail Authority (Kompensationsleistungen an die Franchisenehmer im Personenverkehr) erfordert.[50] Deshalb reichte Network Rail mit der Unterstützung der Strategic Rail Authority und des Verkehrsministeriums einen Vorschlag zur Umschichtung von Einnahmepositionen ein: Statt Einnahmen aus Trassenerlösen sollten direkte Zuwendungen erfolgen und Network Rail seine Verschuldung erhöhen. Laut Antrag sollte Network Rail Schulden i. H. v. 4,8 Mrd. € aufnehmen – tatsächlich wurden später 7,3 Mrd. € aufgenommen. Die Schuldenaufnahme fand in den Jahren 2004/05 und 2005/06 statt.

Mio. €	2004/05	2005/06	2006/07	2007/08	2008/09	Summe
Benötigter Nettoumsatz	6.799	6.752	6.495	6.431	6.337	32.814
Trasseneinnahmen	1.841	1.865	3.262	3.245	3.495	13.708
Subventionen	2.616	2.425	3.233	3.185	2.843	14.302
Differenz=Zusätzl. Kredite	2.342	2.462	0	0	0	4.804

Tabelle 2: Erforderliche Erlöse von Network Rail für die Regulierungsperiode 2004/05 – 2008/09[51]

Mit dem Antrag verfolgten Network Rail und die Strategic Rail Authority bzw. das Verkehrsministerium zwei interdependente Ziele:

- Die Analyse des Regulierers ergab einen Finanzierungsbedarf, der die Mittel der Strategic Rail Authority der folgenden Jahre überstieg. Diese Steigerung der notwendigen Subventionen war insbesondere auf Investitionen zurückzuführen, die nach dem Unfall von Hatfield als notwendig erachtet wurden. Diese sollten teilweise durch Verschuldung der Network Rail vorfinanziert werden. Im britischen Regulierungssystem muss sich in diesem Fall der Regulierer bereit erklären, das anerkannte betriebsnotwendige Kapital (regulatory asset base) für die nachfolgende Regulierungsperiode zu erhöhen.[52] Tilgung

50 Die Vorgabe einer Obergrenze für die zur Verfügung stehenden Mittel im Zuge der high level output specifications durch das Department for Transport existierte zu diesem Zeitpunkt noch nicht.

51 Quelle: Office of Rail Regulation (Hrsg.), Access Charges Review 2003: Regulator's Approval of Network Rail's Proposed Financing Arrangements, London 2004, S. 8. Alle Angaben in Preisen von 2002/2003. Zur Umrechnung in Euro wird ab hier folgender Kurs verwendet: 1 £. = 1,53 €.

52 Bereits bei der Begutachtung der Trassenpreise im Access Charges Review aus dem Jahr 2000 hatte der Regulierer einer kleineren Kreditaufnahme durch das EIU zugestimmt: 15 % der erforderlichen Erlössteigerung wurden – durch eine Kreditaufnahme – in die nachfolgende Regulierungsperiode verschoben. Der Regulierer erhöhte dann auch 2003 die RAB für die Regulierungsperiode 2004-2009 um die „verschobenen" Erlöse zuzüglich der angenommenen Kapitalkosten (8 % real vor Steuern).

und Zinszahlungen erfolgen dann aus den zukünftig höheren Trasseneinnahmen.
- Zudem sollte das Verhältnis von Investitionen zu laufenden Ausgaben des britischen Staatshaushalts verbessert werden. Das britische Verkehrsministerium hatte zu Recht angemerkt, dass letzten Endes ein Großteil der vorgesehenen Subventionen in Investitionen von Network Rail fließen sollte. Da Kompensationen für erhöhte Trassenpreise jedoch haushaltsrechtlich nicht als Investitionen verbucht werden dürfen, bat sich das Verkehrsministerium eine Gewährung von direkten Subventionen aus, um den Anstieg der Trassenpreise abzumildern bzw. zeitlich zu strecken.

Der Regulierer akzeptierte den Vorschlag von Network Rail, da eine Reihe von Bedingungen erfüllt waren, die – teilweise nach einem öffentlichen Konsultationsprozess – aufgestellt wurden und ausschließlich die Kreditaufnahme von Network Rail betrafen.[53] Insbesondere sollte es sich um eine Übergangsmaßnahme handeln, die weder das Verhältnis zu den EVUs (geringere Kundenorientierung) verändern noch dem Verkehrsministerium einen stärkeren Einfluss auf die Investitionsplanung des Infrastrukturunternehmens gewähren sollte. Nach dem Konsultationsprozess sah der Regulierer diese Bedingungen prinzipiell als erfüllt an, äußerte aber Bedenken wegen der Möglichkeit zukünftig verstärkter Kreditaufnahmen und schlug eine Änderung der Lizenz von Network Rail vor, um diese Möglichkeit zu begrenzen.

3. Die Anreizregulierung von Network Rail

Network Rail unterliegt weiterhin der für Railtrack dargestellten Anreizregulierung, die extensiv um direkte Vorgaben ergänzt wurde, um die Erhaltung der Infrastrukturqualität sicherzustellen. Zusätzlich wurden ergänzende Anreizelemente etabliert, die insbesondere mögliche Governance-Defizite des not-for-profit Unternehmens Network Rail kompensieren sollen.

a. Qualitätsvorgaben und -kontrolle

Im Rahmen der Regulierung werden einige Leistungen für Network Rail direkt vorgegeben und ihre Einhaltung durch ein umfangreiches Monitoring über-

53 Vgl. Office of Rail Regulation (Hrsg.) (Fn. 21), S. 15 ff.

wacht. Die Vorgaben betreffen sowohl Verspätungen als Outputindikator als auch Qualitätsvorgaben für Anlagen als Inputindikatoren.

Zur Illustration sei folgendes Beispiel angeführt. In der aktuellen Regulierungsperiode gilt die Vorgabe, die Verspätungsminuten pro 100 Zugkilometer von 2,34 auf 1,65 zu reduzieren. Darüber hinaus gibt es für den Infrastrukturzustand Vorgaben in fünf verschiedenen Kategorien: Anzahl der gebrochenen Schienen, Gleisüberhöhungen pro Meile, Anzahl der Langsamfahrstellen, Schäden an Oberleitungen und weiteren Bestandteilen.

Der Regulierer überwacht die Einhaltung dieser Vorgaben zumeist durch Berichtspflichten sowie eigene Berater und veröffentlicht die Ergebnisse. Im Bereich der Instandhaltung wurden z. B. folgende Maßnahmen eingeführt:

- Permanente Analyse der Maßnahmen von Network Rail und Information des Regulierers über die zur Verfügung gestellten Informationen durch unabhängige Experten
- Etablierung des Network Rail Monitors, einer laufenden, vierteljährlichen Berichterstattung über die Entwicklung der Qualitätsindikatoren und Einschätzung der Ergebnisse
- Unabhängige Begutachtung der internen Prozesse und des internen Informationsmanagements von Network Rail im Rahmen der Preisanpassung und Veröffentlichung der Ergebnisse
- Benchmarking-Verfahren: Selbstverpflichtung von Network Rail zur Durchführung eines unabhängigen internen Benchmarking-Verfahrens sowie zur Durchführung eines externen Benchmarking-Verfahrens durch den Regulierer, beide Male unter Veröffentlichung der Ergebnisse.

Die Einhaltung der Zielvorgaben ist Grundlage der Preisgenehmigung sowie der Lizenzerteilung. Letztere dient dem Regulierer zugleich zur Durchsetzung seiner Vorgaben. Dazu ist ein abgestuftes Durchsetzungssystem vorgesehen, namentlich Konsultation, Erläuterung der Zielverfehlung (erste Stufe), Vorlage eines Aktionsplanes durch Network Rail und Genehmigung durch den Regulierer, evtl. Strafzahlungen (zweite Stufe) und direkte Vorgaben von Office of Rail Regulation, evtl. Strafzahlungen (dritte Stufe) und als schärfste Sanktion den Lizenzentzug (vierte Stufe).

b. Finanzielle Anreize für das Management

Da die öffentliche Hand das einzige Mitglied von Network Rail ist, das die finanziellen Konsequenzen eines Missmanagements zu tragen hätte, sind hinreichende Anreize für eine effiziente, langfristige Unternehmenspolitik wesentlich.[54] Die Kontrolle des Managements hängt daher primär von der Monitoringleistung der öffentlichen Hand und seiner Durchsetzungsfähigkeit gegenüber den übrigen Mitgliedern ab. Bei letzteren sind die diesbezüglichen Anreize eher fraglich. Dies gilt vor allem für die Personen-EVUs, bei denen es aufgrund ihrer vertraglichen Absicherung durch die öffentliche Hand unklar ist, inwieweit ihr Finanzergebnis von der Leistung Network Rails abhängt.

Positiv hervorzuheben ist die hohe Transparenz des Unternehmens (nicht zuletzt aufgrund der Regulierung), die die Monitoringkosten senkt. Selbst wenn die Mitglieder nur eine geringe direkte Kontrolle des Managements ausüben, dürften drohende Reputationsverluste aufgrund von Ineffizienz oder Insolvenz des Unternehmens dem Management erhebliche Effizienzanreize setzen. Zudem besteht ein Anreiz über die Möglichkeit des Verkehrsministeriums, im Fall einer finanziellen Schieflage den Aufsichtsrats- und Vorstandsvorsitzenden auszuwechseln.

Der Regulierer hat diese Anreizeffekte jedoch offenbar als nicht ausreichend angesehen. In den Lizenzbestimmungen für Network Rail wurde daher die direkte Anknüpfung der Entlohnung des Managements an die Zielvorgaben des Regulierers festgelegt. Das neu etablierte Anreizsystem enthält drei zentrale Leistungsindikatoren, von denen die Höhe der Managementvergütung abhängt:

- Gesamtanzahl der von Network Rail verursachten Verspätungsminuten
- Infrastrukturzustand (asset stewardship index): In diesen Indikator fließen mit unterschiedlichem Gewicht verschiedene technische Qualitätsindikatoren ein (defekte Signale, gebrochene Schienen, Gleisgeometrie etc.).
- Finanzielle Effizienz (financial efficiency index): dieser Indikator bemisst die Effizienz des Infrastrukturbetriebs, der Instandhaltung, der Erneuerung und bestimmter übergreifender Dienstleistungen.

54 Eine allgemeine Diskussion des Governance-Problems von not-for-profit Unternehmen findet sich bei *Bennett/Iossa/Legrenzi*, The Role of Commercial Non-profit Organizations in the Provision of Public Services, in: Oxford Review of Economic Policy, Vol. 19, 2003.

Die Indikatoren werden jährlich ermittelt und veröffentlicht. Die Vergütung des Managements bemisst sich am Erreichen bestimmter Zielkorridore bzw. genauer Zielwerte. Die Zielkorridore werden im jährlichen Businessplan, die genauen Zielwerte werden langfristig im Businessplan von Network Rail festgelegt. Jedes Jahr werden darüber hinaus dreijährige Anreizsysteme definiert, die auf den Indikatoren Pünktlichkeit und Kostenreduktion basieren. Bonuszahlungen an das Management sind auch hierbei von der Einhaltung von Zielvorgaben abhängig.

c. Weitere finanzielle Anreize für Network Rail

Der Regulierer hat zwei neue Anreizsysteme etabliert, die jeweils im Rahmen der periodischen Regulierungsanpassung berücksichtigt werden.

Dies sind einerseits Anreize zur Netzauslastung. Falls Network Rail die Netzauslastung über die erwartete Entwicklung hinaus steigern kann, wird im Rahmen der nächsten Festlegung der Preisobergrenzen das Niveau der zulässigen Einnahmen erhöht. Der Umfang der Zahlungen hängt ab vom Wachstum der Zugmeilen im Personenverkehr, der Erlöse der Personen-EVU und der Zugmeilen und der Tonnenmeilen im Güterverkehr. Die Wachstumsraten werden für die nächste Kontrollperiode geschätzt. Der Finanzmechanismus greift, wenn ein vorgegebener Schwellenwert (50 % der in den nächsten fünf Jahren erwarteten Wachstumsrate) überschritten wird. Die „Vergütung" erfolgt dann im Rahmen der periodischen Anpassung der Regulierung durch Erhöhung der Regulary Asset Base (RAB). Die Erhöhung der RAB wird dabei anhand der genannten Wachstumsraten und feststehender „Entlohnungsfaktoren" ermittelt.

Andererseits etablierte der Regulierer Anreize zur Verbesserung des Infrastrukturzustands. Dazu sind die finanziellen Ergebnisse des EIU zudem an einen Indikator gekoppelt, der die Qualität des Netzes widerspiegelt (asset stewardship index). Eine Entlohnung erfolgt, wenn ein Schwellenwert für den Index (gegenwärtig 1,2) überschritten wird. In der aktuellen Regulierungsperiode kann die maximale Vergütung 459 Mio. € betragen, was einem Indexwert von 0,9 entspricht. Zwischen diesen Werten besteht eine lineare Zahlungskurve auf der 0,01 Indexpunkte 10 Mio. £ entsprechen. Auch hier gilt, dass die Vergütung durch eine Erhöhung des betriebsnotwendigen Kapitals bei der nächsten Festlegung der Regulierungsrestriktion erfolgt und die Entwicklung über die gesamte Regulierungsperiode entscheidend ist.

d. Vertragliche Anreize

Network Rail ist verpflichtet, mit den EVU verschiedene Verträge mit Anreizelementen abzuschließen:

- Bonus-Malus-Systeme für Verspätungen: Network Rail muss, wie vorher schon Railtrack, die EVU für seinerseits verschuldete Verspätungen kompensieren, wenn sie einen vom Regulierer vorgegebenen Schwellenwert übersteigen. Werden die Verspätungen über einen Schwellenwert hinaus verringert, erfolgt eine Bonus-Zahlung seitens der EVU. Die Schwellenwerte orientieren sich an historischen Werten (siehe Abschnitt II.4.).
- Bei Nutzungseinschränkungen (Langsamfahrstellen oder Streckensperrungen zur Durchführung von Instandhaltungsarbeiten) besteht eine Kompensationspflicht seitens Network Rail. Die EVU werden z. B. für Erlösausfälle, Kosten der Einrichtung des Schienenersatzverkehres, zusätzliche Planungskosten usw. entschädigt.

Die aufgrund dieser Anreizelemente erwarteten Nettoausgaben Network Rails werden bei der Gestaltung der Preisobergrenze berücksichtigt. Sie gehen in vollem Umfang in das betriebsnotwendige Kapital ein. Bei den Kompensationszahlungen für Nutzungseinschränkungen wurde eine jährliche Zahlung von ca. 184 Mio. € erwartet.

4. Infrastrukturplanung und spezielle Investitionsanreize

Die britische Regierung unternahm im Jahr 2005 einen weiteren Schritt, um den Einfluss auf die Strategie des Infrastrukturmanagers zu stärken. Die Strategic Rail Authority wurde aufgelöst und ihre Aufgaben direkt in den Zuständigkeitsbereich des Verkehrsministeriums integriert. Dadurch veränderte sich auch der Prozess der Investitionsplanung, indem das Verkehrsministerium nunmehr stärker in die Planung involviert ist.[55] Die Investitionsplanung beruht auf Prognosen (route utilisation strategies), die die zukünftige Nachfrage auf den einzelnen Verbindungen abschätzen. Für die Finanzierung der Infrastrukturinvestitionen stehen im Wesentlichen drei Wege offen:

55 Für Schottland gelten spezielle Regelungen aufgrund seines Autonomiestatus. Diese Besonderheit wird im Folgenden nicht weiter betrachtet.

a. Staatlich angeregte Investitionen im Rahmen der Regulierungsanpassung

Bei der Konzeption der Price-Cap-Regulierung spielen Investitionen des regulierten Unternehmens keine spezielle Rolle. Ausgehend von historischen Güter- und Leistungspreisen werden diese dynamisch fortgeschrieben (Inflationsrate abzüglich erwarteter Produktivitätssteigerung). Übertrifft das regulierte Unternehmen die erwartete Produktivitätssteigerung, realisiert es überdurchschnittliche Gewinne. Um negative Anreizeffekte zu verhindern, dürfen diese überdurchschnittlichen Gewinne bei späteren Preisanpassungen nicht berücksichtigt werden.

Die zulässigen Erlöse werden dabei anhand des anerkannten betriebsnotwendigen Kapitals (regulatory asset base) als Grundlage der Kapitalkosten sowie der sonstigen Kosten geschätzt. Das Unternehmen spezifiziert dabei seine zukünftigen Leistungen und die Kosten. Der Regulierer überprüft deren Notwendigkeit und Effizienz und genehmigt auf Basis der „angemessenen" Kosten eine bestimmte Erlöshöhe.

Wie bisher können im Rahmen der periodischen Kontrollberichte Investitionen festgelegt werden. Allerdings erfolgt diese Definition notwendiger Projekte nicht mehr allein zwischen Regulierer und dem EIU. Vielmehr spezifiziert das Verkehrsministerium zunächst in einem ersten Schritt seine Ziele für Schienentransport und -infrastruktur in Form von hoch aggregierten Vorgaben von Verkehrsleistungsindikatoren (high level output specifications). Gleichzeitig gibt das Verkehrsministerium Angaben über die zur Verfügung stehenden Mittel heraus. Im nächsten Schritt übersetzt der Regulierer diese abstrakten Ziele in Leistungsanforderungen für Network Rail. Diese beziehen sich im Wesentlichen auf den Zustand der Gleise und Verkehrsleistungsindikatoren. Anschließend führt das EIU in einem dritten Schritt eine Identifikation der notwendigen Investitionen und eine Abschätzung der Investitionskosten durch, die danach mit dem Office of Rail Regulation verhandelt werden. Schließlich werden auf der Basis dieser Kosten die Trassenpreise für die nächste Periode durch das Office of Rail Regulation festgelegt. Die geplanten Investitionskosten gehen i. d. R. in fixer Höhe in das betriebsnotwendige Kapital ein, Kostenüberläufe würden Network Rail demnach in keiner Weise erstattet. Der Regulierer überprüft mindestens auf jährlicher Basis die Fortschritte beim Erreichen der festgelegten Leistung durch die Investitionen.

b. Staatlich angeregte, sonstige Investitionen

Investitionen, die nicht im periodischen Kontrollbericht des Office of Rail Regulation vorgesehen sind, können durchgeführt werden, indem Network Rail sie vorfinanziert. Allerdings muss ein Katalog von Bewertungskriterien erfüllt sein, der sicherstellt, dass diese Investitionen gesamtwirtschaftlich wünschenswert sind. Dann können sie bei der nächsten periodischen Kontrolle in das anerkannte betriebsnotwendige Kapital eingeschlossen werden (inklusive der Finanzierungskosten).

Investitionen dieser Art können auch aus dem neu zu schaffenden Investitionsfond (Network Rail Discretionary Fund) finanziert werden, sofern sie die Grenze von 7,7 Mio. € nicht übersteigen. Der Gesamtfonds beinhaltet 306 Mio. € für die laufende Regulierungsperiode. Diese Regelung dient anscheinend der Kostensenkung bei Planung und Abwicklung kleinerer Investitionsprojekte.

c. Anreize für die Beteiligung Privater an Investitionen

Weitere Aus- und Neubauprojekte sollen unter Beteilung privater Unternehmen in Form von Projektorganisationen (special purpose vehicles) erfolgen, auch wenn dies dem Grundgedanken der not-for-profit Organisation der Infrastruktur zuwiderläuft. Der Regulierer kontrolliert, dass bei Beteiligung von Network Rail lediglich deren effiziente Kosten durch die Zusatzeinnahmen gedeckt werden. Network Rail kann in Einzelfällen die Bauten nach Fertigstellung erwerben. Dann muss der Regulierer sie in das betriebsnotwendige Kapital aufnehmen und beim Festsetzen der Trassenpreise berücksichtigen.

Da dem Office of Rail Regulation die Kontrollmöglichkeiten bei den drei beschriebenen Investitionsarten nicht ausreichen, muss Network Rail zusätzlich in seinem Business Plan darlegen, wie die Priorisierung der unterschiedlichen Investitionsmaßnahmen erfolgt. Das Unternehmen muss sein Bewertungsschema offen legen und insbesondere aufzeigen, wie gesamtwirtschaftliche Effekte berücksichtigt werden. Die Prioritätenliste muss mit dem Office of Rail Regulation abgestimmt werden; das Verkehrsministerium kann sie nachträglich nicht ändern.

5. Bewertung der aktuellen Sektororganisation

Fünf Jahre nach der Gründung von Network Rail kann eine erste Bilanz gezogen werden. Sie fällt gemischt aus.

Die Verkehrsleistungsindikatoren haben sich positiv entwickelt. Sowohl im Personenverkehr als auch im Güterverkehr stiegen die Verkehrsleistung und der Marktanteil der Schiene (siehe die Abbildungen 5 und 6.)

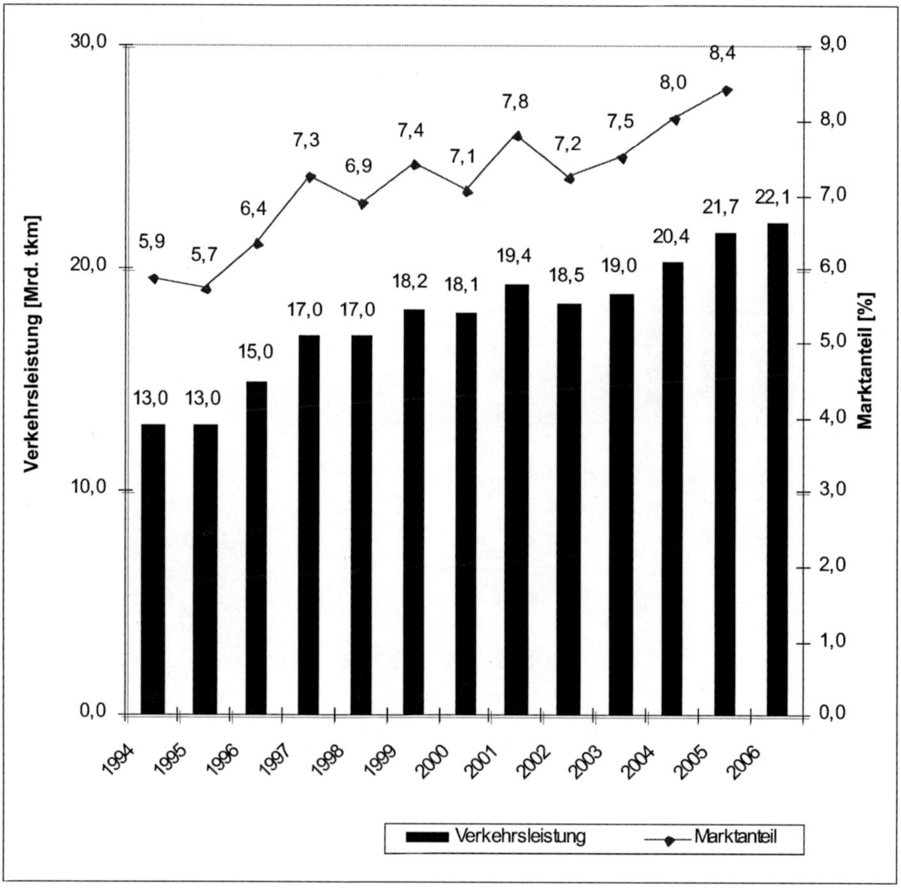

Abbildung 5: Entwicklung Verkehrsleistung/Marktanteil Güterverkehr (1994–2006)[56]

56 Quelle: Daten von Department for Transport (Fn. 29), S. 66 und Office of Rail Regulation (Hrsg.), National Rail Trends 2006-2007, London 2007, S. 28. Für 2006 sind keine Marktanteilswerte ausgewiesen.

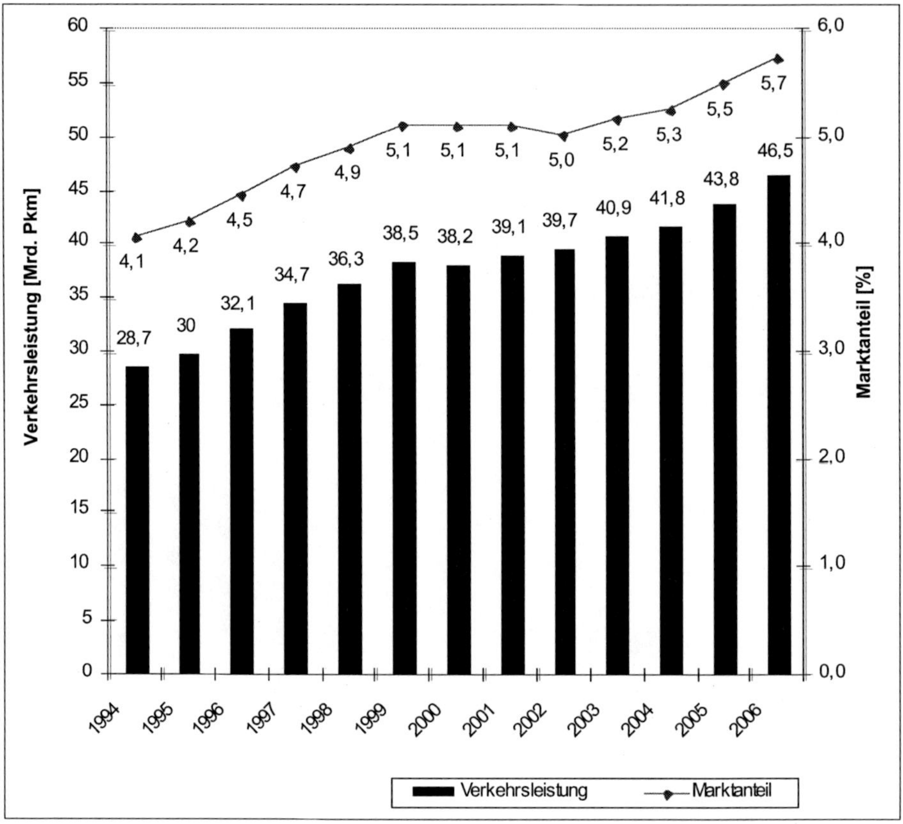

Abbildung 6: Entwicklung Verkehrsleistung/Marktanteil Personenverkehr (1994–2006)[57]

Die Sicherheit im Bahnsystem hat sich laut Rail Safety and Standards Board (RSSB) in den letzten Jahren kontinuierlich erhöht. RSSB wurde 2003 in Folge der geschilderten Unfallserie gegründet und ist – wie Network Rail – ein not-for-profit Unternehmen, das im Eigentum der Stakeholder des Bahnsystems steht: EVU, Zulieferindustrie, Leasingunternehmen für rollendes Material, Instandhaltungsunternehmen und Network Rail, wobei die Mitgliedschaft von Network Rail eine Auflage seiner Lizenzbedingungen ist. Hauptaufgaben von RSSB sind insbesondere die Weiterentwicklung der Sicherheitsstrategie und -standards des Eisenbahnsektors, die Evaluierung des erreichten Sicherheitsstandards und die

57 Quelle: Daten vom Department for Transport (Fn. 29), S. 14 und Office of Rail Regulation (Hrsg.) (Fn. 56), S. 3.

Forschungsorganisation.[58] Das RSSB ist unabhängig vom Office of Rail Regulation, das im Wesentlichen für Genehmigungen und Unfalluntersuchungen zuständig ist.

Abbildung 7 zeigt die Entwicklung einiger Sicherheitsindikatoren[59] in den Jahren 2002 bis 2006. Insbesondere die Zahl der Gleisbrüche – Ursache des Unfalls von Hatfield – konnte erheblich gesenkt werden. Weniger eindeutig ist die Entwicklung bei Schienenverbiegungen, neben Gleisbrüchen eine zentrale Ursache von Entgleisungen, und der Zahl überfahrener Haltesignale. Bei der letztgenannten Kategorie zeigt sich jedoch eine deutliche Abnahme der als sicherheitsrelevant einzustufenden Ereignisse (Significant + Severe). Durch den insbesondere seit 2002 forcierten Ausbau der Leit- und Sicherungstechnik werden Züge gestoppt, bevor ein erhebliches Risiko entsteht.

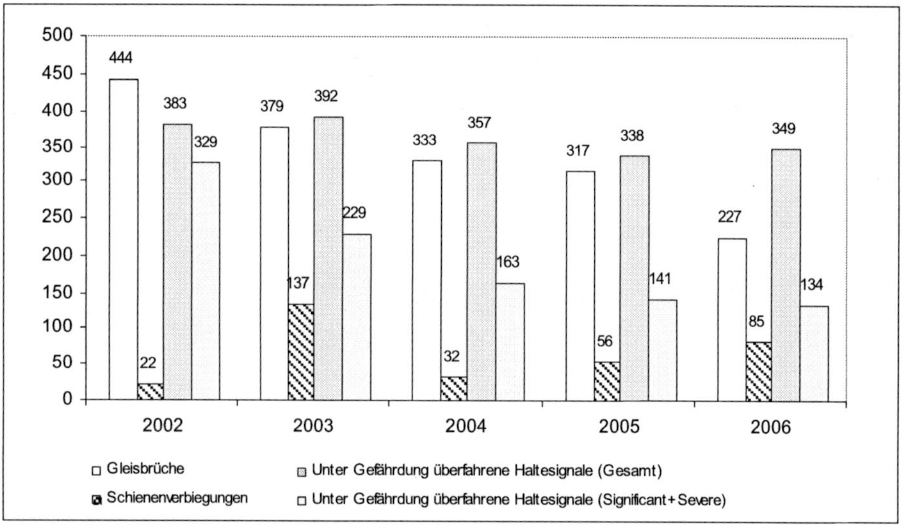

Abbildung 7: Entwicklung sicherheitsrelevanter Ereignisse von 2002 bis 2006[60]

58 Vgl. die Internetdarstellung des RSSB (http://www.rssb.co.uk/index.asp) sowie Office of Rail Regulation, Review of Rail Safety and Standards Board: Report (http://www.rssb.co.uk/pdf/Review%20of%20RSSB%20report.pdf), 2005.

59 Dargestellt sind Ereignisindikatoren, die im Allgemeinen die tatsächliche Sicherheitsentwicklung besser abbilden als Unfallindikatoren. Indikatorenlisten finden sich z. B. in: Richtlinie 2004/49/EG des Europäischen Parlaments und des Rates vom 29. April 2004 über Eisenbahnsicherheit in der Gemeinschaft, ABl. L 220/16 vom 21. Juni 2004, S. 16-39.

60 Quelle: Daten von Office of Rail Regulation (Hrsg.), Signals Passed at Danger (SPADs), 2008 (http://www.rail-reg.gov.uk/server/show/nav.1137); Rail Safety and Standards Board, Annual Safety Performance Report 2006, London 2007, S. 121.

Ein Vergleich dieser Zahlen mit der Entwicklung nach der Reform von 1994 drängt sich zunächst auf, da die Sektorstruktur kaum geändert wurde. Dabei wurde „lediglich" ein Unternehmen durch ein anderes ersetzt und Änderungen bei der Zuständigkeit für die Sicherheit durchgeführt. Trotzdem ist ein objektiver Vergleich anhand der vorliegenden Daten kaum möglich, da es viele exogene Faktoren gibt, wie beispielsweise die Konjunktursituation, die die Verkehrsleistung beeinflussen. Bei aller Vorsicht kann jedoch festgestellt werden, dass es zumindest keinen offensichtlichen Trendbruch in der Verkehrsleistung mit oder nach der Übergabe des Netzes an Network Rail gab.

Ein anderes Bild ergibt sich bei der Betrachtung der Pünktlichkeit. Die Pünktlichkeit der Personenzüge wird seit dem Jahr 2000 anhand des Anteils unpünktlicher Züge bestimmt. Dabei gelten Züge als unpünktlich, wenn sie fünf Minuten (Regionalverkehr) bzw. mehr als zehn Minuten (Fernverkehr) von ihrem aktuellen Tagesfahrplan abweichen. Dieser Indikator war direkt nach dem Unfall von Hatfield aufgrund der zahlreichen Langsamfahrstellen stark gesunken. Die Erstellung eines stabilen Fahrplans bereitete Network Rail offensichtlich auch in den Jahren nach der Netzübernahme große Schwierigkeiten. So konnte die Pünktlichkeit erst im Jahr 2006 wieder den Wert vor dem Hatfield-Unfall erreichen.[61]

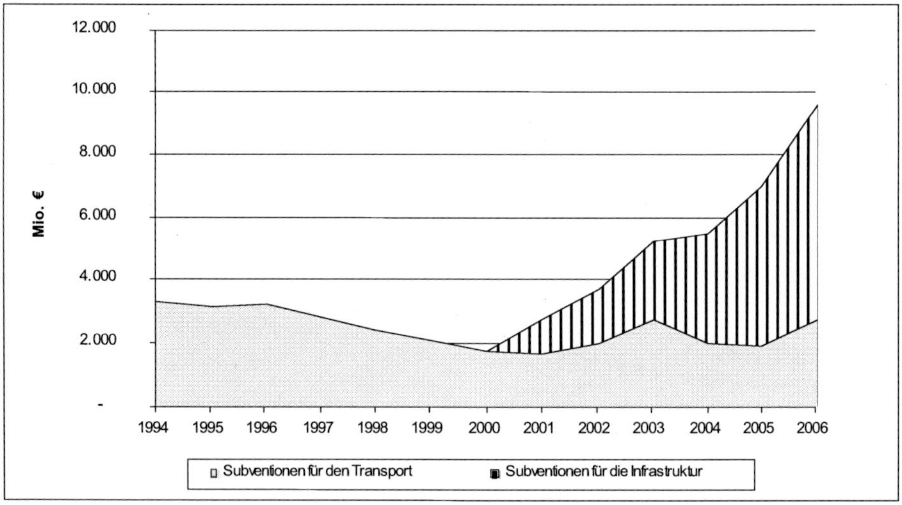

Abbildung 8: Entwicklung der staatlichen Subventionen für den Bahnsektor (1994–2006)[62]

61 Vgl. Office of Rail Regulation (Hrsg.) (Fn. 56), S. 22.

62 Quelle: Daten von Office of Rail Regulation (Hrsg.) (Fn. 56), S. 62 und Strategic Rail Authority (Fn. 31), S. 47.

Dramatisch verschlechtert hat sich seit der Übernahme des Netzes durch Network Rail (genauer seit dem Jahr 2001) jedoch die Belastung des Staatshaushaltes durch den Bahnsektor. Nach der Reform von 1994 konnten bis zum Jahr 2000 die jährlichen Subventionen bis unter 2 Mrd. € gesenkt werden. Danach stiegen sie auf zuletzt über 9 Mrd. € an. Wie in Abbildung 8 erkennbar, ist der größte Teil dieser Steigerungen auf die ab dem Jahr 2001 gewährten direkten Infrastruktursubventionen zurückzuführen.

Eine so starke Steigerung der Subventionen und damit der Kosten der Infrastruktur ist nur mit einer Reihe von Ursachen erklärbar. Sicherlich fließt seit 2002 ein Großteil der Infrastruktursubventionen in das Bestandsnetz. Railtrack hatte zwar die Investitionen ebenfalls gesteigert, aber trotzdem wurde für das Netz bei Übernahme durch Network Rail ein Nachholbedarf an Subventionen proklamiert. Es wurde u. a. darauf hingewiesen, dass schon zu Zeiten von British Rail ein Investitionsstau bestanden hätte. Inzwischen wird vermutet, dass es bei den Netzinvestitionen nach dem Unfall von Hatfield auch zu Überreaktionen kam. Die Erweiterung der Zuständigkeit des Regulierers bezüglich der Sicherheit erfolgte auch wegen ausufernder Kosten für Sicherheitsmaßnahmen.

Eine weitere wesentliche Ursache für die steigenden Netzkosten bildet das unklare Zielsystem von Network Rail. Das Unternehmen hat keinen hinreichenden Anreiz zu Kostensenkungen. Aufgrund seiner mangelnden Gewinnorientierung und der engen Verbindung mit der Regierung stellen steigende Kosten kein hohes finanzielles Risiko für das Unternehmen dar. Der Staat steigert von Jahr zu Jahr offensichtlich bereitwillig seine Subventionen. Auch den Aktionären vergleichbaren sonstigen Mitgliedern von Network Rail ist das Unternehmen zwar formal Rechenschaft schuldig, sie tragen aber nicht das geringste finanzielle Risiko. Vielmehr stimmt ein Großteil dieser Mitglieder nur in einem Punkt überein, nämlich dem Wunsch nach einem ausgedehnten, qualitativ hochwertigen Netz.

Der Regulierer ist sicher gewillt, seinen Pflichten nachzukommen und das Netzunternehmen zum effizienten Wirtschaften zu zwingen. Dafür hat er Network Rail eine Reihe von zusätzlichen Anreizelementen auferlegt. Diese wirken aber weniger kostensenkend als die Gewinnorientierung bei Railtrack.

IV. Ausblick

Die britische Eisenbahninfrastruktur hatte innerhalb von acht Jahren drei verschiedene Eigentümer und damit unterschiedliche Führungs- und Anreizsysteme. Während dieser Zeit sind viele gut dokumentierte Erfahrungen gesammelt worden. Schlussfolgerungen für die aktuelle Strukturdiskussion in Deutschland können jedoch nur begrenzt gezogen werden.

Eine der vermeintlich zentralen Fragen in Deutschland ist die nach der Eigentümerschaft des Netzes bzw. nach dem Integrationsgrad der Deutschen Bahn AG. Die Erfahrungen, die in Großbritannien mit Railtrack und später Network Rail gemacht wurden, zeigen die Bedeutung der institutionellen Ausgestaltung jenseits der Frage der vertikalen Integration. In Großbritannien gab es innerhalb derselben Sektorstruktur (vertikale Trennung von Netz und Transport, Konzessionen im Personenverkehr, offener Zugang im Güterverkehr, unabhängige Regulierung) unter Railtrack und Network Rail teilweise sehr unterschiedliche Ergebnisse, zumindest bei den staatlichen Subventionen. Damit hat sich gezeigt, dass die Ausgestaltung der vermeintlichen Details nach der Strukturentscheidung einen mindestens ebenso großen Einfluss auf die Reformergebnisse hat wie die Strukturentscheidung selbst.

Ob sich die gegenwärtige Struktur langfristig als erfolgreich herausstellen wird, bleibt abzuwarten. Einerseits mehren sich die Stimmen in Großbritannien, die eine weitere Reform fordern; Mitglieder Network Rails beklagen ihren zu geringen Einfluss auf die Unternehmensführung.[63] Der ehemalige Regulierer *Tom Winsor* kommentiert dagegen: „Britain now has a reorganised railway system – institutional, contractual, legal, economic and operational – worth learning from."[64]

63 Vgl. *O'Connell*, Network Rail Members Call for Shake-Up; in: The Sunday Times vom 6. Jan. 2008.

64 *Winsor* (Fn. 42), S. 42.

Eisenbahnprivatisierung in den Niederlanden

*Mr. drs. Renée Elzinga**

I. Einleitung

Das niederländische Marktmodell ist sicher nicht perfekt im Sinne eines Höchstmaßes an Konformität mit den sich gegenwärtig liberalisierenden Eisenbahnvorschriften auf europäischer Ebene. Ein solches, perfektes Modell gibt es auch nicht. Jedoch ist das niederländische Modell eine der vielen denkbaren und zulässigen Varianten auf dem europäischen Eisenbahnmarkt, die sich entwickeln bzw. sich bereits entwickelt haben.

Der Beitrag widmet sich zunächst der Entwicklung des niederländischen Modells seit 1991 (II.). Im Mittelpunkt steht dabei der Übergang vom geschlossenen Markt mit dem einzigen Beförderer Nederlandse Spoorwegen zu einem Markt

* Head Regulatory Affairs & Compliance NS NV and attorney admitted to the bar Utrecht, Niederlande.

mit reguliertem Wettbewerb. Beispielhaft steht dafür der öffentliche Personenbahnverkehr. Anschließend wird der gesetzliche Rahmen in den Niederlanden und die Umsetzung der europäischen Regelungen zum Eisenbahnsektor[1] skizziert (III.). Besonderes Augenmerk findet das am 1. Januar 2005 in Kraft getretene neue Eisenbahngesetz. Schließlich wird die für den öffentlichen Verkehr zuständige Marktaufsichtsbehörde – die Verkehrskammer – (IV.) betrachtet, bevor die Darstellung aktueller Entwicklungen den Beitrag abschließt (V.).

II. Der niederländische Markt für den öffentlichen Personenbahnverkehr

Die europäische Liberalisierung setzte sich im Ersten und Zweiten Eisenbahnpaket zum Ziel, die Stagnation sinkender Marktanteile auf dem öffentlichen Verkehrsmarkt und die finanzielle Gesundung durch einen von staatlicher Unterstützung unabhängigeren sowie auf Wachstum ausgerichteten Eisenbahnmarkt in Europa zu fördern. In den Niederlanden äußerte sich diese grundsätzliche Zielsetzung im Bestreben nach einer „Verselbständigung" des staatlichen Unternehmens Nederlandse Spoorwegen, wobei dieser Begriff nicht mit Privatisierung verwechselt werden darf. Zweck war lediglich die Herstellung finanzieller Transparenz und einer größeren Distanz zum Staat. Im Sog dieser Zielsetzung folgte die Ausarbeitung einer „Trennung" zwischen der Verwaltung der Eisenbahninfrastruktur und deren Betrieb durch die Eisenbahnverkehrsunternehmen.

Von 1980 bis 1995 – nach der Verabschiedung und dem Inkrafttreten der Richtlinie 91/440/EWG[2] – führten die politischen Kreise in den Niederlanden eine Debatte über die Zukunft von Nederlandse Spoorwegen. War für das Jahr 2003 sogar ein Börsengang in Aussicht gestellt, wird darüber im Moment nur noch äußerst strategisch und spekulativ gesprochen. Auch entstand eine Gegenströmung, die eine Liberalisierung ohne Privatisierung befürwortete. Vor allem aber herrschten ein Modellstreit über (1.) die Gestaltung des behördlich verwalteten Auftragssektors bzw. den Auftakt für eine mögliche Aufteilung von Nederlandse Spoorwegen und ein Grundsatzstreit über das optimale Wettbewerbsmodell (2.), der sich in den Schlagworten Wettbewerb *auf* der Schiene oder *um* die Schiene zusammenfassen lässt.

---

1 Vgl. zum Eisenbahn- und Genehmigungsgesetz: Spoorwegwet, Wet van 23 april 2003, stb. 2003, 264 and the Wet personenevervoer 2000, Wet van 6 juli 2000, stb. 2000, 314.

2 Richtlinie 91/440/EWG des Rates zur Entwicklung der Eisenbahnunternehmen der Gemeinschaft vom 24. Aug. 1991, ABl. L 237/25, S. 25-28.

1. Auftragssektor

Ein wichtiger Meilenstein war der 1995 abgeschlossene sog. Grundlagenvertrag zwischen dem niederländischen Staat und der Nederlandse Spoorwegen. Darin vereinbarten die Parteien, dass der Nederlandse-Spoorwegen-Konzern in einen Marktsektor und einen Auftragssektor aufgeteilt wird, allerdings – gesellschaftsrechtlich gesehen – noch in einer Holdingstruktur.[3] Die sog. Aufgabenorganisationen waren ab 1995 für die Verwaltung der niederländischen Eisenbahn zuständig. *Railinfrabeheer* war mit der Instandhaltung und dem Neubau an sich beauftragt. *Railned* bestimmte die Trassennutzung und überwachte die Eisenbahnsicherheit. *Railverkeersleiding* regelte den täglichen Zugverkehr, einschließlich Störungsbeseitigung und Fahrgastinformation. Obwohl diese Unternehmen im Auftrag und auf Rechnung des Ministeriums für Verkehr und Wasserwirtschaft arbeiteten, gehörten diese bis 2002 dem Nederlandse-Spoorwegen-Konzern an.

Die Aufteilung beinhaltete auch die Eigentumsübertragung der Immobilien an die Aufgaben- und Marktsektoren. So wurden im Rahmen des Projekts „Joy" die öffentliche Infrastruktur, insbesondere die Bahnsteige und Transferräume, dem Auftragssektor und die gewerbliche genutzten Immobilien um und auf den Bahnhöfen dem Marktsektor zugeteilt. Innerhalb von zwei Jahren (fünfhundert Arbeitstagen) wurden ab 1996 rund 600 Akten bearbeitet und mittels notarieller Urkunden 24.000 neue Grundstücke geschaffen, 372 Bahnhöfe aufgeteilt und 20 Betriebs- und Lagerplätze neu geordnet.

Im Jahre 2002 erfolgte die endgültige Trennung und mit Wirkung zum 1. Januar 2003 entstand neben der NV Nederlandse Spoorwegen (Schienenbetrieb) der niederländische Infrastrukturmanager (IM) ProRail B.V. (Schienenverwaltung), die beide zu 100 % im Staatseigentum stehen.[4]

3 Obwohl die als Holding fungierende Muttergesellschaft NV Nederlandse Spoorwegen zu 100 % im Eigentum des Staates steht, ist die Geschäftsführung völlig unabhängig. Unter der Muttergesellschaft steht mit der NS Groep NV eine weitere Holding. Diese hält 100 % der wichtigsten Geschäftsbereiche: NS Reizigers BV (Personennahverkehr), Poort BV (Bahnhöfe und Immobilien), Nedtrain BV (Werkstätten), Hispeed (Internationaler Verkehr).

4 Entgegen der allgemeinen Erwartung erhielt nicht die NS Reizigers BV, sondern NV Nederlandse Spoorwegen die exklusive Genehmigung für den Personennahverkehr (de Vervoersconcessie voor het hoofrailnet).

2. Marktsektor

Mit der Verselbständigung 1995 hatte die Nederlandse Spoorwegen zwar ein höheres Maß an verwaltungstechnischer Unabhängigkeit, doch herrschte aufgrund der aufflammenden Diskussionen in vielfacher Hinsicht Unsicherheit. Erwogen wurde die regionale Aufteilung der Nederlandse Spoorwegen Reizigers (Fahrgastbetrieb) und so standen das Marktordnungsmodell, die Dauer und der geografische Umfang des Nederlandse Spoorwegen einzuräumenden Betriebsrechts zur Diskussion. Fantastische Konzepte und Experimente passierten Revue, die bis zur Aufteilung der Niederlande in 13 Genehmigungsregionen reichten, die privat und langfristig, öffentlich ausgeschrieben werden sollten. Letzteres wurde aus allgemeinen Kostengründen nicht realisiert. Eine öffentliche Ausschreibung erfordert viele zusätzliche Beamte auf zentraler und dezentraler Verwaltungsebene. Zudem fallen externe Beratungsgebühren und kostenintensive Gerichtsverfahren an und auch weitere ökonomische und verkehrstechnische Überlegungen sprachen dagegen.

Schließlich fiel im Jahr 2000[5] die Entscheidung gegen das umstrittene britische Modell, den Wettbewerb *auf* der Schiene, und für den Wettbewerb *um* die Schiene. Gleichzeitig wurde der Nederlandse Spoorwegen Reizigers durch staatlichen Beschluss das Exklusivrecht in Form einer öffentlich-rechtlichen Genehmigung (public service contract) eingeräumt, bis 2010 das Hauptschienennetz (HRN) zu befahren. Dies stellt geografisch gesehen den Großteil des niederländischen Schienennetzes dar und umfasst vor allem die wichtigen Nord-Süd- und Ost-West-Intercityverbindungen. Eine nicht unerhebliche Anzahl von Verbindungen (25) steht jedoch dem Markt zur Verfügung. Diese sog. Vertragssektortrassen werden öffentlich ausgeschrieben.[6] Zwar durfte sich auch Nederlandse Spoorwegen an den Ausschreibungen beteiligen, das Unternehmen erhielt jedoch nur zehn Trassen, so dass neue Eisenbahnbeförderer (einschließlich multimodaler Beförderer) wie Connex, Arriva oder Veolia in den niederländischen Markt eintreten konnten. Auch wurden einige Jointventures wie z. B. Syntus geschlossen, bei denen Nederlandse Spoorwegen Minderheitsanteile innehat.[7] Insgesamt entstand so eine dynamische und abwechslungsreiche Eisenbahnlandschaft.

5 Beleidsnota „Derde Eeuw Spoor" (Marktordnungsnotiz mit einer Orientierung für den öffentlichen niederländischen Transportmarkt), Tweede Kamerstukken II 1998/99, 26 464, Nr. 2.

6 Art. 60 a Abs. 1, Concessiewet.

7 Staatscourant 1998, 113, S. 14.

Die Beantragung multimodaler Genehmigungen ist eine Tendenz bei den Provinz- und dezentralen Behörden. Bus-, Straßenbahn- und Zugverkehr werden dann in einem Verfahren für ein bestimmtes geografisches Gebiet auf den Markt gebracht. Eine solche Ausgestaltung ist mit dem europäischen Recht vereinbar.[8]

III. Das Eisenbahngesetz und das Genehmigungsgesetz

Bei der Entwicklung und Gestaltung des neuen Eisenbahngesetzes und des anschließenden Genehmigungsgesetzes spielt das sog. institutionelle Dreieck eine zentrale Rolle: ein Dreiecksverhältnis zwischen Staat, Infrastrukturbetreiber (Railinfrabeheer als Teilvorläufer von ProRail) und Beförderern (sowohl Personen- als auch Güterverkehr). Alle Akteure haben zwei Jahre lang an den Basisnormen und Vorschriften für das neue Eisenbahngesetz gearbeitet. Diese Vorgehensweise bildet ein typisches Beispiel für das niederländische „Consensus Building“ oder Poldermodell.

Die wichtigsten Regelungen des Eisenbahngesetzes sind

- die Festlegung der zuständigen Behörde
- die Trennung von Infrastruktur und Betrieb
- die öffentlich-rechtliche Betriebsgenehmigung für den IM (Betriebsgenehmigung)
- die öffentlich-rechtliche Genehmigung für die Beförderer (Beförderungsgenehmigung) und
- der privatrechtliche Zugangsvertrag zwischen IM und Beförderer.

Im Rahmen des Beitrags werden nur die wichtigsten Elemente, die Betriebsgenehmigung und der Zugangsvertrag, beleuchtet. Die Umsetzung der europäischen Vorschriften erfolgte durch textgetreue Implementierung mit geringem politischem Aufwand, so dass auch beide Begriffe direkt der europäischen Eisenbahnregulierung entlehnt sind. Diese Umsetzung eins zu eins bereitet jedoch auch Probleme, da z. B. die wichtige Richtlinie 2001/14/EG in wesentlichen Punkten Wahlmöglichkeiten eröffnet. Werden diese nicht explizit getroffen oder unklar umgesetzt, ergeben sich rechtliche Unwägbarkeiten und nicht zuletzt

8 Art. 1 Abs. 1 Wp 2000; Tweede Kamerstukken II 1998/99, 26 456, Nr. 3, S. 4 bis 13.

auch gerichtliche Auseinandersetzungen. Dies zeigen auch die nachfolgenden Ausführungen.

1. Die Betriebsgenehmigung

Die öffentlich-rechtliche Betriebsgenehmigung, die der Staat dem IM ProRail einräumt, basiert auf den Art. 16 und 17 des Eisenbahngesetzes. Dies ist eine urniederländische Konstruktion, wobei die Rechtsform der „Genehmigung" nicht mit einem Franchise verwechselt werden darf.[9] Die Genehmigung gilt zwar für unbestimmte Zeit, ist aber nicht exklusiv, so dass für andere (Netz)Infrastrukturen auch andere Betreiber eine Betriebsgenehmigung als IM erhalten können. So erhielt BREM und nicht ProRail die Betriebsgenehmigung der Betuwe-Strecke.

Die Infrastrukturbetreiber (aktuell ProRail und BREM) sind für die Qualität, die Zuverlässigkeit und die Verfügbarkeit der Eisenbahnhauptinfrastruktur verantwortlich. Ferner sind die IM für eine diskriminierungsfreie Verteilung der Kapazität zuständig. Problematisch an der niederländischen Lösung ist, dass die sich hieraus ergebenden Streitfälle und das damit notwendige Schlichtungsverfahren ebenfalls den IM zugewiesen sind. Erst in einer zweiten Stufe ist die Anrufung der Verkehrskammer möglich und erst in einer dritten Stufe gerichtlicher Rechtsschutz.

Die IM müssen für ihr Netz den Infrastrukturbetrieb über einen Betriebsplan gestalten. Dieser bedarf der Zustimmung des Verkehrsministers und umfasst unter anderem die zu erfüllenden Normen bzw. Kernleistungsindikatoren hinsichtlich Verwaltung und Instandhaltung sowie Sicherheits- und Umweltmaßnahmen. Weiter trifft er Aussagen über die langfristigen Perspektiven in Bezug auf den technischen und wirtschaftlichen Zustand und die Entwicklung (10 Jahre) der Eisenbahninfrastruktur. Die Kernleistungsindikatoren wurden auf die Verfügbarkeit und Zuverlässigkeit der Infrastruktur, die Sauberkeit, die Zugänglichkeit und soziale Sicherheit von Transiteinrichtungen und die Qualität der Kapazitätsverteilung festgelegt. Der Betriebsplan bildet auch die Grundlage für staatliche Subventionen und muss daher gleichzeitig als Etat schlüssig sein. Dabei wird nur ein bescheidener Anteil der Erlöse von ProRail (ca. 10 %) aus den Benutzungsvergütungen oder den Infrastrukturgebühren gemäß der europäischen Eisenbahnregulierung erzielt, die die Benutzer der Eisenbahninfrastruk-

---

9 Zwei Dissertationen sind über das Thema „Concessie" erschienen: dr. *D.L.M.T. Dankers-Hagenaars*, „Op het spoor van de concessie", Den Haag 2000 (Verlag: Boom Juridische Uitgevers) und dr. *M.B. Nijhof*, De concessie in Europeesrechtelijk persepcteif, Deventer 2000 (Verlag: Kluwer).

tur (die in den Niederlanden zugelassenen Eisenbahnverkehrsunternehmen) zu zahlen haben.

Der Betriebsplan kommt nach vorheriger Rücksprache bzw. Stellungnahme mit den Benutzern zustande und ist so Ausdruck der niederländischen Konsenskultur im Verwaltungswesen. Allerdings können längst nicht alle Anforderungen und Wünsche der Beförderer berücksichtigt werden, die je nach Art sowohl konform als auch gegensätzlich sein können. Das niederländische Recht unterscheidet die Beförderer in drei Kategorien: Personen- und Güterbeförderer und daneben (Bau)Unternehmer. Die Ansprüche der Güterbeförderer an die Qualität der Infrastruktur verlaufen nicht parallel zu denen der Personenbeförderer. Dies gilt insbesondere in einem kleinen und dicht besiedelten Land wie den Niederlanden und einem hohen Schienenauslastungsgrad, bei dem jede Störung und damit jede Verzögerung Kosten verursachen.[10]

Das System der durch den Betriebsplan ergänzten Betriebsgenehmigung blieb und bleibt nicht ohne rechtliche und verkehrswirtschaftliche Kritik. Häufig enthalte die Betriebsgenehmigung entgegen den Anforderungen des Eisenbahngesetzes zu wenig konkrete, materielle Vorgaben. Zudem sei die Umsetzung des Betriebsplans durch ProRail nicht gesetzeskonform und die Entgelte für Dienstleistungen Dritter seien nicht enthalten. Auch würde der Betriebsplan im Kern einer gesetzlichen Basis entbehren und die gesetzlichen Anforderungen in Bezug auf die finanzielle Tragfähigkeit würden nicht umgesetzt. Schließlich wird der fehlende Rechtsschutz kritisiert.

Indes enthält das Eisenbahngesetz einen spezifischen Vorschriftensatz (wenn auch weniger streng), der sich direkt auf die Erfüllung der gesetzlichen Aufgaben von ProRail bezieht. Das Gesetz sieht beispielsweise allgemeine Verwaltungsmaßnahmen für Kapazitätszuweisung (vor allem für Vorrangfragen – international vor national usw.), Eisenbahnpersonal und Materialzulassung vor.[11] Insofern geht die Kritik zu weit.

10 Vgl. Art. 11 Richtlinie 2001/14/EG, wobei die Erhebung von Entgelten auch Anreize, Anforderungen oder Festlegungen hinsichtlich der Leistungen oder Qualität im Zusammenhang mit der Nutzung der Infrastruktur umfassen können. Diese Anreize dürfen ihrer Art nach finanziell sein, aber auch anderer Form wie etwa „Blaming and Shaming". Das niederländische Modell kennt einige finanzielle Leistungsregelungen (z. B. „Geld terug bij vertraging"). Daneben befinden sich noch andere Formen in der Entwicklung.

11 Art. 27, 32, 36 und 39 Spoorwegwet.

2. Der Zugangsvertrag

Der Zugangsvertrag, einschließlich allgemeiner Bedingungen, ist für jeden Beförderer Pflicht und mithin auch für Nederlandse Spoorwegen. Nach dem niederländischen Modell schließen die einzelnen Beförderer und ProRail einen privatrechtlichen Vertrag. Es gibt zwar einen Mustervertrag, allerdings ermöglicht der privatrechtliche Charakter mehr oder weniger den passgenauen Zuschnitt auf den Einzelfall, was auch in Anspruch genommen wird. Den Ausgangspunkt für den Vertragsabschluss bildet die Netzerklärung, die jährlich vom IM veröffentlicht wird. ProRail ist rechtlich an das dem Markt mittels der Netzerklärung Angebotene gebunden. Insbesondere die Zugangsbedingungen und die Entgelte für die Benutzung der Infrastruktur und anderer Dienste sind wichtige kommerzielle Parameter.

Als zentrales Instrumentarium ist die rechtliche Qualifikation der Netzerklärung Gegenstand rechtlicher Bedenken und möglicher Grund für eine Anpassung des Eisenbahngesetzes in naher Zukunft. Einerseits wird die Netzerklärung lediglich als ein „Prospekt" und damit ein verhandelbares Angebot angesehen, anderseits werden die Erklärung und vor allem die darin veröffentlichten Entgelte und Bedingungen als nicht verhandelbar verstanden (take it or leave it).[12]

Der Zugangsvertrag regelt den Netzzugang, die Leistungen, die der Beförderer vom Betreiber beziehen möchte, eventuelle Ermäßigungen und spezielle Leistungsvereinbarungen. Dies gestaltet sich in der Praxis außerordentlich komplex. Leistungsverbesserungen durch ProRail für den einen bewirken weniger wünschenswerte Ergebnisse für andere Beförderer. Daher arbeitet der Eisenbahnsektor mit ProRail an Entwicklungsvereinbarungen zur näheren Gestaltung solcher Leistungsregelungen – eine komplexe und kostenintensive Materie.

Strittig ist, in welchem Verhältnis die Netzerklärung zum Zugangsvertrag steht. Bisher wurde die Netzerklärung mithilfe allgemeiner Bedingungen zum Bestandteil des Zugangsvertrages. Kritisch an dieser Ausgestaltung ist, dass für

12 Eine aktuelle Entwicklung stellt das Urteil vom 28. Sept. 2007 des Gerichthofs Rotterdam, ProRail BV/ Railion NV (06/3416 MEDED VRLK T1) dar. Es bestätigt, dass die publizierten Entgelte für das Minimumpaket (2001/14 Annex II Liste 1 und 2 Dienste) kein verhandelbares Angebot sind. Die Entgelte seien nämlich (1.) kostenorientiert (können also nicht einfach niedriger angesetzt werden) und (2.) beruhen direkt auf einem Kostenallokationssystem, das nicht in privatrechtlichen, bilateralen Verhandlungen zwischen nur einem Beförderer (hier Railion NV) und den Infrastrukturbetreiber (hier: ProRail) geändert werden kann. Das Kostenallokationssystem soll mittels einer marktweiten Konsultation (Art. 58 Spoorwegwet) ermittelt werden.

den Marktsektor eine einseitige Änderung der allgemeinen Bedingungen mittels einer einseitigen Änderung der Netzerklärung nicht akzeptabel ist.[13]

Die einseitige Beendigung (ggf. durch Kündigung) eines Zugangsvertrags durch ProRail ist grundsätzlich nicht möglich. Die einseitige Festsetzung der Entgelte im Verhältnis zu der vertraglich eingeräumten Verhandlungsfreiheit der Beförderer ist Gegenstand eines rechtlichen Grundsatzstreits.[14]

Kurzum: nach der von geringem politischen Aufwand begleiteten Umsetzung der europäischen Eisenbahnpakete in den Niederlanden zeigen sich nun die ersten Risse und Reibungspunkte in dem so sorgfältig konstruierten Dreieck, das von Kritikern schon als poröser Kreis bezeichnet wird. Für das Jahr 2008 ist eine Evaluierung des Eisenbahngesetzes geplant, auf deren Grundlage eine Weiterentwicklung möglich ist.

3. Das niederländische Genehmigungsgesetz

Das Genehmigungsgesetz ist fortschrittlich und modern. Es beweist, dass ein kleines Land wie die Niederlande besten Traditionen folgt, wenn es nach offenen und wettbewerbsfähigen Märkten strebt. Europarechtlich besteht noch immer keine Verpflichtung zur öffentlichen Ausschreibung, weder von Hochgeschwindigkeitstrassen noch von Regionaltrassen. Indes ging die niederländische Regierung hierzu bereits über. Das Betriebsrecht für die neue Hochgeschwindigkeitstrasse HSL-Zuid wurde ausgeschrieben. Dabei bot das Genehmigungsgesetz den dezentralen Behörden erstmals die Möglichkeit Vertragssektortrassen öffentlich auszuschreiben. Die Ausschreibungsgewinner wurden Betreiber und IM der Trasse.

Die Grundzüge im Überblick:

Der Provinzialausschuss gewährt regionale, der Verkehrsminister landesweite Zuggenehmigungen für den Eisenbahnverkehr. Vor der Bewilligung sind eine Stellungnahme von Verbraucherverbänden und die Zustimmung des Parlaments einzuholen. Dies galt allerdings nicht für die erste private HRN-Genehmigung (nur Beförderungsgenehmigung), die an Nederlandse Spoorwegen erteilt wurde. Die Genehmigungen haben die rechtliche Form einer allgemeinen Verwaltungs-

13 Wesentliche Änderungen der Netzerklärung, z. B. des Kostenallokationssystems, sollen immer mittels einer marktweiten Konsultation (Art. 58 Spoorwegwet) und nicht einseitig (durch ProRail) oder zweiseitig (ProRail und einer privatrechtlichen Vertragspartei) im Rahmen von Verhandlungen über den Zugangsvertrag erfolgen.

14 Siehe Fn. 12.

maßnahme, die einen einseitigen Charakter besitzt. Für die Genehmigung bleibt jedoch eine Annahme erforderlich.[15] Die Genehmigungsinhaber rufen mindestens einmal jährlich die Verbraucherverbände zur Stellungnahme bezüglich der Änderung der Dienstregelung, des Entgelts und der sonstigen in der Genehmigung geregelten Aspekte auf. Zuggenehmigungen können für mehr als sechs Jahre erteilt werden. Die Dauer wird nach Abwägung der Qualität einerseits und der Stabilität und der Kontinuität der Beförderung andererseits festgelegt. Die Genehmigungen enthalten

- Bestimmungen hinsichtlich Pünktlichkeit, Verfügbarkeit von Sitzplätzen und anzubietendem Serviceniveau,
- Kann-Bestimmungen bezüglich dem Übergang von Rechten und Pflichten an den Produktionsmitteln nach Ablauf der Genehmigung durch deren Umschreibung und bezüglich einer Methode der Wertbestimmung in der Genehmigung,
- die Möglichkeit, dass die HRN-Genehmigung von einer vom Minister anzuweisenden Rechtsperson (Managementausschreibung) ausgeführt wird,
- Bestimmungen zur HRN-Genehmigung bis 2015,
- das Verbot anderer Aktivitäten als dem öffentlichen Bahnverkehr, wenn die HRN-Genehmigung für mehr als acht Jahre und an einen Privaten erteilt wird,
- die Festlegung des zu zahlenden Preises (Nederlandse Spoorwegen obliegt in jedem Fall bis einschließlich 2008 keine Zahlungsverpflichtung) und
- die Feststellung, dass nach dem Jahr 2008 eine Aufstockung in Richtung einer eher „output"bezogenen Genehmigung erfolgt.

Als Fazit lässt sich ein erster Rückschlag für Nederlandse Spoorwegen verzeichnen. Sie muss nach dem Jahr 2008 ggf. für die Genehmigung zahlen und kann künftig nicht davon ausgehen die Genehmigung – auch nach 2015 – zu behalten.

15 Daher die beiden Dissertationen, vgl. Fn. 9.

IV. Die Verkehrskammer

Als weiteres Thema – mit Wiedererkennungswert in Deutschland – stellt sich die Rolle der Kartell- und insbesondere der speziellen Aufsichtsbehörden dar. In den Niederlanden gibt es keine der Bundesnetzagentur entsprechende Behörde, sondern lediglich eine niederländische Wettbewerbsbehörde (NMa) mit Kammersystem. Die NMa unterhält diverse sektorspezifische Kammern, darunter für Kartell- und Fusionskontrolle, Energie und für Transportwesen sowie die am 1. Januar 2004 gegründete sog. Verkehrskammer. Diese überwacht in wettbewerbsrechtlicher Hinsicht die Luftfahrt, die Eisenbahn und sonstige öffentliche Verkehrsdienste wie den Straßenbahn-, U-Bahn- und Busverkehr. Die Überwachung erfolgt im Auftrag des Ministeriums für Verkehr und Wasserwirtschaft und bezieht sich auf die Einhaltung gesetzlicher Normen und Verpflichtungen bei Dienstleistungen im Verkehrssektor. Gleichzeitig führt die Verkehrskammer ein Monitoring des Marktverhaltens der im Sektor tätigen Unternehmen durch.[16]

Die Befugnisse der Verkehrskammer leiten sich aus dem Gesetz über den Personenverkehr, dem Genehmigungsgesetz für den Personenbahnverkehr, dem Eisenbahngesetz und dem Luftfahrtgesetz ab. Diese vier Gesetze sind bereits in Kraft und beinhalten die Rechte und Pflichten der im Verkehrssektor Beteiligten, um eine ordnungsgemäße Funktionsweise des Marktes zu garantieren. In Zukunft soll auch die Einhaltung der Gesetze über Lotsen von der Verkehrskammer überwacht werden. Die dafür notwendigen gesetzlichen Ermächtigungen befinden sich aber noch im Gesetzgebungsverfahren.

Im Eisenbahnsektor umfasst die Kontrolle der Verkehrskammer hauptsächlich das Vertragsverhältnis zwischen Anbietern von Eisenbahndiensten (Betreiber besonderer Dienste und Inhaber von Einrichtungen, die jeweils auch andere als ProRail sein können) und den auf dem Beförderungsmarkt tätigen Parteien (Eisenbahnbeförderer). Daneben wird speziell das Verhalten der IM überwacht, denen das alleinige Recht zusteht, Zugangsverträge mit den Beförderern zu schließen. Zudem kontrolliert die Verkehrskammer die Verhältnisse zwischen den Anbietern besonderer Dienste und Serviceeinrichtungen (BDV-Inhaber) einerseits und den Beförderern andererseits.

Die allgemeinen Strukturen des Kammermodells geben der niederländischen Kartellbehörde die Möglichkeit Informationen und Kenntnisse auszutauschen. Die Grenze setzt das Verwaltungsrecht nur dadurch, dass der Rechtsschutz nicht

16 Die Befugnisse der Verkehrskammer im Eisenbahnsektor sind in Art. 69 bis 85 Spoorwegwet festgelegt.

verkürzt werden darf. Dieser Austausch ist nicht frei von rechtlichen Bedenken. Den positiven Effekten durch Bündelung von Informationen und dem Bestehen eines einzigen Ansprechpartners stehen negative gegenüber. So liegen bei diesem Modell die kartellrechtliche Prüfung, die Kontrolle und der Erlass eines Bußgeldbeschlusses sowie der Beschluss über einen dagegen erhobenen (verwaltungsrechtlichen) Widerspruch in einer Hand. Diese Aspekte waren bereits Thema zahlreicher wissenschaftlicher Abhandlungen und Ursprung etlicher politischer Verwicklungen. Indes führte all dies nicht zu Änderungen des Kammermodells.

Ursprünglich war zum Start die Ausstattung der Verkehrskammer mit 20 Mitarbeitern avisiert. Schlussendlich begann die Behörde mit nur acht Mitarbeitern und ist zwischenzeitlich auf etwa zehn Mitarbeiter für die Marktaufsicht angewachsen.

In den Niederlanden besteht immer noch Skepsis gegenüber sich selbst unterhaltende und sich selbst Arbeit verschaffenden, staatlichen Organisationen. Gespeist werden die Vorbehalte aus dem Umstand, dass sich die Zahl der (Markt)Kontrolleure in den letzten fünf Jahren stark erhöht hat. Daher werden ihre Aufgaben und Wachstumsziele kritisch begleitet. Die konkreten Aufgaben, Befugnisse und Befugnisarten der Verkehrskammer umfassen die Überwachung

- der Erfüllung eines Teils der Genehmigungsvorschriften für den Betrieb der Haupttrasse durch den Infrastrukturbetreiber,
- des diskriminierungsfreien Zugangs zur Eisenbahninfrastruktur,
- des Inhalts der Netzerklärung sowie ihrer rechtzeitigen Ausarbeitung und Veröffentlichung nach dem korrekten Verfahren,
- des diskriminierungsfreien Zugangs zu zusätzlichen Diensten und Einrichtungen auf der und um die Schiene,
- der Erfüllung der Anforderungen aus dem Zugangsvertrag,
- der diskriminierungsfreien Zuweisung von Kapazität aus dem Eisenbahnnetz sowie anderer notwendiger Eisenbahneinrichtungen und Rahmenverträge,
- der Vergütung für die Benutzung der Schiene (Benutzungsvergütung) und
- der Genehmigung mehrjähriger Rahmenverträge zwischen Betreiber und Beförderer (die in den Niederlanden noch immer nicht vorliegen, während in Deutschland bereits 31 unterzeichnet sein sollen).

Das Verhältnis zwischen Nederlandse Spoorwegen und Verkehrskammer dürfte in Zukunft eine positivere Entwicklung nehmen als in anderen Regulierungssektoren. Vor der Einführung der (Markt)Aufsicht konnte sich Nederlandse Spoorwegen nur an den teilweise ernüchternden Ergebnissen aus den Telekommunikations-, Post- und Energiesektoren orientierten. Diese Bereiche waren gekennzeichnet durch Grabenkriege und eine lähmende Wirkung auf Betriebsprozesse sowie daraus resultierenden Gerichtkosten in Millionenhöhe. Das Verhältnis der Beteiligten war durch Misstrauen und Prestigedenken bestimmt. Im Eisenbahnsektor haben Nederlandse Spoorwegen als größter Beteiligter und glücklicherweise auch die Aufsichtsbehörde von Anfang an den Dialog gesucht. Nederlandse Spoorwegen zeigte sich offen und beabsichtigt dies auch zu bleiben. Die Aufsichtsbehörde zeigt ein ernsthaftes Interesse am Dialog und will sich nicht auf Kosten der Beaufsichtigten profilieren. Nederlandse Spoorwegen trat, wo es angemessen war, in einen proaktiven Gedankenaustausch mit der Verkehrskammer und bat in zwei Fällen um eine Stellungnahme als eine Art Unbedenklichkeitsbescheinigung. Die Verkehrskammer prüft dabei informell und vorbehaltlich aller Rechte, gibt sogleich aber eine Richtung und bietet den Beteiligten auf einem sich entwickelnden, intensiv regulierten Markt mit nota bene neu anzuwendendem Gesetz und neuen Vorschriften ein Mindestmaß an Rechtssicherheit.

V. Aktuelle Entwicklungen

1. Verhandelbarkeit der Benutzungsvergütung

Aufgrund des zivilrechtlichen Charakters des Zugangsvertrags zwischen Betreiber und Beförderer stellt sich auf dem Markt folgendes Bild: Jährlich wird auf bilateraler Ebene zwischen beiden Parteien über den Zugangsvertrag verhandelt. Ein wesentlicher Aspekt ist dabei die Benutzungsvergütung. Diese wird in der Netzerklärung veröffentlicht und ist die Summe der Entgelte für die vom Beförderer gewünschte Infrastrukturnutzung und Dienstleistungen an den Betreiber. Die Entgelte müssen diskriminierungsfrei sein und, zumindest nach dem niederländischen Modell, kostenorientiert und nicht wie beim deutschen Modell kostendeckend.[17] Die verwendeten Begriffe kostendeckend und kostenorientiert

17 Als wichtiges Prinzip normiert Art. 7 Abs. 3 der Richtlinie 2001/14/EG: „... [dass] das Entgelt für das Mindestzugangspaket und den Schienenzugang zu Serviceeinrichtungen in Höhe der Kosten festzulegen [ist], die unmittelbar aufgrund des Zugbetriebs anfallen." Weiterhin gibt Art. 8 Abs. 1 der Richtlinie 2001/14/EG den Mitgliedstaaten die Möglichkeit festzulegen, dass die Betreiber eine volle Deckung der entstehenden Infrastrukturkosten erhalten. Dies kann aber nur unter der Voraussetzung erfolgen, dass „der Markt dies tragen kann" und auf Basis der Erhebung von „... Aufschläge[n] auf der Grundlage effizienter, transparenter und nichtdiskriminierender Grundsätze ...".

bergen eine hohe Komplexität und ihre Definitionen sind alles andere als eindeutig oder gar standardisiert. Dies gilt insbesondere, wenn in einem weiteren Schritt die Begriffe aus ökonomischer Sicht betrachtet werden. Sollen die betreffenden Posten gedeutet und der Verteilschlüssel festlegt werden, so ist damit das weite Feld der Kostenallokation und Methodologie eröffnet.[18]

Die Güterbeförderer vertraten den Standpunkt, dass die bereits veröffentlichten Vergütungen für die Benutzung der Infrastruktur mit dem Betreiber verhandelbar sind. ProRail verweigerte sich hingegen dem Ansinnen von Nachverhandlungen. Für den Betreiber standen dabei weniger die In´s und Out´s des Zugangsvertrags als vielmehr die Frage der Änderungsmöglichkeit der Höhe des in der Netzerklärung festgelegten Entgelts im Vordergrund (nach unten, da die Güterbeförderer ihren Konkurs befürchteten). Die Betreiber klagten daraufhin die Unterstützung der Verkehrskammer ein. Die Verkehrskammer bestätigte die Verhandelbarkeit des Entgelts und dies auf so weit reichende Weise, dass das sog. geschlossene Kostensystem als Ganzes verhandelbar wurde. Damit könnte nunmehr jeder einzelne Beförderer zu jedem beliebigen Zeitpunkt das gesamte zugrunde liegende Kostensystem in die Verhandlungen über die zu entrichtende Benutzungsvergütung einbeziehen. Abgesehen davon, dass dies evident dem Gesetzeszweck widerspricht, ist offenbar, welches Maß an Systeminstabilität das für den Sektor begründet. Spätere günstigere Verträge zwängen (wirtschaftlich betrachtet) den Beförderer einen mit ungünstigerem Entgelt vereinbarten früheren Vertrag zu kündigen bzw. zu ändern. Diese Gesetzesauslegung wurde sowohl von Nederlandse Spoorwegen als auch von ProRail gerichtlich angegriffen.[19]

2. Entwicklung einer Leistungsregelung zwischen Betreiber und Beförderern

Eine ex officio Untersuchung der Verkehrskammer aus dem Jahr 2006 ergab, dass sowohl ProRail als auch die Beförderer einen Verstoß zu begehen drohten, da eine Leistungsregelung fehlte (sie war weder in der Netzerklärung vorgelegt noch in den Zugangsverträgen vereinbart worden). Im Auftrag von Nederlandse

18 ProRail hat das erste Kostenallokationssystem, auf dem die niederländischen Entgelte basieren und das sie auch in den Schienennetznutzungsbedingungen 2005, 2006 und 2007 publizierte, durch die Erasmus Universität überprüfen lassen. Ende 2007 forcierte ProRail aber grundsätzliche Änderungen dieses Systems. Die mit dem Systemwechsel einhergegangenen Entgelterhöhungen sind Gegenstand eines durch NS angestrengten Verfahrens vor der Verkehrskammer (Regulierungsbehörde).

19 Siehe Fn. 12.

Spoorwegen wurde dann eine rechtsvergleichende Studie zur Leistungsregelung in verschiedenen Nachbarländern durchgeführt, um die Situation dort zu überprüfen. Die Ergebnisse fielen recht verschieden aus. Die Kernfrage war, ob es aufgrund der Richtlinie 2001/14/EG oder aufgrund des niederländischen Eisenbahngesetzes eine Leistungsregelung geben müsse und wenn ja, ob diese zwingend finanzielle Leistungsanreize beinhalten müsse oder „Blaming and Shaming" ausreiche. Daneben war zweifelhaft, ob die Verkehrskammer in diesem Punkt Kontrollbefugnisse besitze und wieweit diese reichten. Die Leistungsregelung ist noch Gegenstand der Diskussion und harrt einer abschließenden Festlegung. Bisher wurden Basisleistungsindikatoren in eine erste Form einer Leistungsregelung gegossen. Indes ist die Suche nach einer praktikablen und vor allem bezahlbaren Regelung noch nicht abgeschlossen.

3. Rail-related Services

Die Rail-related services bilden den dritten aktuellen Themenbereich. Die Europäische Kommission hat eine europaweite Studie der Liefermöglichkeiten und Kosten sowie der Märkte für diese Dienste im Allgemeinen anfertigen lassen, die ServRail.[20] Anlass war, dass der Marktzutritt vom Umfang der Verfügbarkeit und den Bedingungen, unter denen diese Dienste durch den IM und/oder andere angeboten werden, abhängig zu sein scheint. Diese Dienste sind nach diesseitiger Auffassung allerdings nicht mehr als eine Chimäre. Eine gesetzliche Definition dafür fehlt, zumindest im europäischen Recht. Aus jetziger Sicht ist es noch zu früh um im Voraus festzustellen, dass diese Problematik noch zusätzliche Regelungen erfordert. Die Anlage 2 zur Richtlinie 2001/14/EG ist zwar etwas anwendungsunfreundlich und nicht immer eindeutig, aber für die derzeitigen Probleme hinreichend. Zudem sind die Märkte, auf denen die genannten Dienste angeboten werden, ebenfalls in der Entwicklung, wenn auch nicht sehr dynamisch. Nederlandse Spoorwegen vertritt den Standpunkt, dass sich Anlage 2 der Richtlinie 2001/14/EG an den IM richtet. Er muss die dort genannten Verkehrsdienste (oder Güter, denn es geht z. B. auch um Gasöl) gegen kostenorientierte Entgelte an Beförderer liefern, die dies anmelden. Dies muss von der Marktaufsicht sektorspezifisch kontrolliert werden. An dieser Stelle endet vorerst die Regulierung des Marktes.

---

20 Uniconsult/ProgTrans/HSH/Steer·Davies·Gleave, SERVRAIL – Integrating the European Rail Market, Studie im Auftrag der Europäischen Kommission, Brüssel 2006 (http://ec.europa.eu/transport/rail/studies/servrail_en.htm).

Die Richtlinie 2001/14/EG selbst richtet sich an die Beförderer und bezieht sich deshalb nicht auf die Erbringung dieser oder verwandter Dienste durch Beförderer an Beförderer oder durch Dritte an Beförderer. Die Marktordnung in Kombination mit dem klassischen, allgemeingültigen Kartellrecht wurde als ausreichend angesehen. Nederlandse Spoorwegen hat zur Untermauerung dieses Standpunkts eine Untersuchung bei Oxera in Auftrag gegeben.[21] Diese Untersuchung wird sicherlich Gegenstand der auf europäischer Ebene zu erwartenden Debatte.[22]

Insgesamt ist für die Befürworter einer optimalen Bahnlandschaft in Europa noch lange kein Licht am Ende des Eisenbahntunnels in Sicht.

21 White & Case/Oxera, Study Report commissioned by NS 2007; vgl. auch *dies.*, Agenda Oxera, Heft Juli 2006, 1.

22 Zu den neusten Untersuchungsergebnissen *Renée Elzing/Emile Jutten/Gunnar Niels*, Essential or Nice to Have? A Competition-based Framework for "Rail-related Services", European Competition Law Review, Volume 20 (2008), Heft 1, 50.

Diskussionsbericht

Die Diskussionen im Anschluss an die Vorträge wurden kontrovers geführt. Die teilweise diametralen Positionen spiegeln die hitzige politische Debatte um die (Teil)Privatisierung der Deutschen Bahn AG wider. Die vertretenen Positionen konnten kaum zum Ausgleich gebracht werden. Selbst die dem Privatisierungsvorhaben zu Grunde liegenden Ziele fanden teilweise nicht zu einer übereinstimmenden Definition.

Herr Hermes provozierte mit seinem einführenden Beitrag grundsätzliche Anmerkungen und Fragen. Herr Oeter wies auf mögliche Probleme mit dem europäischen Beihilferecht hin, wenn der Deutschen Bahn das wirtschaftliche Eigentum am Schienennetz verbleibe. Herr Hermes bestätigte die Problematik. Hier sei eine hinreichende Trennung der einzelnen Funktionen notwendig, die sich jedoch auf Grund der gewachsenen Integration des Konzerns Deutsche Bahn und den damit bestehenden persönlichen Bindungen und Beziehungen als schwierig erweisen werde.

Neben europarechtlichen standen die sich aus Art. 87 e GG ergebenden Vorgaben im Fokus. Betont wurde zum einen der Kompromisscharakter der Norm, der sich in den damaligen Mehrheitsverhältnissen in Bundestag und Bundesrat gründet (so Herr Püttner), und zum anderen, dass die Norm lediglich eine Teilprivatisierung gestatte (so Herr Neuhoff). Gleich mehrere Teilnehmer problematisierten den notwendigen Einfluss des Bundes auf den (teil)privatisierten Bahnkonzern. Fraglich sei, ob das Grundgesetz einen aktiven Einfluss fordere oder das Verhindern eines Fremdeinflusses hinreichend sei (Herr Püttner). Herr Berschin konkretisierte die Frage dahingehend, ob der Bund Einfluss auf den einzelnen Geschäftsvorfall haben müsse oder ein strategischer Einfluss ausreiche. Nach Herrn Hermes fordere das Grundgesetz jedenfalls einen aktiven, maßgeblichen Einfluss des Bundes auf die privatisierte Bahn. Nur so könne der Bund seinem Vorsorgeauftrag gerecht werden. Offen ließ Herr Hermes dabei, wie die Einflussnahme im Detail auszugestalten sei. Die Maßstäbe habe zunächst der einfache Gesetzgeber zu normieren, die in der anschließenden Privatisierung entsprechend umzusetzen seien. Dabei entspräche es der ordnungsrechtlichen Tradition der letzten 20 Jahre, den staatlichen Einfluss auf das Schienennetz zu begrenzen und die übrigen Unternehmensteile vollständig zu privatisieren. Ziel müsse dabei ein Rechtsrahmen sein, der die beteiligten Akteure ‚automatisch' zu einem wettbewerblichen Verhalten bewegt; dies sei gerade im Bereich der Infrastruktur schwierig.

Auf Nachfrage von Herrn Ksoll konkretisierte Herr Hermes, was unter einem optimalen Netz zu verstehen sei. Das optimale Netz beschreibe den Zustand, in dem die Deutsche Bahn das Schienennetz zu erhalten habe – oftmals gleichgesetzt mit Betriebsbereitschaft. Mangels expliziter Normierung sei für die Konkretisierung auf Planfeststellungen, die Genehmigungen für den Infrastrukturbetreiber und auf den Stand des Netzes im Zeitpunkt des Inkrafttretens der Eisenbahnreform 1993/1994 abzustellen, der auch den Vorstellungen des (verfassungsändernden) Gesetzgebers zu Grunde lag.

Herr Ronellenfitsch stellte in seinem Vortrag die Frage, wieviel Gewinn einem Netzbetreiber zugestanden werden müsse, bevor der Staat seine Zuschüsse aus seiner Pflicht zur Daseinsvorsorge reduzieren könne, und konstatierte, dass es dafür keine Regelung gebe. Herr Staebe charakterisierte das Problem als eher akademischer Natur, da das Schienennetz mit einem strukturellen Defizit betrieben werde. Dies replizierend wurde auf die dieser Beurteilung zu Grunde liegende Gesamtbetrachtung des Schienennetzes verwiesen, die die Existenz rentabler Einzelstrecken nicht ausschließe.

Herr Staebe betonte die Notwendigkeit einer differenzierten Regulierung. Sofern parallele Netzstrukturen Wettbewerb begründen, bedürfe es anderer Maßstäbe, wie es auch im Energiewirtschaftsrecht möglich sei.[1] Herr Ronellenfitsch bejahte ein Abnehmen der Regulierungsbedürftigkeit bei bestehenden Konkurrenzinfrastrukturen. Regulierung dürfe nur soweit notwendig erfolgen.

Herr Jung fragte nach der Möglichkeit, ob bestehende Bedarfsfestsetzungen, auf denen auch der Umfang der konkreten Infrastruktur (Schiene, Straße, Flugplatz) beruhe, bei Änderungen in der Zukunft ihrerseits angepasst werden könnten. Herr Ronellenfitsch betonte, dass die Bedarfsfestsetzung als Grundlage der später zu gewährleistenden Infrastruktur kein rechtliches Instrumentarium im traditionellen Sinne darstelle, sondern als politische Entscheidung grundsätzlich der Anpassung zugänglich sei. Zu konstatieren sei jedoch, dass den verantwortlichen Stellen der Umfang und die Möglichkeit der Angleichung an neue Gegebenheiten nicht immer bewusst seien. Ein Rückbau verbiete sich jedenfalls, wenn ein privater Investor für den Weiterbetrieb gefunden werden könne.

Herr Knölker bemerkte, dass vielfach die notwendigen Flächen zur bahntechnischen Erschließung von den Gemeinden unentgeltlich bereitgestellt worden wären, und schloss daraus einen gemeindlichen Anspruch auf ebensolche unentgeltliche Rückübertragung, sofern diese Flächen von der Deutschen Bahn nicht mehr benötigt würden. Dies verneinte Herr Ronellenfitsch aus grundsätz-

1 Vgl. § 2 Abs. 3 GasNEV.

lichen Erwägungen. Erstens hätten die Gemeinden über die Jahrhunderte den entsprechenden Nutzen aus der Infrastruktur gezogen und zweitens bestehe kein Zusammenhang zwischen der schenkweisen Verfügung und dem heutigen Verkauf. Zudem entfalle durch die Entwidmung die Zuordnung zur Fachplanung. Damit erhielten die Gemeinden ihre bauplanungsrechtliche Hoheit zurück und könnten die Flächen kommunalen Zwecken widmen. Das gegebene Spannungsverhältnis zwischen Deutscher Bahn AG und Gemeinden beschränke sich hierbei regelmäßig auf die beidseitige Vermeidung von Verlusten. Nach den Erfahrungen von Herrn Ronellenfitsch hätten sich die Beteiligten oftmals mittels Verwaltungsvereinbarung so geeinigt, dass beide ihre Interessen wahren konnten, „wenn die Gemeinde [dennoch] einen schlechten Schnitt macht, dann liegt es am Bürgermeister."

Auch der Beitrag von Frau Steinmann erhielt ein lautes Echo. Herr Hafner konstatierte, dass die Eisenbahnunternehmen ihre Entgelte an Kosten zuzüglich einer marktüblichen Rendite zu orientieren hätten. Offen sei jedoch, wie sich eine marktübliche Rendite in einem noch nicht funktionierenden Markt darstelle und wie die Bundesnetzagentur dies beurteilen könne. Frau Steinmann bestätigte die grundsätzliche Schwierigkeit passende Vergleichsmärkte zu finden. Es gebe jedoch diesbezüglich keine geographischen Beschränkungen, so dass auch ausländische Vergleichsmöglichkeiten der Analyse zugänglich seien. Derzeit konzentriere sich die Bundesnetzagentur aber noch auf die Ermittlung des Leistungskatalogs und damit der Kostenstruktur.

Herr Ksoll hob zunächst hervor, dass mit zunehmender Komplexität des zu regulierenden Konstrukts auch die Regulierungskosten anstiegen. Ihn interessierte, inwieweit die Bundesnetzagentur bei Durchführung eines anderen, nichtintegrierten Privatisierungsmodells auf ihre 45 Mitarbeiter im Bereich der Eisenbahnen verzichten könne. Frau Steinmann legte die derzeitige Arbeitsbelastung der Behörde zugrunde und prognostizierte daher unabhängig vom konkreten Modell einen hinreichenden Regulierungsbedarf und somit eher ein Behördenwachstum. Herr Ksoll definierte die sog. Mängelliste des Verbands Deutscher Verkehrsunternehmen (VDV) als Wunschliste für Investitionen, die noch nicht ökonomisch bewertet und daher noch nicht in entsprechende Dringlichkeitsstufen eingeteilt seien. Unabhängig davon bejahte auch er einen grundsätzlichen Investitionsbedarf. Offen sei, ob vor diesem Hintergrund und angesichts knapper Haushaltskassen die Netzentgelte eher zu hoch oder zu niedrig seien. Frau Steinmann sah eine derzeitige Bewertung der Trassenpreise als nicht angebracht, da die Bundesnetzagentur mit der Prüfung noch nicht begonnen habe. Grundsätzlich bestehe aber die Gefahr diskriminierender oder überhöhter

Entgelte. Dabei mag bei schlechter Infrastruktur eine Tendenz zu niedrigeren Netzentgelten gegeben sein, doch verbiete die Komplexität des Themas ein Vorgreifen. 2008 sei jedoch mit ersten Ergebnissen zu rechnen. Schließlich forderte Herr Ksoll eine Stellungnahme zur Price-Cap-Regulierung im Gegensatz zur Kostenregulierung ein. Frau Steinmann betonte, dass der Price-Cap eine derzeit noch nicht gesetzlich vorgesehene Anreizregulierungsmethode sei. Im Bereich der Eisenbahnregulierung sei die Methode daher als de lege ferenda zu verstehen, die Rechtsentwicklung anderer Netzwirtschaften antizipierend. Insgesamt gebe es eine Tendenz vom Einzelkostennachweis zur umfassenden Anreizregulierung und die Erfahrung aus den anderen Netzwirtschaften zeige die Gangbarkeit dieses Ansatzes.

Schließlich standen der Begriff des überlasteten Fahrwegs und die Minderung nach § 21 Abs. 6 EIBV in der Diskussion. Fraglich waren zum einen der genaue Inhalt und zum anderen der Umgang damit in der Regulierungspraxis (Herr Kiehn). Nach Frau Steinmann bewirke die Deklaration als überlasteter Fahrweg, dass der Infrastrukturberechtigte solange ein höheres Entgelt verlangen könne, bis die Strecke entsprechend der Nachfrage ausgebaut sei. Die Zuständigkeit liege jedoch weniger bei der Bundesnetzagentur als vielmehr beim Eisenbahn-Bundesamt. Gesetzlich sei lediglich eine Anhörung im Rahmen eines Einvernehmens vorgesehen. Ungeachtet dessen befänden sich beide Behörden diesbezüglich im Dialog. Dennoch sei die Bestimmung eines überlasteten Fahrwegs schwierig. Zwar existierten Berechnungsprogramme sowohl für Fahrwege als auch für Knoten, jedoch konnte noch kein gemeinsamer Standard mit dem Eisenbahn-Bundesamt und den Ländern über eine Zusammenführung beider Rechenwerke gefunden werden, die letztlich aber Voraussetzung für die Deklaration als überlastet sei. Die Möglichkeit der Minderung nach § 21 Abs. 6 EIBV komme derzeit weniger zur Anwendung, da diese explizit in die Vertragsbestimmungen aufzunehmen wäre und dies insbesondere bei Mittelständlern bisher nur selten der Fall sei.

Herr Ehrmann sah sich zunächst mit der Frage konfrontiert, inwiefern eine Preishöhenregulierung in einem Markt Sinn stifte, dessen Erlöse kaum ein Fünftel bis ein Viertel der Kosten erreichten, denn der Rest seien Bundeszuschuss und Zuschüsse der Länder zum Nahverkehr (so Herr Berschin). Ob die Preise reguliert oder gleich staatlich festgesetzt werden, entgegnete Herr Ehrmann, sei die grundsätzliche Frage, ob ein nachfrageseitiger Wettbewerb gewünscht ist oder nicht. Eine Preisfestsetzung verwehre den Nachfragern bei begrenztem Angebot die Möglichkeit miteinander zu konkurrieren. Dies widerspreche jedoch der gegenwärtigen Vorstellung von Wettbewerb im Eisenbahnsektor. Der geringe Deckungsbeitrag der Trassenerlöse entbinde auf Grund der Preiselastizität der Nachfrage grundsätzlich nicht von der Notwendigkeit einer Preishöhenregulierung.

Bezugnehmend auf den Vortrag der Herren Mitusch und Beckers unterstrich Herr Ehrmann zunächst, dass eine längere Planungszeit notwendig sei. Die Situation sei vergleichbar mit der Liberalisierung in der Telekommunikationsbranche. Auch damals hätten die Unternehmen vor Festlegung des gesetzlichen Rahmens Investitionsentscheidungen treffen müssen. Die Unsicherheiten hätten zu unglücklichen und vielfach vom Zufall beeinflussten Entscheidungen der Regulierungsbehörden geführt. Selbst die Zielvorstellungen der Beteiligten seien unklar gewesen. Auch heute seien die Beteiligten, nicht nur die Behörden, überfordert. Vielfältige Defizite und insbesondere fehlendes Fachwissen hätten oft zu suboptimalen Ergebnissen geführt. Dem widersprach Herr Beckers entschieden. Besonders Großbritannien habe im Bereich der Flugsicherung und der Flughäfen gezeigt, dass eine transparente und erfolgreiche Regulierung möglich sei. Daher sei auch in Deutschland eine solche Zielsetzung realisierbar. Darüber hinaus bestritt Herr Beckers die Vergleichbarkeit der Sektoren. So könne eine hinreichende Innovationskraft, wie sie in der Telekommunikationsbranche im Gegensatz zur Eisenbahn gegeben sei, ein bestehendes Monopol obsolet machen. Von dritter Seite wurde ergänzt, dass Herr Ehrmann die langfristige investive Einbindung des Bundes im Eisenbahnbereich übersehe, die der Telekommunikationssektor nicht kenne. Replizierend wurde nochmals die grundsätzliche Vergleichbarkeit der beiden Situationen hervorgehoben. Es mache keinen Unterschied, ob der Staat sich für die Zukunft zu Investitionen verpflichte, Subventionen vergebe oder ob er als Aktionär ein Gewinninteresse habe. Maßgebend seien ausschließlich Ein- und Auszahlungen.

Herr Ksoll verwies auf die im Beitrag erläuterte Gleichung, wonach die Kosten der Infrastruktur aus den Trassenerlösen und dem Bundeszuschuss zu decken seien und betonte, dass ein verbleibender Verlust – wie auch in den letzten Jahren oftmals gegeben – vom Konzern auszugleichen sei.[2] Die Verpflichtung zum Verlustausgleich bewirke nämlich einen zusätzlichen, starken Anreiz die Kosten durch gesteigerte Arbeitseffektivität und technische Innovation zu senken. Fraglich sei jedoch, ob die Vortragenden Trassenerlöse oder Trassenpreise meinten. Dem Anschein nach sei die Produktionseffizienz in den Vordergrund gestellt worden, obwohl einem Netzunternehmen doch auch ermöglicht werden sollte, Vermarktungseffizienz zu erreichen. Herr Mitusch konterte, dass die Gleichung

2 Kosten = Trassenerlöse + Bundesfinanzierung (+Verlustausgleich).

grundsätzlich als Regulierungsziel gedacht sei. Durch eine periodische Price-Cap-Regulierung der Trassenpreise gewinne die Gleichung die Qualität eines Anreizsystems. Eine Kostensenkung bzw. ein erhöhter Vermarktungserfolg werde dann zum echten Gewinn des Netzunternehmens; ein eventuell bestehender Verlustausgleich werde zu vermeiden versucht. Eine Beschränkung auf die Produktionseffizienz sei daher nicht erfolgt, auch die Vermarktungseffizienz wurde mit bedacht.

Fraglich war zudem, wie im Rahmen der Leistungs- und Finanzierungsvereinbarung (LuFV) eine effektive Drohkulisse gegenüber dem Netzbetreiber aufgebaut werden könne und wie insbesondere bei Ausübung der Rückholoption die Netzinfrastruktur zu bewerten sei. Herr Mitusch gab zu, dass dies noch nicht Gegenstand seiner Überlegungen gewesen sei. Der bisherige Wertansatz von null basiere auf der Qualifikation der ausgeübten Rückholoption als Konkursfall. In Zukunft sei das Modell dementsprechend zu erweitern.

Herr Berschin stellte die Konkretisierung der LuFV als außerordentlich komplexes Problem dar. So müssten die Behörden umfangreich auch für einzelne Strecken zukünftige Entwicklungen antizipieren. Staatlich festgesetzte Trassenentgelte wären daher einer Regulierung vorzuziehen. Dies hätte zugleich den Vorteil der Europarechtskonformität. Herr Mitusch nahm sich zunächst der Vielzahl der beteiligten Behörden an. Die Konzentration der Preisregulierung in einer Behörde sei günstiger. Dies reduziere die notwendige Interbehördenkommunikation und verkompliziere nicht die ohnehin schon komplexe Aufgabenstellung. Zumindest müsse aber eine Behörde die Gesamtverantwortung tragen. Die Bundesnetzagentur sei dabei zu favorisieren. Die Agentur wachse derzeit in diese Aufgabe hinein und habe die entsprechenden Kompetenzen. Zur Preisbildung gab Herr Mitusch zu bedenken, dass auch bei einer staatlichen Festsetzung ein umfangreicher Behördenapparat notwendig sei. Diese Lösung zeichne sich ebenfalls durch eine Vielzahl sich zum Teil widersprechender Interessen aus, die komplexe Problemstellungen befürchten ließen. Zudem bezeichne das Grundgesetz den Netzbetreiber als wirtschaftliches Unternehmen und nicht als Behörde. Diese Entscheidung des Verfassungsgebers müsse bei der Umsetzung entsprechend Berücksichtigung finden.

Herr Neuhoff merkte an, dass die von den Herren Mitusch und Beckers im Modell vorgesehene Price-Cap-Regulierung nach dem derzeitigen Stand nicht Bestandteil der LuFV sei und erfragt die Auswirkungen auf das Modell, wenn dies so bleibe. Herr Mitusch hielt entgegen, dass es sehr wohl eine Preisregulierung gebe. Das Preis- und Tarifsystem werde zwar von der DB Netz entwickelt, die Bundesnetzagentur hätte dieses jedoch zu genehmigen. Frau Steinmann bestätigte diese Darstellung. § 14 d AEG sehe eine Ex-Ante-Regulierung der Preishöhen vor. Derzeit finde aber noch keine Entgeltregulierung statt, da sich die Behörde noch im Aufbau befinde. Der Fokus sei bisher auf die Nutzungsbedingungen gelegt worden, die Basis für die Netzentgelte. Herr Beckers fügte hinzu, dass das vorgestellte Modell nicht den Anspruch habe die gegenwärtige Lage widerzuspiegeln, sondern bewusst auch Anreiz und Vorschlag für Veränderungen sein solle.

Herr Böttger sah sich nach seinem Vortrag umfangreicher Kritik ausgesetzt. Herr Ksoll fragte zunächst nach dem Zusammenhang zwischen Marktöffnung und Marktanteilen. So könnten 15 % Marktanteil der Wettbewerber nicht mit nur 15 % Wettbewerb gleichgesetzt werden. Zudem seien die Beispiele zu selektiv gewählt. Insbesondere Kanada und Japan seien lohnenswerte Vergleichsländer. Weiterhin sei der gewählte Zeitraum für die Marktanteile und die fehlende Darstellung der öffentlichen Zuschüsse für die Deutsche Bahn nachteilig. Herr Böttger bejahte die fehlende Richtigkeit der Gleichung 15 % Marktanteil der privaten Bahnen entsprächen 15 % Wettbewerb. Ab welchem Marktanteil Wettbewerb herrsche, stelle eine grundsätzliche Frage dar. Entscheidende Größe sei der Anteil der Leistungen, die in einem Wettbewerbsverfahren vergeben werden (insbesondere im Regionalverkehr). Dies seien gegenwärtig etwa 20 %. Sodann ging Herr Böttger auf die Auswahl der Beispiele ein. Die Privatisierung der Canadian National als integriertes Unternehmen sei finanziell erfolgreich gewesen. Dieser Punkt allein greife in der Betrachtung jedoch zu kurz. Nordamerika sei durch Langläufer- und Güterverkehre gekennzeichnet, so dass das System ohne jeden Zuschuss effizient sei. Ein Personenverkehr oder eine Daseinsvorsorgepflicht seien im Gegensatz zu Europa nicht gegeben. Dies begrenze die Vergleichbarkeit der Privatisierung erheblich. Andererseits sei das Bahnsystem in Nordamerika von einer Regulierung gekennzeichnet, die deutlich über das europäische Maß hinausgehe. So könnten die Regulierungsbehörden selbst Einzelfragen des Trassenzugangs bestimmen und Preise festsetzen. Bei den japanischen Bahnen werde zu selektiv auf die Eastern Japan Rail abgestellt. Bei Einbeziehung der anderen Eisenbahnunternehmen verschlechtere sich die Bilanz deutlich. So stünden gegenwärtig Streckenstilllegungen von mehreren 1.000 km an und vor allem die kleineren Bahnen seien nach wie vor nicht profitabel und subventionsbedürftig. Zudem erfahre der intermodale Wettbewerb beim Personentransport durch die hohe Belastung des Straßenverkehrs mit Straßenbenutzungsgebühren eine andere Ausprägung. Daher tauge auch Japan nur begrenzt für einen Vergleich mit Europa. Die fehlende Darstellung der öffentlichen Zuschüsse sei den unterschiedlichen nationalen Zyklen des Infrastrukturverbrauchs geschuldet.

So hole Großbritannien derzeit lediglich die Versäumnisse der letzten 30 Jahre nach. Dies grenze die Vergleichbarkeit erheblich ein.

Herr Wetzel fragte, ob sich der Staat durch die integrierte Privatisierung selbst der Steuerungsmöglichkeiten beraube und die Daseinsvorsorge gefährde. Die Beweislast für die Vorteilhaftigkeit müssten daher die Privatisierungsbefürworter tragen. Herr Böttger konterte, dass er grundsätzlich davon überzeugt sei, dass viele Leistungen der Daseinsvorsorge privatwirtschaftlich besser erfolgen könnten. Dennoch stimme er der Beweislastregel zu. Nicht alle Ausschreibungsverfahren seien der jeweiligen Problemstellung angemessen und nicht immer sei die Entlohnung leistungsgerecht. Insbesondere über die Zuschüsse des SPNV stünden dem Staat jedoch weitreichende Steuerungsmöglichkeiten zur Verfügung. Bei bestehenden Leistungsdefiziten könne er zudem die Leistung abbestellen und anderweitig vergeben. Insgesamt befürwortete Herr Böttger die wettbewerbsorientierte Privatisierung der Transportleistungen. Die Netzinfrastruktur sollte hingegen in staatlicher Verantwortung verbleiben.

Herr Juranek kritisierte die gegenwärtigen Ausschreibungsverfahren, die zu teilweise der gegebenen Nachfrage entgegenstehenden Ergebnissen führten. Herr Böttger stimmte der Kritik zu. Überhaupt sei die Unterscheidung zwischen bezuschusstem Nahverkehr und sonstigem Fernverkehr zweifelhaft; sie führe insbesondere im Schnittbereich beider Verkehre zu Problemen. Zu befürworten sei die Vergabe von Gesamtpaketen, wie auch in Großbritannien. Dies sei allerdings in der derzeitigen politischen Entscheidungslage nicht durchsetzungsfähig.

Schließlich konstatierte Herr Ehrmann, dass unabhängig von der institutionellen Gestaltung der Privatisierung jedes Modell seine Schwierigkeiten und Probleme habe. Aus dem Missglücken einzelner Privatisierungen könne nicht der Umkehrschluss gezogen werden, dass ein ausschließlich staatlicher Sektor die Lösung sei. Herr Böttger stimmte dem insofern zu, als jedes adäquat regulierte Modell zulässig sei. Dies sei jedoch das Kernproblem. In dieser Hinsicht werde die Schaffung eines Normzuges auf Stand des Jahres 2000 oder auch VZE-Vergleich mit dem Jahr 2000 diskutiert. Negative Abweichungen könnten dann pönalisiert werden. Bisher bestünden bei ineffizienter Verwendung von Infrastrukturmitteln des Bundes durch die Deutsche Bahn keine ernst zu nehmenden Regressfolgen. Es komme auf eine nicht nur ökonomisch, sondern vor allem auch politisch glaubwürdige Eskalationsmechanik an, um die Netzqualität insgesamt aufrecht zu erhalten. Dies sei grundsätzlich im Rahmen einer LuFV möglich.

Herrn Bleis überraschte das Fazit des Vortrags von Herrn Peter, dass in Großbritannien kein richtiger Wettbewerb entstanden sei. So seien doch im Güterverkehr viele Unternehmen tätig und im Personenverkehr viele Leistungen als Franchise vergeben. Allein aus der Existenz einer staatlichen Regulierung könne doch nicht der Schluss auf fehlenden Wettbewerb gezogen werden. Herr Peter präzisierte seine Aussage dahingehend, dass es im Bahnverkehr regelmäßig nur einen wirksamen Wettbewerb um das Netz geben könne, nicht jedoch im Netz. Allerdings habe auch diese Art Wettbewerb Fortschritte gebracht. Entscheidend komme es auf die Laufzeit der Franchise an. Dies kulminiere letztlich in der Frage, welcher Wettbewerb besser sei: der von ihm präferierte Wettbewerb um den Markt oder der im Markt.

Herr Jung fragte nach, ob die im Vortrag genannten Möglichkeiten der Messung von Qualitätsstandards funktionierten. Herr Peter bestätigte, dass die Qualitätsmessung noch Schwierigkeiten berge. In dieser Hinsicht müsse die Gleisgeometrie analysiert werden. Einfacher seien zwar Methoden wie die Zählung von Gleisbrüchen, doch führe seiner Ansicht nach trotz bestehender Schwierigkeiten kein Weg daran vorbei.

Frau Elzinga erstaunte, dass die Pünktlichkeit der Züge in Großbritannien 90 % betrage, und fragte, ob der Messung der internationale Standard von maximal drei Minuten Verspätung zu Grunde liege. Herr Peter verneinte dies. Die Statistik basiere auf einer maximal zulässigen Verspätung von fünf Minuten im Nahverkehr und zehn Minuten im Fernverkehr, wobei sich die Aussage auf die gestiegene Pünktlichkeit beschränken sollte.

Herr Jung wendete sich mit der Frage an Frau Elzinga, wie es sich mit dem privatrechtlichen Vertrag zwischen Pro Bahn und den Beförderern verhalte. Ohne Festlegung eines hinreichenden Standards bezüglich der inkrementellen Kosten wäre dies eine Aufforderung die Staatskasse zu plündern, da diese die Differenz erstatte. Frau Elzinga bestätigte, dass eine Regelung in dem Vertrag vergessen worden sei, so dass im Nachhinein mit den Beteiligten ein Standard vereinbart werden musste. Dieser umfasse den Güterverkehr jedoch nur teilweise, so dass diese die Preise frei verhandeln wollen. Eine Lösung sei noch offen.

Im Anschluss an die einzelnen Vorträge führte Herr Ronellenfitsch in die Podiumsdiskussion ein. Er verwies zunächst auf die grundsätzlichen Verständigungsschwierigkeiten zwischen Juristen und Ökonomen. Diese könnten nur überwunden werden, wenn sich die Juristen nicht so sehr als Subsumtionsjuristen sähen, sondern gerade im Bereich ökonomischer Problemstellungen eher als Abwägungsjuristen agierten. Auf diese Weise könnten wirtschaftliche Überlegungen verstärkt in die Betrachtung einbezogen werden. Zugleich sollten sich die Ökonomen daran erinnern, dass sie aus der allgemeinen Staatslehre hervorgegangen und insofern etatistisch vorgeprägt seien. Sodann verwies Herr

Ronellenfitsch auf Art. 87 e GG mit seinen Vorgaben als notwendigen Ausgangspunkt der weiteren Erörterung, den auch der Ökonom akzeptieren müsse. Danach gehe es nicht um eine materielle Privatisierung der ganzen Bahn, sondern vielmehr um eine verfassungskonforme Schaffung von Wettbewerb. Dabei seien auch die legitimen Positionen der Deutschen Bahn AG bisher etwas zu kurz gekommen. Die bisherige Diskussion sei zu stark unter dem Aspekt geführt worden, wie neue Wettbewerber in den Markten eintreten könnten.

Herr Illing konstatierte zunächst die notwendige Unterscheidung zweier Fragestellungen. Die erste sei die nach der Privatisierung an sich, die als solche beantwortet sei. Die zweite beinhalte das konkrete Privatisierungsmodell und dessen Umsetzung. Auch hier sei die Entscheidung durch die laufende interministerielle Abstimmung weit fortgeschritten, so dass – so seine Prognose – der Frageinhalt eine neue Ausrichtung bekommen werde. Ordnungsrechtliche Aspekte würden zugunsten einer qualitativen Dimension an Bedeutung verlieren. Gewinnen würden damit Aspekte wie Netzqualität und Kundenorientierung. Dabei habe der Erfolg der Deutschen Bahn – wie etwa die deutliche Steigerung der Güterverkehrsleistung – die Debatte teilweise überholt. Dies werde auch Rückwirkungen auf die Strukturdiskussion haben.

Herr Böttger wiederholte nochmals die Conclusio seines Vortrages. Unabhängig von der aktuellen politischen Entscheidungslage befürworte er die Belassung der Infrastruktur in staatlicher Hand, im Übrigen jedoch eine privatwirtschaftliche Nutzung. Entscheidend sei, dass der Staat als Träger der öffentlichen Daseinsvorsorge die Hoheit darüber besitzen müsse, wo in Deutschland Schienenwege verlaufen und wo nicht. Die Privatisierung der Betriebsleistungen dürfte für die Volkswirtschaft hingegen vorteilhaft sein. Insbesondere im Bereich des SPNV biete die Ausschreibungsmechanik hinreichende Sicherheit für die Realisierung der Ziele der Daseinsvorsorge. Zudem sei nicht einsichtig, dass der Bund Teilhaber an einem internationalen Logistikkonzern sein solle. Dies würde aber gerade durch eine integrierte Privatisierung für die Zukunft zementiert.

Im Falle der integrierten Privatisierung sei die Verwirklichung einer adäquaten Regulierung entscheidend. Dazu gehörten insbesondere die wettbewerbliche Vergabe von Verkehrsleistungen, der Netzzugang und der Netzzustand. Die Normierung des letzteren gestalte sich besonders schwierig. Eine zu restriktive Handhabung könnte die Kapitaleigner verschrecken, jedoch sei ein insbesondere politisch glaubwürdiges Bonus-Malus-System unerlässlich. Es bestehe die Gefahr, dass die Politik der Diskussion überdrüssig werde und die Bahn ohne funktionierende Regulierung veräußere. Daher sei das zweitbeste dem erstbesten, aber dafür schlecht regulierten Privatisierungsmodell vorzuziehen.

Herr Hermes betonte, dass eine Netzinfrastruktur nicht rein unternehmerisch funktioniere. Die Tagung hätte gezeigt, dass es in der Welt bisher nicht gelungen sei, ein großräumiges Schienennetz rentabel zu betreiben. Der Netzbetreiber sei immer auf Zuschüsse aus dem Staatshaushalt angewiesen. Zudem sei der Betreiber bei seiner Netztätigkeit nur in sehr begrenztem Maße intramodalem Wettbewerb ausgesetzt; anderes gelte nur für intermodalen Wettbewerb. Der Begriff der Privatisierung suggeriere damit für Netze von vornherein eine falsche Perspektive. Ziel könne lediglich eine privatwirtschaftlichen oder behördlichen Grundsätzen unterliegende Bewirtschaftung sein. So könne insbesondere auch die britische Netzgesellschaft ebenso gut als Behörde mit Managementmethoden angesehen werden. Eine private Gewinnerzielungsabsicht müsse im Netzbereich vermieden werden, da diese anderenfalls nur darauf gerichtet sein könne, möglichst viele staatliche Zuschüsse zu erhalten. Das Netz sei daher aus dem Privatisierungsvorgang auszunehmen, Privatinvestoren sollten weder unmittelbar noch mittelbar am Netz beteiligt werden.

Frau Elzinga unterstrich, dass adäquate Regulierung keinen allmächtigen Gott erfordere, sondern lediglich die Marktakteure und vor allem das Parlament einen klaren Regulierungsrahmen setzen müssten. Nicht die Aufsichtsbehörde solle regulieren, sondern das Parlament selbst.

Schließlich bezweifelte Herr Mitusch sogar, dass es überhaupt zu einer Privatisierung komme. Im Rahmen der interministeriellen Abstimmung sei der bisherige Kompromiss eines Eigentumsmodells zunächst gescheitert, so dass das Ende der Diskussion noch nicht erreicht sei.

Herr Beckers kritisierte den Hinweis Herrn Illings auf die Diskussion der 1990er Jahre. Das Argument, eine Privatisierung des integrierten Konzerns sei nötig, um mit Hilfe privaten Kapitals die Investitionen in das Netz sicherzustellen, gehe fehl. In den Vereinigten Staaten sei es Behörden (port authorities) erlaubt für solche Zwecke Fremdkapital am Kapitalmarkt aufzunehmen. Dieses Modell sei sehr erfolgreich, so dass das Argument hinreichend durch die Praxis widerlegt sei. Zudem sei Herrn Böttger beizupflichten, dass auch ein gewähltes zweitbestes Modell doch bestmöglich auszugestalten und zu regulieren sei. Im Rahmen der LuFV sei dies, unabhängig von der Qualität des derzeit präferierten Modells, nicht der Fall. Sollten die notwendigen Nachbesserungen während der laufenden Legislaturperiode nicht erreicht werden, müsse die Privatisierung verschoben werden. Andernfalls bestehe die Gefahr, dass die Privatisierung scheitere und die politischen Entscheidungsträger und damit das politische System insgesamt in Misskredit gerieten.

Nach Herrn Peter haben alle Modelle Vor- und Nachteile (Synergien und Diskriminierungen). Der Gestaltungsspielraum innerhalb des jeweiligen Modells sei recht groß und oftmals größer als zwischen den Modellen, so dass es einer Festlegung auf ein bestimmtes Modell nicht bedürfe. Im Gegensatz zu Herrn Hermes sehe er die Berechtigung einer Gewinnorientierung des Netzbetreibers. So arbeite die Canadian Rail durchaus rentabel. Die britische Netzgesellschaft erziele hingegen vor allem deshalb keinen Gewinn, weil deren Ziele nicht klar definiert seien. Besonders wichtig seien in der weiteren Diskussion die Festlegung der LuFV, des Netzzustands und des Qualitätsmaßstabs des Netzes. An dieser Stelle könne insbesondere das britische Modell als Lehrstück dienen. Bei der Feststellung des Netzzustands sollte auch der Besteller Einfluss nehmen können. Hierfür empfehle sich die Bildung von Indikatoren mit fachlich begleiteter, vierteljährlicher Überprüfung. Ferner sollten die Ergebnisse veröffentlicht werden.

Frau Steinmann pflichtete den bisherigen Stellungnahmen bei und sah ebenfalls die Ausgestaltung der politischen Vorgaben als entscheidend an. Dies setze insbesondere eine einheitliche Zielsetzung voraus. Die Zukunftssicherung der Eisenbahn sei eine schwierige Aufgabe, die weder nur einer Regulierungsbehörde noch allein den Marktteilnehmern, sondern allen Beteiligten gemeinsam obliege. Die Bundesnetzagentur könne dabei nur so gut sein wie die Informationen, die sie von den beteiligten Akteuren bekomme. Netzbetreiber und die übrigen Eisenbahnunternehmen müssten ihren Informationspflichten nachkommen. Gerade auch hinsichtlich des intermodalen Wettbewerbs sei eine starke Regulierung unabdingbar. Dies gelte insbesondere zu Regulierungsbeginn und unabhängig vom konkreten Privatisierungs- und Wettbewerbsmodell. Ziel sei dabei nicht nur bessere Dienstleistungen bei geringeren Preisen, sondern gleichzeitig auch die Gewährleistung der Sicherheit des Bahnverkehrs.

Herr Illing unterstrich noch einmal, dass für ihn das Eckpunktepapier und dessen Umsetzung im Vordergrund stehe und nicht eine wie auch immer geartete Strukturdebatte über die verschiedenen Modelle. Die Ausfüllung des Eckpunktepapiers biete hinreichend Ausgestaltungs- und vor allem neuen Diskussionsraum. Nur soweit die Ergebnisse des Ergänzungsgutachtens, wie zum Teil der Fall, überholt seien und Auswirkungen auf die Präferenz des Modells bestünden, müsse und dürfe auch eine Neujustierung des Privatisierungsmodells diskutiert werden. Warnungen vor einer vorschnellen Entscheidung seien angesichts des Eckpunktepapiers und des bereits 15 Jahre dauernden Prozesses unverständlich. Ausgangspunkt der Bahnreform sei die auf Grund der fehlenden Mittel gegebene Unmöglichkeit gewesen, ein attraktives System Schiene zur

Verfügung zu stellen. Das damals gegebene, unmittelbar hausmittelwirksame Defizit betrug rund 17 Mrd. DM. Im Jahr 2006 habe die Bahn hingegen einen Gewinn von rund 2 Mrd. € erwirtschaftet. Dies belege die positive Entwicklung, die es weiter voranzutreiben gelte. Dabei komme der Frage, welchen Nutzen die Deutsche Bahn AG stiften könne, entscheidende Bedeutung zu.

Die Debatte um die Beteiligung an ausländischen Logistikunternehmen sei nach Herrn Illing nicht neu. Zu bedenken sei jedoch, wie die kontinuierliche Steigerung der Verkehrsleistungssteigung auf der Schiene gegenüber der Straße zustande gekommen sei. Diese basiere auf der Strategie einer Mobilitätskette, welche die Deutsche Bahn AG anbiete. Die moderne Logistik erfordere, dass der Beförderer die Gegenstände im Unternehmen entgegennehme, verpacke und anschließend zum Bestimmungsendpunkt distribuiere. Dies gebiete eine weltweite Strategie, die nicht national oder öffentlich-rechtlich beschränkt sein dürfe. Züge lediglich von einem Punkt A zu einem Punkt B fahren zu lassen, sei nicht mehr zeitgemäß, für Kunden unattraktiv und würde diese veranlassen sich anderen Verkehrsträgern zuzuwenden. Diese Strategie und die sich liberalisierenden (Verkehrs)Märkte bedingten jedoch einen vollen Zugang zum Kapitalmarkt, wie es anderen privatisierten Eisenbahnunternehmen bereits möglich sei. Die unangemessene Art und Weise der derzeit geführten Debatte weise jedoch in die Gegenrichtung. Sie sei für die Deutsche Bahn AG unternehmensschädigend und verschulde ein negatives Rating. Nach 15 Jahren Diskussion sei eine zukunftsfähige Lösung für das Unternehmen Deutsche Bahn AG angebracht.

Herr Ronellenfitsch fügte ein, dass für die meisten Diskussionsteilnehmer das Kerngeschäft der Deutschen Bahn AG im Vordergrund stehe und insoweit von Daseinsvorsorge gesprochen werden könne. Daher seien Steuerzuschüsse oder auch der Verbleib des Schienennetzes in Gänze beim Staat legitim. Werde hingegen die Frage der Mobilitäts- und Logistikketten aufgeworfen und damit indirekt eine staatliche Beteiligung an ausländischen Transportunternehmen propagiert, entstünden Angriffspunkte. Dies provoziere die Frage, warum der Steuerzahler das Risiko des Auslandsgeschäftes tragen soll.

Herr Juranek stimmte überein, dass die Realisierung der mit der Bahnprivatisierung verbundenen Ziele nicht von einem bestimmten Modell abhinge, sondern vielmehr von politischen Entscheidungen und den Bestimmungen der LuFV. Als Beispiel wurde der Ausbau der Strecke Lübeck-Stettin angeführt. Nach der Raumordnungsplanung des Landes sei die Verbindung als Fernverkehrsstrecke, nach der LuFV lediglich als Regionalverkehrsstrecke vorgesehen. Verzichte das Land auf die Durchsetzung seiner Planung, käme dies mangels Klageberechtigung Dritter einer faktischen Planungshoheit der Bahn gleich. Dies verhindere hinreichenden Netzzugang Dritter und damit die Schaffung einer optimalen Infrastruktur.

Herr Neuhoff widersprach Herrn Illing deutlich. Eine Verbindung zwischen dem Güterverkehrswachstum auf der Schiene und dem Ausbau von Logistikketten bestehe nicht. Auf Grund des allgemeinen wirtschaftlichen Aufschwungs seien alle Verkehrsleistungen (Straße, Schiff und Schiene) gewachsen, wobei die Zunahme des Bahnanteils dabei nur unterdurchschnittlich gewesen sei und auch die Prognose des Bundesverkehrsministeriums sähe mittelfristig eine Verschiebung zugunsten des Lkw.

Zudem seien die Überlegungen der Bahnreform von 1993 völlig andere als der Börsengang eines integrierten Eisenbahnunternehmens. Falsch sei insbesondere die Überlegung durch einen Zugang zu den Kapitalmärkten die kapitalintensive Infrastruktur modernisieren zu können. Investoren würden vielmehr ein Engagement in diesem kapitalintensiven Strukturbereich vermeiden.

Auch die Modelldiskussion des letzten Jahres sei lediglich eine Scheindiskussion gewesen. Das Verkehrsministerium habe von Beginn an das vom Bahnvorstand gewünschte Integrationsmodell propagiert. Nur widerwillig habe das Ministerium sich auf eine Diskussion eingelassen und mit Erscheinen des Ergänzungsgutachtens das sog. Eigentumssicherungsmodell vorgestellt. Dies sei dem ursprünglichen Modell der integrierten Privatisierung stark angelehnt und wäre in der anschließenden politischen Debatte von der CDU abgelehnt worden.

Der Bund, so Herr Neuhoff, könne sich zukünftig seiner Infrastrukturverantwortung nicht entziehen, werde jedoch seine Leistungen von einem privaten Unternehmer einkaufen. Der größte Fehler wäre die Übertragung der Infrastruktur an einen mit Eigentumsrechten ausgestatteten Dritten. Der Staat müsste dann die Leistung bei einem Monopolanbieter einkaufen. Erschwerend käme eine zu Gunsten des Infrastrukturbetreibers ausfallende, strukturelle Informationsasymmetrie hinzu, so dass für diesen ein erheblicher Anreiz zur Einverleibung von Staatsgeldern bestünde.

Herr Jung führte aus, dass die Deutsche Bahn AG ihren Gewinn vor allem als internationaler Logistikkonzern und weniger als nationales Eisenbahnunternehmen verdiene. Nach einem Börsengang würde sich die Deutsche Bahn AG zwangsläufig auf die gewinnbringenden Sparten konzentrieren, so dass sich die Frage stelle, ob Leistungen in Zusammenhang mit der Schiene besser an spezialisierte Infrastrukturbetreiber und Eisenbahnunternehmen vergeben werden sollten als an einen integrierten Konzern.

Herr Ksoll vermerkte, dass die Heimfallregelung bisher zu kurz gekommen sei. Der Bund könne die Infrastruktur wieder an sich ziehen, wenn er mit der

Leistung der Deutschen Bahn AG nicht zufrieden sei. Neben diesem Druckmittel sehe die LuFV darüber hinaus einen definierten Zeitpunkt für einen automatischen Heimfall vor. Herr Mitusch hielt dem entgegen, dass das Netzeigentum mit Ablauf der LuFV nur dann an den Bund zurückfalle, wenn dieser dies ausdrücklich fordere. Dies sei eine deutliche Akzentverschiebung. Zwar dürfe die Bahn beim Heimfall des Netzes nicht zum Ausbeutungsobjekt des Staates werden, doch sei die Gefahr eher entgegengesetzt. So habe die Deutsche Bahn AG regelmäßig – wenn ein verkehrspolitisches Konzept einmal feststehe – die Verkehrspolitiker auf ihrer Seite.

Herr Böttger mahnte ein Ende der Schwarzweißmalerei an. In vielen Bereichen habe die Deutsche Bahn AG deutliche Fortschritte erreicht, die auch anzuerkennen seien. Jedoch war zu Beginn der Bahnreform vorgesehen die bestehende Holding aufzulösen und die Einzelunternehmen separat zu verkaufen. Erst nach der zweiten Stufe habe sich die Deutsche Bahn AG dagegen ausgesprochen. Vor diesem Hintergrund sei es unangemessen die Diskussion abzubrechen bzw. schnellstmöglich zu beenden, zumal Folgediskussionen zu erwarten seien, wenn beispielsweise der so privatisierte, integrierte Konzern eine Kapitalerhöhung benötige. Die damit verbundene Haushaltsbelastung könne ggf. sogar Art. 87 e GG aushöhlen. In Bezug auf die Notwendigkeit von Transportketten in der modernen Logistik schloss sich Herr Böttger den Ausführungen von Herrn Neuhoff an und ergänzte, dass, so wichtig diese auch seien, sich damit keine 51prozentige Beteiligung des Bundes an einem weltweiten, integrierten Verkehrskonzern rechtfertigen lasse. Die letzte Entscheidung sei daher noch nicht gefallen und dies sei auch im politischen Raum zu verdeutlichen.

Herr Hermes sah zudem verfassungsrechtliche Gründe für die Notwendigkeit einer weiteren Diskussion. Der derzeitige Gesetzentwurf sei nicht mit dem Grundgesetz vereinbar. Seine Hoffnung sei, dass diese Erkenntnis nicht erst durch den Bundespräsidenten oder das Bundesverfassungsgericht vermittelt werde.

Auch Herr Beckers teilte die geäußerten Bedenken hinsichtlich der Logistikketten, die zu einer Risikoakkumulation beim Staat führen könnten. Darüber hinaus gab er zu bedenken, dass eine integrierte Privatisierung eine hinreichende, ex ante festzulegende, transparente Trennung von Netzbetrieb und Logistiksparte erfordere. Breche das Logistikgeschäft aus wirtschaftlichen Gründen weg, dürfe der Netzbetrieb nicht in Mitleidenschaft gezogen werden. In diesem Fall sollte die Infrastruktur ohne Transaktionskosten an den Staat zurückfallen. Dann könne sie von den Kapitalgebern auch nicht als Druckmittel genutzt werden. Dies bedinge, dass beispielsweise die Deutsche Bahn AG allenfalls Fremdkapital zum Netzausbau zur Verfügung stellen dürfe und auch im Übrigen die Beziehungen zwischen Netz- und Restunternehmen minimiert würden. Andernfalls könne der Konzern geneigt sein, Rechte im Zuge von Beteiligungen am Netz geltend zu machen. Eine solche Rückholmöglichkeit würde den Staat auch vor etwaigen Entschädigungszahlungen schützen. Der Konzern erhielte nur das Kapital zurück, das dieser nominal überlassen hätte. Diesbezügliche Aspekte spiegelten sich noch nicht in den gegenwärtigen Entwürfen wider, was beweise, dass die Vorbereitung einer Privatisierung umfassend Zeit benötige.

Frau Steinmann wies auf die Frage nach dem von der Bundesnetzagentur präferierten Regulierungsmodell auf ein bestehendes Vertrauensdilemma hin. Aus der Befürchtung, dass die Regulierungsbehörde zu schweren Eingriffen neige, würden der Behörde keine Informationen zur Verfügung gestellt. Dies bewirke aber genau das Gegenteil. Aus der Zurückhaltung von Informationen schließe die Behörde das Bestehen von Diskriminierungen.

Bei der Wahl eines Regulierungssystems sei zu beachten, dass in einem vertikal integrierten Konzern Informationsströme immer auch dort bestünden, wo sie der Gesetzgeber aus Gründen der Regulierung verbiete. Juristisch und ökonomisch resultierten aus dem damit bestehenden Wissensvorsprung geldwerte Vorteile, die zu Diskriminierungen führten.

Herr Illing ging noch einmal auf die notwendige Beendigung der Debatte ein. Die Deutsche Bahn AG sei zwar ein öffentliches, im Eigentum des Bundes stehendes Unternehmen, aber dennoch rechtlich als Aktiengesellschaft an die gesellschaftsrechtlichen Vorgaben gebunden. Der Vorstand sei daher gesetzlich dem Wohl des Unternehmens verpflichtet und damit in der Beurteilung der Diskussion determiniert. Der Vorstand habe eine unternehmerische Perspektive zu vertreten, die auch Kundenwünsche mit einbeziehe.

Sodann führte Herr Illing aus, dass die Privatisierung keine Gefahr für die Schiene bedeute. 48 % des derzeitigen Umsatzes von 30 Mrd. Euro werde unmittelbar mit der Schiene erwirtschaftet. Dies sei auch ein Resultat der Etablierung von Mobilitäts- und Transportketten, die somit auch aus umweltpolitischer Sicht möglichst viel Schienenverkehr garantierten.

Die Verantwortung zur Infrastrukturfinanzierung weise Art. 87 e GG dem Bund zu. Vor diesem Hintergrund sei eine Gewinnorientierung des Unternehmens notwendig, da andernfalls die obligatorischen Infrastrukturmaßnahmen nicht zu finanzieren seien. In Bezug auf den intermodalen Wettbewerb sei die Bahn die umweltfreundlichste Mobilitätsalternative, die für den Kunden möglichst attraktiv gestaltet werden müsse. Umgekehrt müsse es aber auch der

Deutschen Bahn AG möglich sein, die Mobilitätsbedürfnisse der Kunden möglichst einfach zu erfüllen.

Die Netzinfrastruktur werde derzeit defizitär betrieben. Über die bestehenden Gewinnabführungs- und Beherrschungsverträge werde die DB Netz AG innerhalb des Konzerns subventioniert. Zuschüsse für das Netz könnten daher schon juristisch nicht für Dividendenzahlungen genutzt werden. Dies werde durch Kontrollmaßnahmen und Sanktionsmöglichkeiten der LuFV zusätzlich abgesichert.

Dipl.-Kfm. Jörg Scharrer, Wissenschaftlicher Mitarbeiter
am Lehrstuhl für Öffentliches Recht, Finanz- und Steuerrecht
an der Ernst-Moritz-Arndt-Universität Greifswald

ie Reihe *„Umwelt-Recht-Gesellschaft"* wird herausgegeben von ·ofessor Dr. Michael Rodi, Universität Greifswald.

'slang sind erschienen:

Greifswalder Forum Umwelt und Verkehr 2005
:cht auf Mobilität – Grenzen der Mobilität
90 Seiten · 2006 · ISBN 10: 3-936232-57-1 · ISBN 13: 978-3-936232-57-8 · Band 1

einrich Steinführer
asilianisches Regenwaldrecht
', 300 Seiten · 2006 · ISBN 10: 3-936232-74-1 · ISBN 13: 978-3-936232-74-5 · Band 2

omas Komorowski
otenmodelle zur Förderung erneuerbarer Energien
:chtsrahmen und Gestaltungsoptionen des Gesetzgebers
I, 307 Seiten · 2006 · ISBN: 978-3-936232-80-6 · Band 3

Greifswalder Forum Umwelt und Verkehr 2006
irer Preis für Mobilität
·aßenbenutzungsgebühren als Instrument zur Steuerung von Verkehrsströmen
!21 Seiten · 2007 · ISBN: 978-3-939804-15-4 · Band 4

nine Rechel
imaschutzrelevante Emissionsabgaben in der Russischen Föderation
1e interdisziplinäre Untersuchung ihrer Effizienz
'II, 274 Seiten · 2008 · ISBN: 978-3-939804-28-4 · Band 5

der Reihe Summer Academy sind erschienen:

vironmental Policy – Instruments in Liberalized Energy Markets
oceedings of the Summer Academy 'Energy and the Environment',
·eifswald, 5–17 July 2004
300 Seiten · 2006 · ISBN: 978-3-936232-58-5

plementing the Kyoto Protocol –
1ances and Challenges for Transition Countries
oceedings of the Summer Academy 'Energy and the Environment',
:utsk, 21–27 August 2005
I, 196 Seiten · 2007 · ISBN: 978-3-939804-24-6

:tween Theory and Practice: Putting Climate Policy to Work
>l. 1 of the Proceedings of the Summer Academy 'Energy and the Environment',
·eifswald, 16–29 July 2006
144 Seiten · 2008 · ISBN: 978-3-939804-36-9